职业发展教育丛书

大学生生涯发展与职业准备规划

（医学院校高职高专版）

王少浪　蒋丽华　刘克琦　主编

同济大学出版社
TONGJI UNIVERSITY PRESS

内容提要

本书以辩证法及四个自信为指导，结合习近平总书记提出的培养大学生成为德、智、体、美、劳全面发展的社会主义事业接班人的指示，引导学生在进入大学后，全面掌握生涯规划这个工具，对自己在校期间的生涯发展及毕业后打算从事的工作进行合理规划，为毕业后踏入社会做好准备。

本书紧紧抓住高职高专医学生的心理特质，结合医药专业特点、行业发展趋势及职业要求，在倡导动态化生涯发展与职业准备规划思想的前提下，帮助学生制订新生期、低年级、高年级到入职前的各种规划，使学生在学习、成长、社会实践三方面均得到锻炼提升，帮助大学生成长。本书可作为学生的职业发展教育类课程教材，也可供相关研究人员参考阅读。

图书在版编目(CIP)数据

大学生生涯发展与职业准备规划：医学院校高职高专版 / 王少浪，蒋丽华，刘克琦主编. —上海：同济大学出版社，2019.8

ISBN 978-7-5608-8641-1

Ⅰ.①大… Ⅱ.①王…②蒋…③刘… Ⅲ.①大学生—职业选择—高等职业教育—教材 Ⅳ.①G647.38

中国版本图书馆 CIP 数据核字(2019)第 146948 号

职业发展教育丛书

大学生生涯发展与职业准备规划(医学院校高职高专版)

王少浪　蒋丽华　刘克琦　**主编**

责任编辑 陈佳蔚　**助理编辑** 任学敏　**责任校对** 徐春莲　**封面设计** 陈益平

出版发行 同济大学出版社　www.tongjipress.com.cn
(地址：上海市四平路 1239 号　邮编：200092　电话：021-65985622)

经　　销 全国各地新华书店
排　　版 南京月叶图文制作有限公司
印　　刷 启东市人民印刷有限公司
开　　本 787 mm×1092 mm　1/16
印　　张 13.5
字　　数 337 000
版　　次 2019 年 8 月第 1 版　2021 年 7 月第 2 次印刷
书　　号 ISBN 978-7-5608-8641-1

定　　价 48.00 元

编委会

前言 Foreword

随着生涯规划教育、生涯规划大赛在高校的全面开展，学生的生涯规划意识越来越强。越来越多的学生管理者看到了生涯规划教育给学生管理工作带来的便利，越来越多的学生得到了生涯规划教育的益处。不少学生都自觉地应用生涯规划这个工具来帮助自己更好地规划大学生活，从而为自己未来的职业发展做好准备。

但是，一方面，整体上我国高校生涯规划教育的教学质量不高，教师的教学水平参差不齐，很难满足学生对生涯规划知识的需求；另一方面，各个学校对生涯规划教育的重视程度相差很大，有的学校生涯规划教育和相关大赛开展得红红火火，有的学校（特别是部分就业情况不错的学校）生涯规划形式还仅仅是开讲座。

学生对生涯规划课程的认识，在很大程度上取决于教师的教学水平和引导方式。有的学生认为“上生涯规划课浪费生涯”；有的学生觉得“我不学这个专业，不想从事职业咨询，我为什么要学这门课？”这些现象说明学生的生涯教育存在一定问题。那么应该怎样来开展生涯规划教育？

本书特别重视中国哲学思想在生涯规划教育中的指导作用，特别注意中国优秀传统文化在生涯规划过程中的运用，突出强调具有“中国魂”概念的生涯规划教育体系——“本土化”生涯规划理念的构建。在此基础上，针对当代中国人（尤其是“95后”大学生）的心理特征，充分结合当前国家政治经济环境和岗位要求，结合大学生的任务特点，生理、心理特点和缺乏实践的特点，提出了动态化、本土化、实用化的生涯教育体系。

所谓“动态化”，是指生涯规划不是一次规划定终生，而是随着个人的成长以及所处环境的变化，分阶段地进行认知和规划。

所谓“本土化”，是指生涯规划必须根据所处国家、区域、行业、学校、专业、个人和时代的具体情况，分阶段地制订规划。

所谓“实用化”，就是对绝大多数不从事生涯规划工作的学生来说，不要向他们灌输太多的生涯规划的理论，而是帮助他们学会较简单地使用生涯规划这个自我管理的工具，解决在校期间乃至今后可能遇到的各种问题。

本书完全遵循以上原则，具体体现如下：

在“自我认知”中，改变了原来仅仅通过测评来获得学生性格、兴趣、价值观和能力认知结果并依此做出人生规划的做法，提出了影响一个人职业发展的六项因素——生理、心理、社会、家庭、道德、优势的“完整我”认知法，并强调了分阶段认知自我的必要性和不同阶段认知内容的差异，对学生更清晰地认知自我有极大的帮助。

在“环境认知”中，特别强调了大学生环境认知的特点——校园、专业、国家和区域经济社会发展的趋势，相关行业、专业人脉等不同认知阶段的认知特点，使空洞的理论变得触手可及。

在“制订目标”中，强调了学生的规划要与职业人的规划相区别，在校的不同时期要进行不同的规划。通过设计“新生期规划表”“低年级规划表”和“高年级规划表”，引导学生学会应用生涯规划这个工具处理自己遇到的各种问题。特别是针对许多大学新生的茫然，大一开学时就给学生介绍了毕业后的几种去向；在高年级阶段，更以“毕业去向”作为主要的规划内容。这种做法，不仅能使教师看到自己的教学效果，更重要的是，能帮助学生养成自我管理的习惯，提高学生发现问题、解决问题的能力，这对学生来说是至关重要的。

必须强调的是：本书取名为“大学生生涯发展与职业准备规划”，主要为了突出职业准备规划的概念，以显示与职业人职业规划的区别。职业准备规划是指入职前很长一段时期的规划，包括小学、初中、高中、大学阶段的规划，内容以学习、成长为主，与职业人的职业规划以工作为主有较大的区别。为了论述方便，书中有时将“生涯发展与职业准备规则”简称为“生涯规划”。

每一个成功的人都有明确的人生方向和目标。每一个人，都应该对自己所处的每一个阶段进行自我认知和环境认知，进而做好自己的阶段性规划，踏踏实实地走好每一步，这是生涯发展成功的关键。

生涯规划目标的设定只是生涯发展成功的一部分，极为关键的是目标设定之后的实施和行动。为此，本书对实施方案的制订也做了较详细的说明。

当然，也有人提出“世界变化这么快，生涯能规划吗?”的质疑。对此，本书提出了生涯规划的80/20法则，从辩证法角度很好地解决了规划与变化的关系、规划与创新的关系。这些观点对帮助学生认识和了解生涯规划理论的意义、学好这门课程具有一定帮助。

本书由王少浪、蒋丽华、刘克琦担任主编。各章节编写内容分工如下：第一章由王翔、鄢云负责编写；第二章由于涛、王钊负责编写；第三章由赵宏、徐扬超负责编写；第四章由郑鹤英、石楠负责编写；第五章由董武忠、刘克琦负责编写；第六章由秦璐、徐佃负责编写。

大学阶段是人生的重要转折点。同学们需要未雨绸缪，尽早为自己做好生涯发展规划，把握自己的命运，创造美好生活，演绎精彩人生。

同学们，希望你们能运用生涯规划这个工具，在前行的道路上认清方向，踏踏实实地走好每一步，在广阔的天空中展翅翱翔。

本书编委会

2019年7月

目录 Contents

引言 Preface

每年九月，数以百万计的学生从中学跨入大学的校门。这些学生经过12年的寒窗苦读，终于修得“正果”，来到心仪的大学学习。每年七月，也有数以百万计的大学生手捧求职申请，涌入各地的招聘现场。逐年下降的首次就业成功率、零工资就业和“大学毕业就等于失业”的悲观论点困扰着学生、家长、学校、教师、企业、社会和国家。医学新生可以设想一下，自己三年后大学毕业时，能学到什么真本领，掌握多少知识和技能？你有多大把握，能够仅仅在12上加一个3，就能成功地应对以后的人生？如果说，12年的苦读为的只是今天能上大学，那么，读大学又是为了什么呢？我们来看看大学新生们的感悟：

案例

“入学前，我以为大学是一座神圣的知识殿堂，应该是窗明几净，充满着诗情画意。然而，入学后，我对大学的憧憬几乎完全破灭。与来自不同地方同学的人际关系让我无所适从，大学里的教学方法让我摸不着头脑，生活条件与想象中的也大不一样。大学的新生活不仅没有给我带来满足与快乐，相反，我心里却充满了失落、自卑和压抑，不知怎么办才好。”

【问题】

1. 为什么进了大学以后所有的事情和自己想象的都不一样？

2. 在离开家庭的情况下，怎样使自己感到安全、有依靠，不让自己感到孤单？怎样使自己以最快的速度融入新的环境，全身心地投入大学生活中去？

刚刚进入大学的你是不是也有同样的困惑？于是突然很想听爸妈的唠叨，突然开始怀念大清早揉着蒙胧的睡眼，慵懒地穿着拖鞋，蹭到厨房看妈妈为自己做早餐的情景。可是现实就是，从现在开始，你必须要靠自己了。

你是不是总在晚上设好闹铃，鼓励自己第二天上课一定不要迟到？为了保险起见，你还叮嘱舍友，如果闹铃没响，一定帮忙叫你起床。可是第二天早晨，你慵懒地躺在床上，就是不想起床，最终经过一番斗争，起床收拾，甚至还来不及收拾好，就必须一路狂奔到教室才赶得及上课，更不要说吃早餐了。

终于下课了，你来到食堂，可那里拥挤不堪，饭菜也没有妈妈做得可口，你甚至连学校到底有几个食堂都搞不清楚，哪个窗口卖什么也不知道，等你搞清楚了，食堂里的饭菜早已所剩无几，没有了温度。好不容易打到饭，却又很不巧，其中的菜是一个爱脱发的大叔做的，此时的你是不是会很沮丧？

下午没有课，你和舍友出去疯玩了半天，顿觉神清气爽，回寝室的路上，你们哼起了小曲，有说有笑，好像忘记了早上起床时的艰难，也忘记了那令人沮丧的午餐。可是，当你回到宿舍，望着一大堆还没洗的衣服、袜子，再也没有妈妈帮忙，也不能把它们丢到全自动洗衣机里就万事大吉，你必须把它们泡在水里，一件件搓洗。这时你又想起了临行前妈妈的嘱咐，要把易脱色的衣服分开洗，而且不同质地的衣服要用不同的洗涤剂，内外衣一定不要混在一起洗，漂洗一定要干净，否则对皮肤不好；晾衣服的时候还要小心衣服别被风刮跑了……你是不是又开始苦闷了呢？

刚来学校，觉得什么都新奇，你们寝室当然也不例外，于是，睡觉前，大家激动不已，忍不住开起了卧谈会，这一谈就到了深夜两三点，第二天起床又会因此变得无比艰难，但是你仍意犹未尽，突然想讨论一个话题："碰到一个漂亮女生，首先该说什么？"结果不巧，某君从梦中惊醒，喃喃道："啥也别说了，咱们快睡吧！"明明是你的兴致被扫荡一空，但是你是不是仍该道个歉呢？

在刚入学的日子里，你有没有听说谁丢了钱包或手机，谁上当买错或买贵了东西，甚至还有人不小心差点出交通事故……

你以及身边的许多人是否突然感觉自己平庸了很多？以前是学校里的佼佼者，突然身边高手如云，是不是有点缺乏存在感？

如果你来自农村，看着身边的同学来学校报到穿着名牌，拎着大包小包，装备齐全，甚至还带着笔记本电脑，用着高档手机，你是不是偷偷地自卑过？

……

实际上，这些问题在刚入学的大学新生中普遍存在着。

小链接

前不久，有人对北京高校的数百名大学新生进行了调查，请他们描述了自己入学两个月以来的心情，除了有少数同学用"兴奋""新奇""愉快""快乐"等词汇来描述自己入学后的心情以外，多数同学使用了这样一些字眼和句子：紧张、苦闷、困惑、烦恼、抑郁、郁闷、自卑、无聊、空虚、害怕、冷漠、痛苦、孤独、寂寞、沮丧、迷茫、茫然、无地自容、自我封闭、失去了理想、没有了动力、找不到位置、对自己估计过高了；世界变大了，自己变小了；心情低落不畅快；经济困难，影响学习和生活的自信心；因不会讲普通话而自卑；因不再是老师的宠儿而有失落感……

这是许多大学新生会遇到的问题。为了使自己能够顺利地度过新生期，也为了使自己能充分利用大学的宝贵时光，多学知识、多学本领，为将来的职业发展做好准备，我们首先必须学会做好自己的生涯规划，特别是大学期间的生涯规划，掌握在大学期间不同阶段进行不同的内容认知和目标规划的方法，引导自己一步一步走向成功。本书就是为了解决这些问题和困惑而编写的，具体每章的内容介绍如图 0-1 所示。

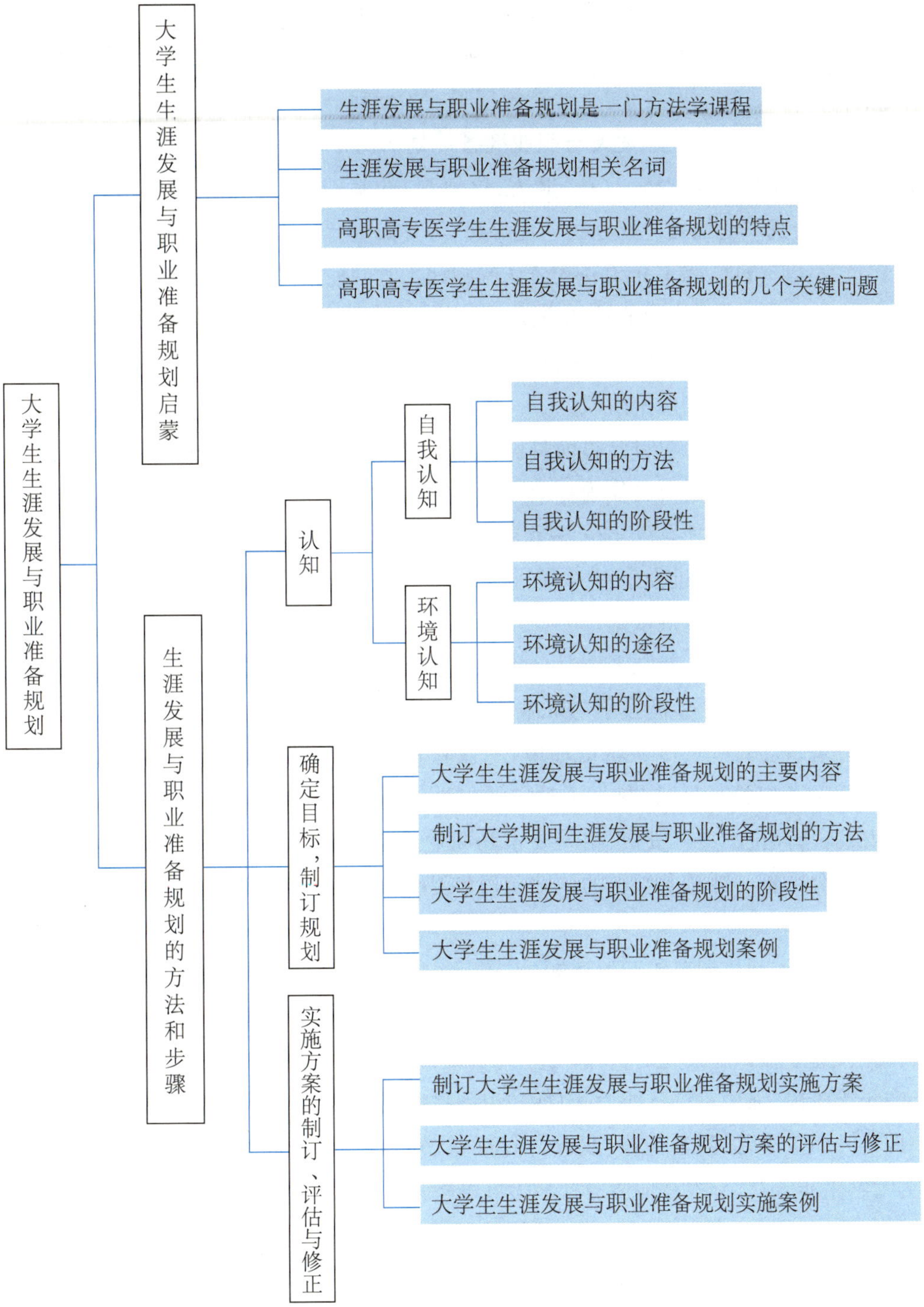

图 0-1　大学生生涯发展与职业准备规划学习导图

第一章，重点介绍了生涯发展与职业准备规划的启蒙知识，包括大学生生涯发展与职业准备规划是一门什么样的课程，生涯发展与职业准备规划相关名词，大学生生涯发展与职业准备规划的特点及关键问题。生涯发展与职业准备规划课程是一门方法学课程，就是把目标管理用在人的生涯发展与职业准备规划管理中。本书强调了大学生生涯发展与职业准备规划与职业人职业生涯规划的区别和联系；强调了生涯发展与职业准备规划的80/20法则以及与创新的关系；正面回答了“生涯能规划吗?”的疑问。

第二章，重点介绍了生涯发展与职业准备规划的两个前提条件之一——自我认知。本书在传统的心理我认知(性格、兴趣、能力、价值观)的基础上，进一步提出还应从“生理我”“心理我”“社会我”“道德我”“家庭我”“优势我”等方面进行认知，构成一个“完整我”的概念。为此，在自我认知方面，除了介绍一些公认的测评工具的使用之外，更强调他人评价、专家评价、自我评价和在实践中检验的认知方法。尤其是，提出了在自我认知时，必须经常性地分阶段进行认知。比如，本书把大学生自我认知细分为新生期认知、低年级认知、高年级认知和即将入职大学生的认知四个阶段：

新生期认知的重点是对自己目前身份、地位和思维方式的认知；

低年级认知则侧重把自己作为一个大学生来认知；

高年级认知则必须把自己当成一个未来的职业人来认知，这样就把自我认知过程作为一个动态发展的、连续的过程来对待，在职业生涯发展过程中就可以发现一个真实的自我，便于为准确的职业定位提供依据；

即将入职大学生的认知则强调对自我适应社会能力的认知。

第三章，重点介绍了生涯发展与职业准备规划的两个前提条件之二——环境认知。本书从家庭环境、校园环境、所在城市环境、专业背景、职业背景、社会环境等方面进行描述。本章特别强调了相关专业，与专业相对应的未来就业的相关行业，该行业的著名企业和职业，各相关工作岗位的准入资格、招聘要求和职业道德，以便学生在学校期间就能为未来的就业做好充分准备。针对大学生的认知阶段性特点，本书在环境认知方面也相应地进行阶段性认知分析。

新生期，强调从校园环境开始认知；

低年级阶段，强调大学生在大学期间主要应该完成的认知内容，即通识能力、行为方式、思维模式及专业知识与技能的认知，专业与未来行业关系的认知；

高年级阶段，强调对自己能力(包括知识和技能)的认知；

即将入职阶段，强调对行业、职业、岗位的认知，对自己与即将从事的岗位的匹配度认知，为大学生步入社会，很好地适应社会做好准备。

第四章，结合第二章、第三章的阶段性认知结果，分别介绍了大学生生涯发展与职业准备规划的主要内容(学业规划、成长规划、实践规划)、制订方法(以内容为纲、时间为目或以时间为纲、内容为目)和阶段性(新生期、低年级、高年级和即将入职)。本书用表格法较好地把生涯规划的理论学说变得通俗易懂、易于操作，方便教师讲授，也方便学生学习和运用。

为了便于学习，本书把新生期规划作为短期规划，要求大学生在入学后一个月之内完成；低年级规划作为中期规划，即大学生在校前一两年的学业、成长和实践规划；高年级及即将入职规划为长期规划，即大学生在校期间后二年及毕业后一两年之内的学业、成长和实践规划。

第五章，介绍了生涯发展与职业准备规划实施方案的制订，分为年度、学期、月度、周、日实施计划表，利于学生执行。另外，设计了生涯发展与职业准备规划实施结果评估、反馈、修正表，以帮助大学生完整地完成生涯发展与职业准备规划的整个过程。

附录，介绍了相关的测评工具和一系列规划表，便于大学生自学和练习。

大学生可以先通过进行新生期生涯发展规划初步了解规划的方法，然后通过低年级规划、高年级规划和即将入职规划，达到很好地规划自我、熟练掌握这门方法学的双重目的。

大学生入学伊始便接触生涯课是非常必要的，而鉴于新生刚刚接触此课程时，对生涯规划的相关知识和步骤了解还不够，所以建议学生在进行新生期规划时，先自行参照第二章第三节“自我认知的阶段性”中“新生期大学生的自我认知”、第三章第三节“环境认知的阶段性”中“新生期大学生的环境认知”和第四章第三节“大学生生涯发展与职业准备规划的阶段性”中“新生期大学生生涯发展与职业准备规划”进行练习；再结合新生期结束后实施效果的评估，了解整个生涯规划的目标设定、评估、修正等方法。通过生涯规划，大学生不仅为正确设计和管理人生，走好自己的生涯路程定下路标，也为在今后的学习、工作和生活中更好地运用此方法打下基础。

案例

今天我来到了北京某大学上学，终于圆了一个长达十几年的梦，这个梦寄托着老师、父母以及乡亲的殷切期望。我很想好好地利用上大学的宝贵机会，多学知识，多学本领，将来回报社会、回报父母、回报生我养我的故乡。但我应该怎么做呢？我咨询老师，老师向我推荐了这本《大学生生涯发展与职业准备规划》教材，让我按图索骥，先制订新生期规划，尽快完成中学生向大学生的角色转变，在完成角色转变的同时，掌握规划的方法，然后，再进行大学期间的生涯规划；最后，在高年级再完成高年级及即将入职生涯规划。老师说，这样的话，我的大学时光就可以过得很充实，奋斗得有目标。我把老师的指导加以整理，绘成以下新生期规划路线图：

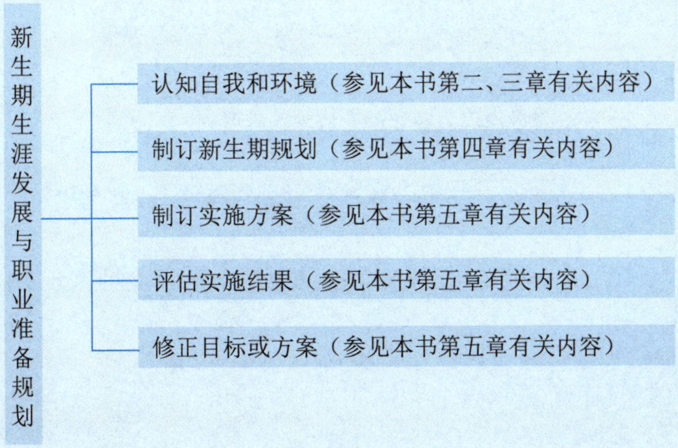

第一章

大学生生涯发展与职业准备规划启蒙

学习目标

1. 了解生涯发展与职业准备规划是一门方法学课程。
2. 熟悉生涯发展与职业准备规划相关的名词内涵。
3. 熟悉生涯发展与职业准备规划的阶段性特点。
4. 了解大学期间生涯发展与职业准备规划的重点和主要内容。
5. 了解高职高专医学生生涯发展与职业准备规划与职业人职业生涯规划的区别与联系。
6. 了解生涯发展与职业准备规划的80/20原则,注重规划与创新的关系。
7. 了解大学生生涯发展与职业准备规划,为就业做准备。

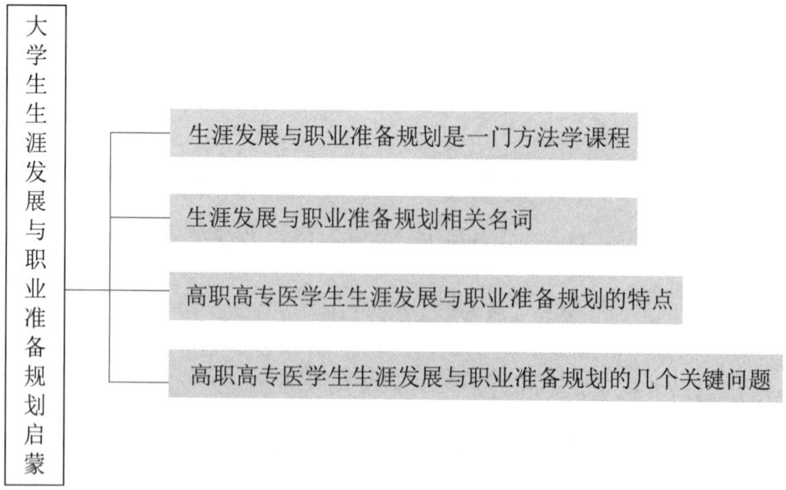

生涯发展与职业准备规划课程是一门依托于哲学、管理学原理，借助积极心理学、社会学、计算机技术，帮助人们认识自己、认识社会，并进而规划自己一生的方法学课程。从广义上说，它属于通识教育范畴。也正因为这门课程属于方法学范畴，所以它的重要性远大于一般的专业课程，甚至可以说这是一门可以影响学生一生的课程。

大学生生涯规划的意义

由于人在不断成长，环境在不断改变，所以生涯发展与职业准备规划也应该处于不断地调整之中，也就是说，必须分阶段进行自我认知和环境认知，在此基础上，才能进行合适的阶段性人生规划。

案例

李想是临床医学专业的学生，自从在高中时接触了职业生涯规划之后，他就确定了从医的职业目标。高考后他搜集了大量的学校资料，然后未经父母同意便自作主张填写志愿到××大学读临床医学专业。招生老师感叹道："真没想到这个学生比我还了解我们学校和专业。"进入大学后，当其他同学还处在朦胧阶段时，他已经按照自己的计划向目标挺进。他的目标是什么呢？是自己创办一家医院。为此，在大一时，他在很好地完成各门功课的基础上，把大部分业余时间用在了医学专业知识的深入学习上，课余时间请教本校和外校的老师，在专业学习上突飞猛进。大三时，他就去一家医院见习，在这个过程中，他不仅参与技术实践，还了解医院的管理程序。在实际工作中，他更加坚定了日后创办医院的决心。毕业后他进入一家三甲医院，几年后，熟知自己最终目标的他毅然辞去医院里那份不错的工作，自己创办医院，目前医院的事业蒸蒸日上，李想成为当年毕业那批同学中的佼佼者。相反，一些人因缺乏合理的职业目标和规划，忙碌了一辈子却不知自己想要什么。

专家分析

学习生涯发展与职业准备规划，可以帮助我们树立明确的职业目标；有了目标之后，就要围绕目标做相应准备，并朝着目标不断努力；要坚定目标，不能因为实现目标过程中的困难而轻易放弃。

从中我们可以看到，生涯发展与职业准备规划可以帮助大学生找到目标和实现目标的方法，并且可以有效地管理目标。学习了生涯发展与职业准备规划的学生，大学是十分充实的，其大学生活、实践、学习都会紧紧与目标相结合，做什么努力和放弃什么选择都可以依据目标而定，这样就不会产生随波逐流的现象。

这门课程的主要目的是帮助大家弄清楚三个问题：

第一，什么是生涯？

第二，为什么要做生涯发展与职业准备规划？

第三，怎样做生涯发展与职业准备规划？

这些将在以后的章节中逐一介绍。

第一节　生涯发展与职业准备规划是一门方法学课程

生涯发展与职业准备规划是一门什么样的课程呢？这是很多学生经常问到的问题。本书认为，生涯规划不是一门专业课程，而是一门依托哲学、管理学原理，借助心理学、社会学方法，帮助人们认识自己、认识社会，并进而规划自己一生的方法学课程，也可以说是一门生涯管理方法学课程。之所以说它是方法学，是因为它实质上就是一种目标管理的方法，也可以说是目标管理方法在人生规划中的运用。从广义上说，它属于通识教育范畴。也正因为这门课程属于成功方法学范畴，所以它的重要性远大于一般的专业课程，可以说这是一门可以影响学生一生的课程。

生涯发展与职业准备规划的步骤包括以下内容：认知自我、认知环境；确定目标、（根据目标）制订规划；（按照制订的规划）制订实施方案；实施并（对行动结果）进行评估（找出目标与结果之间的差距以及差距产生的原因），进而对规划与实施方案做出修正（调整）。这是目标管理的一般方法。而目标管理方法用在生涯规划上，就是要在设定目标之前，对自我和环境进行认知，在正确认知的基础上，才能真正设定合适的目标并做出符合实际的规划。因此，生涯发展与职业准备规划的方法包括五个步骤（图 1-1）。

图 1-1　生涯发展与职业准备规划的五个步骤

第二节 生涯发展与职业准备规划相关名词

在学习生涯发展与职业准备规划课程之前，需要先了解几个必须了解的生涯相关术语。主要是：生涯、目标、职业、职业发展、职业生涯、外职业生涯、内职业生涯、职业锚、规划、生涯规划、职业准备规划、职业生涯规划。

一、生涯、目标

（一）生涯

在《现代汉语词典》中，生涯指从事某种活动或职业的生活。美国国家生涯发展协会将生涯定义为：生涯是个人通过从事工作所创造出的一个有目的、延续一定时间的生活模式。由这个定义可以看到：生涯不是个人随意的、短暂的行为，也并不简单地就是一份工作，它是人们通过规划、思考、权衡而创造出来的、具有独特个性的一种生活模式。

（二）目标

在《现代汉语词典》中，目标指想要达到的境地或标准。目标亦指个人、部门或整个组织所期望的成果。由定义可知，所设定的目标须有现实的“标准”作为参照，来衡量在实际执行过程中目标达成的程度。通常，目标具有精确性、现实性、可实现性、可测量性、知名性和被理解性的特点。

没有目标就永远不能实现目标。就个人的事业发展而言，美国学者戴维·坎贝尔指出：“目标之所以有用，仅仅是因为它能帮助我们从现在走向未来。”一个人职业上的成败，很大程度上取决于其是否确立了适当的职业生涯目标。

二、职业、职业准备和职业发展

（一）职业

《现代汉语词典》中对“职业”的描述为，个人在社会中所从事的作为主要生活来源的工作。比较专业的定义为：职业是指人们在社会生活中所从事的以获得物质报酬作为自己主要生活来源，并能满足自己精神需求的、在社会分工中具有专门技能的工作，是对特征相同或相似的一类工作的统称。

例如，医学，在生产力十分低下时，社会分工不细，医生也没有明确的分工，什么病都得看，就像现在的“全科医生”。但随着社会生产力的发展，社会分工逐渐细化，医生也从全科渐渐有了内科、外科等专业的分工。如今，随着分工的更加细化，外科亦分成了普外科、脑外科、耳鼻喉科、口腔科、胸外科、乳房外科、烫伤科、整形科、骨科、泌尿外科、美容外科等，甚至出现了很多交叉、边缘专科。由此可见，职业是社会生产力发展的一种必然，是社会生活中互通有无的一种分工。

职业(career)不同于工作(job),它更多的是指一种事业。因此,职业问题不是简单的工作问题,就职业一词的本意而论,至少包括以下四个方面的涵义:

第一,与人类的需求和职业结构相关,强调社会分工;

第二,与职业的内在属性相关,强调利用专门的知识和技能;

第三,与社会伦理相关,强调创造物质财富和精神财富,获得合理报酬;

第四,与个人生活相关,强调物质生活来源,并设法满足精神生活。

【问题】

根据以上四点,你能回答:"乞丐""小偷"是职业吗?为什么?

(二)职业准备

任何职业对从业者均有一定的知识、技能、能力和心理要求,每一个人也要为进入某一职业做准备。大学是进入职业社会前的最后一个全职学习阶段,也可以看成是职业准备的最后阶段,大学生在校期间的学习、生活和成长都是为进入职场做准备的。职业准备的内容包括相关职业所需的知识、技能以及心态。因此,在大学阶段,每一个学生都要努力地学习和成长,完成职业准备。

(三)职业发展

职业发展是指在自己选定的领域里,在自己力所能及的范围内,逐步成长并取得最好的成绩。

三、职业生涯

职业生涯是指个体从正式进入职场直到退出职场这段时间内的与工作有关的经历、态度、需求、行为等过程,是一个人的职业经历。

一个人一生中连续从事的职业,不仅包括过去、现在和未来那些可以实际观察到的职业发展过程,而且还包括个人对职业生涯发展的见解和期望。

职业生涯是人一生中最重要的历程,是追求自我实现的重要人生阶段,对人生价值起着决定性作用。同时,职业生涯又是一个动态的过程,一个人一生在职业岗位上所度过的、与工作活动相关的连续经历,并不区分在职业上成功或失败、进步得快或慢。不论职位高低,不论成功与否,每个工作着的人都有自己的职业生涯。一个人的职业生涯是一个漫长的过程。一个人可能遵循传统,一生只从事一种职业,持续而稳定地在此职业岗位上晋升、增值;也可能由于个人兴趣、能力、价值观以及工作环境的变化而经历不同的岗位、职业甚至行业。

四、内职业生涯

内职业生涯是指从事一项职业时所需具备的知识、观念、心理素质、经验、能力、身体素质、内心感受等因素的组合及其变化过程。

内职业生涯中部分因素的取得,可以通过别人的帮助而实现,但主要还是要靠自己努力追求而得以实现。内职业生涯的各构成因素一旦取得,别人便不能收回或剥夺。内职业生涯是真正的人力资本所在，所以大学生在入学之后要努力提升自己的内职业生涯能力。内职业生涯取得的工作成绩，会转化为外职业生涯。

内职业生涯因素匮乏的人总是担心自己找不到好工作，找到工作后担心下岗名单中会有自己的名字，担心自己的企业被别人吞并，担心自己不能晋升，担心未来没有保证，担心自己不能胜任。而内职业生涯丰富的人会抓住每一次发展的机会，甚至主动为自己、为别人创造发展机会。

五、外职业生涯

外职业生涯是指从事职业时的工作单位、工作地点、工作内容、工作职务与职称、工作环境和工资待遇等因素的组合及其变化过程。

外职业生涯的构成因素通常是由别人认可和给予的，也容易被别人否认和收回。外职业生涯因素可能往往与自己的付出不符，尤其是在职业生涯初期。有的人一生疲于追求外职业生涯的成功，但内心极为痛苦，因为他们往往不了解，外职业生涯发展是以内职业生涯发展为前提条件的。

六、规划、生涯规划、职业准备规划、职业生涯规划

（一）规划

在《现代汉语词典》中，规划是指比较全面的、长远的发展计划，也可以认为是对将要做的工作所做的总体计划。

（二）生涯规划

根据以上"生涯""规划"的定义，我们可以将"生涯规划"定义为对个人所从事的学习、工作、娱乐等生活模式进行的长远规划。它涵盖了职业生涯规划，也涵盖了学生时期的职业准备规划及退休后的规划。

（三）职业准备规划

职业准备规划（又称生涯发展与职业准备规划，有时简称生涯规划，下同）是指入职前从小学、初中、高中到大学等成长成才受教育阶段所做的规划，主要内容包括学习规划、生活成长规划与社会实践规划等。而大学生的生涯发展与职业准备规划特指大学期间的规划及即将入职时的规划，属于职业准备规划的一部分。

（四）职业生涯规划

职业生涯规划又称职业生涯设计，是指职业者个人与组织相结合，在对一个人职业生涯的主客观条件进行测定、分析、总结的基础上，对自己的生理、心理（兴趣、性格、气质、价值观）、家庭、所处的社会环境、道德、优势（包括知识、技能、能力特点）等进行综合分析与权衡，结合时代特点，根据自己的职业倾向，确定最佳的职业奋斗目标，并为实现这一目标做出行之有效的行动计划。职业生涯规划既包括个人对自己进行的个体职业生涯规划，也包括组织对员工进行的职业规划管理体系。职业生涯设计的目的绝不仅是帮助个人按照自己的条

件找到一份合适的工作，达到与实现个人目标，更重要的是帮助个人真正了解自己，为自己定下事业大计，筹划未来，拟定一生的发展方向，根据主客观条件设计出合理且可行的职业生涯发展方向。职业生涯规划一般包括：基本资料、规划目标、可行性分析、综合分析、成功标准、主要差距、职业发展年度规划（方案）。

职业生涯规划对高职高专医学生而言，就是在考虑自身兴趣、爱好、能力特点的前提下，认真分析个人的性格特征，结合自己的专业特长、知识结构和社会需求，制订对将来所从事工作的方向性方案。

作为高职高专医学生，通过职业生涯规划可以促使自己在全面、深入地分析和了解自我的基础上，制订明确的职业目标，并且在职业目标的引领下，充分、合理地利用大学时光，提高职业素质，构建、优化知识结构。它不仅可以提高高职高专医学生求职时的竞争力，也可以使其在大学时期的投入实现效益最大化。

七、职业锚

锚是船停泊时所用的器具。职业锚实际上就是人们选择和发展自己的职业时所围绕的中心。

要想对职业锚提前进行预测是很困难的，这是因为一个人的职业锚是在不断发生着变化的，它实际上是一个不断探索过程所产生的动态结果。

有些人也许一直都不知道自己的职业锚是什么，直到他们不得不做出某种重大选择的时候，一个人过去的所有工作经历、兴趣、资质、性向等才会集合成一个富有意义的模式（或职业锚），这个模式（或职业锚）会告诉此人，对他个人来说，到底什么东西是最重要的。

施恩经过多年研究，提出了五种职业锚，随后在 1992 年又将其拓展为八种职业锚。根据不同的职业锚对职业具有不同的选择，即形成职业生涯的八种方向，详见表 1-1。

表 1-1　职业生涯的八种方向

职业锚类型	价 值 观
技术或职能型职业锚	这类人强调实际技术或某项职能业务工作，热爱自己的专业技术或职能工作，注重个人专业技能发展，往往不愿意选择那些带有一般管理性质的职业。一般多从事工程技术、营销、财务分析、系统分析、企业计划等工作
管理能力型职业锚	这类人愿意担负管理责任，且责任越大越好。这些人具备三种能力：一是分析能力，在信息不充分或情况不确定时，判断、分析、解决问题的能力；二是人际能力，影响、监督、领导、应对与控制各级人员的能力；三是情绪控制能力，在面对危急事件时，不沮丧、不气馁，并且有能力承担重大的责任，而不被其压垮
创造型职业锚	这类人要求有自主权、管理能力，能施展自己的才干。需要建立完全属于自己的东西，或是以自己名字命名的产品或工艺，或是自己的公司
自主/独立型职业锚	这类人特点是最大限度地摆脱组织约束，追求能施展个人职业能力的工作环境
安全/稳定型职业锚	职业稳定和安全是这一类职业锚雇员的追求、驱动力和价值观
服务型职业锚	这类人追求的核心价值是追寻帮助他人的机会，改善人们的安全，通过新的产品解决问题

（续表）

职业锚类型	价 值 观
挑战型职业锚	这类人会选择新奇、变化和困难程度高的工作或职业，他们以战胜各种不可能的事情作为其终极目标。他们喜欢战胜强硬的对手，解决看上去无法解决的问题，克服无法克服的困难障碍等
生活型职业锚	这类人希望将工作和生活整合为一个整体，喜欢允许他们平衡并结合个人、家庭和职业的需要的工作环境。因此，他们需要一个能够提供足够的弹性让他们实现这一目标的职业环境，甚至不惜牺牲职业的一些方面

第三节　高职高专医学生生涯发展与职业准备规划的特点

生涯规划是一个连续不断的过程。人的一生不是一成不变的，人在不断成长，环境在不断改变。随着自我认知和职业认知的变化，每个人的生涯都会呈现出阶段性变化的特点。值得注意的是，高职高专医学生生涯发展与职业准备规划具有显著的阶段性特点。从细节来看，新生期（大一入学的第一个月）、低年级（大一和大二）和高年级（大三）学生的生涯特点的不同体现在生理状况、心理水平、知识技能、成熟度、职业能力、综合素质等方面，而医学专业学生与其他专业学生的最大不同是：医学专业基础课多，要记忆的东西多，所以，从入校开始就会感到时间紧，这种感觉将伴随整个大学三年。

医学院校学生毕业后所从事的职业也有特点，主要是从事与人类健康相关的工作。这里要提醒大家注意的是，过去学医就是去医院，现在学医不仅可以去医院，还可以去许多虽然不是医院但又与民众健康相关的行业。学生的就业面宽了，视野也要放宽。在新时代，医学院校学生要利用在校期间的三年，逐步了解清楚自己可能或者适合的就业方向，并努力达到行业及职业要求。

一、大学生生涯发展与职业准备规划的重点和主要内容

（1）大学生生涯发展与职业准备规划的重点：如何充分利用好大学这一特殊的场所来学习更多的知识和技能、提升自己的能力、锤炼自己的意志，使自己成为一个合格的德、智、体、美、劳全面发展的社会人。

（2）大学生生涯发展与职业准备规划的主要内容：学习规划、成长规划和社会实践规划。

二、高职高专医学生生涯规划与职业人职业生涯规划的区别与联系

大学生生涯发展与职业准备规划与职业人职业生涯规划的区别是由于双方的社会角色不同、责任不同、所承担的义务不同所产生的。

（一）学生角色

大学生大多处在18—24岁这一年龄阶段，是人生中增长知识、发展智力、求学成才的关键阶段。大学生的中心任务是努力学习以专业知识为主的多方面知识，培养以专业能力为主的各种能力。因此，这是一个接受教育、储备知识、培养能力的重要阶段。另外，由于大学生以学习为主，经济上主要依靠家庭，所以，可以这样界定学生角色：在社会教育环境的保证下和家庭经济的资助下，学习知识，培养能力，全面提高自身素质，努力使自己成长为社会的合格人才，属于消费者、在一定程度上的被动者和无责任者。

（二）职业角色

职业角色的个性表现得非常具体，但是千差万别的职业角色有其共性：职业角色扮演者具有自己的社会职位和一定职权；相应的职业规范；一定的基础知识和业务能力；履行一定的义务；经济独立。因此，可以这样定义职业角色：在某一职位上，以特定的身份，依靠自身知识和能力并按照一定的规范具体地开展工作，在行使职权、履行义务为社会做出贡献的同时取得相应的报酬，属于创造者、主动者和有责任者。学生角色与职业角色的区别详见表1-2。

表1-2　学生角色与职业角色的区别

	学生角色	职业角色
年龄层次	偏低	多数偏高
经济能力	完全依赖父母	基本独立，有的要负担家庭
心智水平	尚不成熟	多数有社会经验
价值观	塑造之中	基本定型
社会责任	学好科学文化知识，掌握为人民服务的本领，使自己的德、智、体全面发展。大学生是以学习、探索为主要任务。整个角色过程是一个受教育、储备知识、锻炼能力的过程	以特定的身份履行职责，依靠自己的本领或技能为社会和他人服务，完成某项工作是通过对工作对象的履行情况来体现。作为职业人必须适应社会，服从领导和管理，适应上级的管理风格，在工作中犯了错误，必须承担成本和风险责任，并承担相应的社会责任
社会规范	主要反映在国家制定的《大学生行为准则》和各学校制定的《大学生手册》之中，告诉学生怎样做人、如何发展等。因为学生是受教育者，在违反角色规范时，主要以教育帮助为主	对职业角色的规范因职业的不同而不同，但肯定是更严格，违背了就要承担一定的责任，甚至是法律责任

（续表）

	学生角色	职业角色
社会权利	接受外界的给予，即接受和输入，主要是要求理解其角色的权利，依法接受教育，并取得经济生活的保证或资助	依法行使职权，开展工作，运用自己的知识和能力，向外界提供自己的劳动，即运用和输出，要求结合实际创造性地发挥水平，并在履行义务的同时取得报酬
面对的环境	寝室—教室—图书馆—食堂四点一线的简单而安静的生活方式，单纯而简单的校园文化气氛。学习时间可弹性安排，有较长的节假休息日；教学大纲提供清晰的学习目标，学术上多鼓励师生间讨论甚至争论；布置作业或工作在规定时间内完成	面临的社会环境是快速的生活节奏、紧张的工作和加班。在单位里，规定上下班时间，不能迟到早退，经常加班加点，节假日很少，工作任务急又重；老板通常对讨论不感兴趣，多数老板比较独断，对待职工不一定很公平；一切以经济利益为导向；要完成上司或老板交给的工作任务等

（三）大学生生涯发展与职业准备规划与职场人职业生涯规划的区别

如上所述，大学生的生涯发展与职业准备规划应该以学业规划、成长规划和实践规划为主；而职场人的职业生涯规划则必须以工作规划为主。

（四）大学生生涯发展与职业准备规划与职场人职业生涯规划的联系

尽管大学生生涯发展与职业准备规划与职场人职业生涯规划存在着不同，但大学生学习的目的就是提升自己的职业能力，就是为毕业后就业走向社会、参加工作做准备的。大学生在校期间的生涯实际上就是就业准备阶段，是为自己能够更好地适应社会储备知识、提升能力的阶段，所以大学生职业生涯规划与职场人职业生涯规划既有区别，又有联系。大学生应在入学之初做好在校期间的生涯发展与职业准备规划，好好利用大学期间宝贵的时光，为未来的职业发展奠定基础；毕业前夕则要做好自己的职业规划，为迈入职场做好充分准备。有人提出，大学生的生涯规划只能叫作职业准备规划而不能叫作职业生涯规划。本书同意这种观点，并第一次把大学生生涯规划称为大学生生涯发展与职业准备规划。

（五）高职高专医学生生涯发展与职业准备规划应该为就业做准备

大学期间的生涯发展与职业准备规划要重视学习、成长、实践规划。实际上，学习规划首先要求学生学好自己的专业，其次要求学生要学好职业技能，最后还要掌握学习方法、科研方法、为人处世方法等；而成长规划也是帮助学生养成良好的习惯，包括思维习惯、理财习惯、时间管理习惯、建立人脉习惯、交友习惯，特别是形成世界观等；实践规划中重视的是参加社团、社会活动、见习和实习等，主要目的是帮助学生了解社会，并通过这些社会活动了解本专业在社会中的地位和作用，巩固学生的专业观，帮助学生树立正确的就业观，找准自己的职业定位，顺利就业。

学生在毕业前夕要参照生涯发展与职业准备规划的方法重新认知自我、重新认知环境，特别是职业环境（包括对国家相关政策，卫生行业的背景、发展趋势及相关单位进行了解），然后做出职业决策，根据自己确定的目标制订规划和行动方案，并按照行动方案实施，在实施过程中及时总结、反馈行动结果，再根据行动结果修订目标和行动方案。

有了系统完整的规划并加以实施，高职高专医学生就可以转变就业观念、按照社会需求学好自己的专业、提升自己的就业能力，为就业做好充分的准备。

（六）大学生活与职业生涯发展的关系

大学生涯是整个人生的重要阶段，是职业发展的准备期。在大学选择某一专业进行学习，是为今后做职业准备，因而大学生涯可称为职业准备阶段，是职业准备期。这是个人职业生涯的起步阶段，是决定能否赢在起点的重要阶段。

1. 专业学习与职业生涯发展

学习既是未来事业的准备，也是未来事业的开端。社会主义现代化建设需要知识面广、业务能力强、精通专业技术的人才。大学生必须勤奋学习，刻苦钻研，不断提高专业知识和技能水平，培养科学地认识问题、分析问题和解决问题的能力，全面提高自身素质，才可能在未来的事业中有所建树。

（1）专业的知识和能力。每一种职业的专业需求是不同的，即便同一专业在不同阶段也有不同的需要。医生没有丰富的医学知识，就很难满足救死扶伤的职业需要，没有较强的动手能力，就无法从事外科复杂的手术工作。因此，在职业规划中，高职高专医学生不仅要考虑在社会性、经济性方面的优势，也要考虑职业对知识、能力的要求，进而思考自己是否能够达到此类要求以及达到此类要求的最佳途径。

（2）专业的心理素质。每一种职业对心理素质都有相对专业的要求。急诊偏重果断，内科偏重严谨，护理偏重细致，药师偏重全面，而外科的工作则需要沉心静气，有泰山崩于前而不变色的心态。例如，汶川地震抗震救灾医疗队的某位医生在从事脑外科手术中突然遇到了较为强烈的余震，但这并没有对他的手术产生丝毫的影响，这体现的不仅是医生高超的医术，更是过硬的心理素质。因此，在规划职业生涯中，对职业心理素质的考虑也很必要。

（3）专业经验的积累。每从事一种职业，都能够从中获得经验，并指导今后的发展。而如果在从事该职业前就能够通过其他途径来获得相关经验，那么对今后的发展就将更为有利。因此，如果在规划中提前考虑到经验的重要性，可能就不会让你输在职业的起跑线上。

2. 社会活动与职业生涯发展

大学生要全面发展，除学习外，应根据个人爱好、自身特点，有针对性地参加各种内容丰富，形式多样的政治、学术、科技、文体社团和社会实践活动；从图书馆、大众传播媒介和对社会的广泛接触中，获取大量信息，汲取知识，增进对社会的了解，增添生活乐趣，培养和锻炼自己的实际工作能力和适应社会能力，全面提高自身综合素质，培养适应时代发展的基本能力。

通过参与各种社会活动，培养自身知识更新能力、开拓创新能力、应变适应能力、团结协作能力等，为职业生涯发展打下坚实基础。

面对知识经济时代职业内涵的发展与变化，大学生要时刻关注就业市场，了解社会对职业的需求，参照社会对人才的素质要求，不断修订自己的职业生涯规划内容，调整自己的发展目标，在动态和多样性中实现发展目标。

第四节　高职高专医学生生涯发展与职业准备规划的几个关键问题

一、高职高专医学生生涯发展与职业准备规划要特别注意阶段性特点

根据人的认知水平随着时间、环境的改变而不断改变的现实情况，以及以上提出的职业生涯规划是一门方法学课程的观点，大学生不仅要按新生期、低年级、高年级、即将入职分阶段进行认知和规划，而且在重复以上认知和规划的过程中，要更加熟悉和掌握这种成功方法的运用，使自己真正受益终生。

新生期、低年级、高年级和即将入职大学生的自我认知是有较大差别的；而在不同的时代、不同的地点、不同的岗位、不同的城市、不同的发展策略和政策背景下，人们的环境认知也不尽相同。正因为制订生涯规划的这两个前提条件都在不断发生变化，所以人们的生涯目标也应随之发生改变。比如，各地限购车、限购房政策的出台，就会导致那些原打算炒房投机的人们必须改变他们的计划，这就是环境改变导致的规划改变。又如，过去医学专业毕业生一般以城市医院甚至三甲医院作为自己工作的唯一目标，但现阶段大多数三甲医院人满为患，就业门槛不断提高。国家未来十年的卫生工作重点向基层医院倾斜，加强县级以下三级医疗网点的建设，这需要大量的卫生工作人员，这给高职高专医学生提供了大量的就业机会和发展的空间。所以，分阶段反复进行自我认知和环境认知再做出职业生涯规划的过程是必要的。

总之，新生期大学生的认知和规划以适应大学的学习和生活为重点；低年级大学生的认知和规划以学业、成长和实践为重点；高年级、即将入职大学生则应在经过专业学习、社会实践，对专业、职业有了初步认识，并掌握了一定的专业技能的基础上，重点对未来的行业及职业做出初步选择和规划。

二、高职高专医学生要尽早了解并确定自己的毕业去向

入学之初就必须了解毕业后的几种去向，并根据毕业后的基本出路做好自己在校期间的职业生涯规划。大学生毕业后的基本去向见表 1-3。

表 1-3　大学生毕业后的基本去向

就业	自主就业	考公务员
		事业单位就业(医院、防疫部门、医学研究部门)
		国有企业就业(药厂、医药公司、企业医务室)
		外资企业就业(外资医院及医药公司)
		民营企业就业(民办医院)
	政策性就业	到西部、基层工作(社区、农村医院)
		三支一扶(支医)
		大学生村官
		参军
		带薪见习
深造	专升本	专升本
	留学	欧美
		日韩
		澳洲
		其他
创业	个人创业	创办诊所
		创办家庭、社区服务型企业
		创办医疗辅助用品及保健品生产企业
		创办医疗辅助用品及保健品销售型企业
	合作创业	创办诊所
		创办家庭、社区服务型企业
		创办医疗辅助用品及保健品生产企业
		创办医疗辅助用品及保健品销售型企业

三、制订生涯发展与职业准备规划时要遵循 80/20 法则

80/20 法则,又称为帕累托法则、帕累托定律、最省力法则或不平衡原则、犹太法则,是由意大利经济学家帕累托提出的。

80/20 法则认为:原因和结果、投入和产出、努力和报酬之间本来就存在着无法解释的不平衡,80%的产出源自 20%的投入;80%的结论源自 20%的起因;80%的收获源自 20%的努力。也就是说,80%的多数,只能造成 20%的少许的影响;20%的少数,造成主要的、重大

的 80%的多数的影响。

80/20 法则其实是很多事物间普遍存在的一种规律。例如，世界上大约 80%的资源是由世界上 20%的人口所耗尽的；约世界财富的 80%为 20%的人所拥有；一个国家的医疗体系中，约 20%的人口与 20%的疾病，会消耗 80%的医疗资源。

80/20 法则在我们的日常工作、生活中也有很好的体现。比如，我们在工作中鼓励特殊表现，而非赞美全面的平均努力；寻求捷径，而非全程参与；选择性寻找，而非巨细无遗地观察；在几件事情上追求卓越，不必事事都有好的表现。在日常生活中，找人来负责一些事务，可以让园艺师、汽车工人、装潢师和其他专业人士来发挥最大的效益，不需事必躬亲；只做最能胜任且最能从中得到乐趣的事；从生活的深层去探索，找出那些关键的 20%，以达到 80%的效果。

在做生涯发展与职业准备规划时，也应该尽量遵守这个法则。80/20 法则在生涯发展与职业准备规划中的运用主要体现在以下三个方面：

（1）在时间规划上，只规划 80%的时间，剩余 20%作为机动时间来处理未规划的事件；

（2）只规划日常生活 80%的事件，而 20%未被规划的偶发事件发生时应该引起及时的警觉；

（3）对偶发的 20%的事件，如果感觉非常重要，则必须投入 80%的时间去应对，这可能影响我们一生。

众所周知，无数伟大的科学发现都是在偶然之中得到的。放射性物质的发现和青霉素的发现都是科学家对意外事件关注的结果。所以，要针对突然出现的、未被规划的事件做出及时的反应，并适时地调整自己的规划，而不能拘泥于规划而不进行调整。

案例

居里夫人原名玛丽亚，她在索邦结识了另一名讲师——皮埃尔·居里（Pierre Curie），就是她后来的丈夫。1895 年，她与任教于巴黎市工业物理和化学学院的皮埃尔·居里结婚。他们经常在一起进行放射性物质的研究，以沥青铀矿石为主，因为这种矿石的总放射性比其所含有的铀的放射性还要强。1898 年，居里夫妇对这种异常的现象提出了一个逻辑推断，即：沥青铀矿石中必定含有某种未知的放射成分，其放射性远远大于铀的放射性。12 月 26 日，居里夫人公布了这种新物质存在的设想。同年，法国物理学家安东尼·亨利·贝可勒尔（Antoine Henri Becquerel）发现含铀矿物能放射出一种神秘射线，但未能揭示出这种射线的奥秘。居里夫妇共同承担了研究这种射线的工作。他们在极其困难的条件下，对沥青铀矿进行分离和分析，终于发现了两种新元素。为了纪念她的祖国波兰，她将一种元素命名为钋（polonium），另一种元素命名为镭（radium），意思是“赋予放射性的物质”。为了制得纯净的镭化合物，居里夫人又历时四载，从数以吨计的沥青铀矿的矿渣中提炼出 100 毫克氯化镭，并初步测量出镭的相对原子质量是 225。

1903 年 6 月，居里夫人以《放射性物质的研究》作为博士答辩论文获得巴黎大学物理学博士学位。同年11月，居里夫妇被英国皇家学会授予戴维金质奖章。

因为在放射性上的发现和研究，居里夫妇和亨利·贝克勒尔在1903年12月获得了诺贝尔物理学奖，居里夫人也因此成为历史上第一个获得诺贝尔奖的女性。八年之后的1911年，居里夫人又因为成功分离了镭元素而获得诺贝尔化学奖。居里夫人成为历史上第一个获得两项诺贝尔奖的人，而且是仅有的两个在不同的领域获得诺贝尔奖的人之一。

四、要正确认识规划与创新的关系，摆正规划与创新的位置

教育部2010年特别强调创新创业教育，实际上就是要学习求异性、创新性的思维。常规的事件是可以规划的，而非常规的事件是无法规划的。人的一生就处于常规变化和非常规变化的环境之中，对常规的事物可以进行规划，对非常规的事物则必须有所创新。创新性思维要求大家有一种批判性的眼光，要敢于对经典的、传统的观点提出质疑。在生涯规划过程中，不仅要在做规划时有所创新，而且要对规划的内容及时进行合理的调整。

五、高职高专医学生还要学会写“失败履历表”

“失败是成功之母”这句古训人所皆知，但最近有人提出“失败未必是成功之母”，因为有不少人重复犯同样的错误。所以人们归纳出“失败后善于总结教训，才能使失败成为成功之母”。美国斯坦福大学希莉格教授在她的教学过程中，要求学生们必须做的一项作业就是完成“失败履历表”，其作用就是用表格的形式盘点自己失败的教训，以及已经从中获得的经验。

这份“失败履历表”总结概括了他们最主要的失败经历——涵盖生活、学习和工作等方面。对于每一次失败，他们都必须描述从中吸取的经验教训，以失败的眼光审视自己的经历，迫使自己接受一路走来犯过的错误。

失败是学习过程中重要的一部分，当你正在拓展个人能力，第一次尝试某件事，或者正在承担风险时尤其如此。你也不妨试着建立自己的失败履历表(表1-4)。

表1-4 失败履历表

事件名称	发生时间	内 容	问 题	启 示

【拓展练习】

1. 你希望学习了生涯发展与职业准备规划之后，在哪些方面可以帮助和提升自我？

____

____

____

2. 你为什么上大学？你希望在大学里实现哪些目标？现在就畅想一下，将你对大学的期望写出来吧。

序号	目标	实施时间	与目标的差距	实施计划
1				
2				
3				
4				
5				
6				

第二章

生涯发展与职业准备规划的前提条件之一——自我认知

学习目标

1. 了解自我认知的内容，树立“完整我”的概念。从“生理我”“心理我”“社会我”“道德我”“家庭我”“优势我”中发现自己的价值、优势和不足。

2. 熟悉自我认知的方法，正确看待测评结果。

3. 掌握分阶段进行自我认知的内容和方法，以便更好地规划自己。

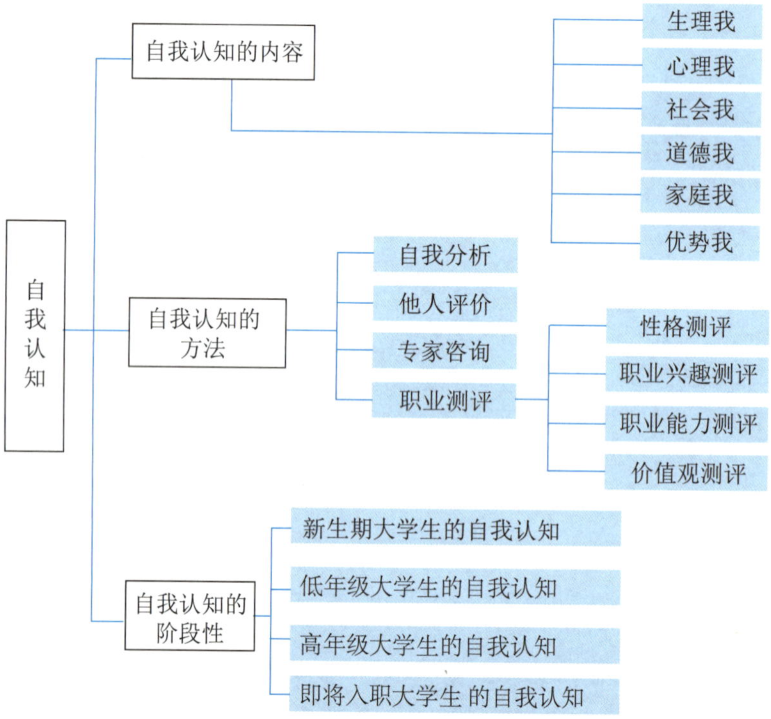

案例

最近一个月来，小李很烦闷，原因是他不知道怎么过大学生活了。他是一个医学职业院校大二学生，学的是康复专业，经过一年多的大学生活之后，他不知道自己下一步要如何走了？虽说大一这一年没少放松自己，认识了不少人，游玩了不少地方，但现在却感觉一切都是机械地重复，上课、吃饭、玩、看书，成了他每天生活中不变的四部曲。看到其他同学各有所忙，可自己就是不知道要做什么，一切似乎很熟悉，但一切又让他感到很陌生，特别是未来的毕业出路到底在哪里，自己感觉很茫然。

专家分析

小李的烦恼也是很多大学生的烦恼。无意识地安排大学生活，无目的地追求美好生活，是很多大学生的状态。不知道自己要做什么，也不知道自己不要做什么；不知道自己喜欢什么，也不知道自己不喜欢什么；不知道自己想要什么，也不知道自己不想要什么。这看似矛盾的生活却实实在在地发生在大学生身上。

著名成功学大师拿破仑·希尔说："一切的成就，一切的财富，都是始于自我认知。"所以，自我认知是做好生涯规划的两个重要前提之一。一个人只有真正了解自我，了解自己的家庭责任和社会责任、自己的兴趣、自己的能力、自己的优势和不足、自己的潜力所在，才能够做到扬长避短，最大限度地发挥自己的优势，在自己的人生中创造出辉煌的业绩。

为了便于大学生们全面了解自我，本章从自我认知的内容、自我认知的方法、自我认知的阶段性三个方面进行讲述。

第一节 自我认知的内容

自我认知有许多理论，其主旨就是要求人们必须从多个角度去了解自己。比如，美国心理学家詹姆斯在探讨自我的内在结构时，曾首次将自我分为"主体自我"和"客体自我"。前者指个体的纯经验，后者则指经验内容。美国田纳西州心理治疗专家费池提出了五个自我认知的基本维度，帮助人们进行自我认知。还有人提出现在自我、理想自我和他观自我的观点。

本书在总结国内外自我认知基本理论的基础上，与中国传统哲学思想、传统文化相结合，提出"完整我"的概念。"完整我"包含了"生理我""心理我""社会我""家庭我""道德我""优势我"等多方面自我认知的内容，以便能更好地帮助同学们认识自己。"完整我"盾牌图见图 2-1。

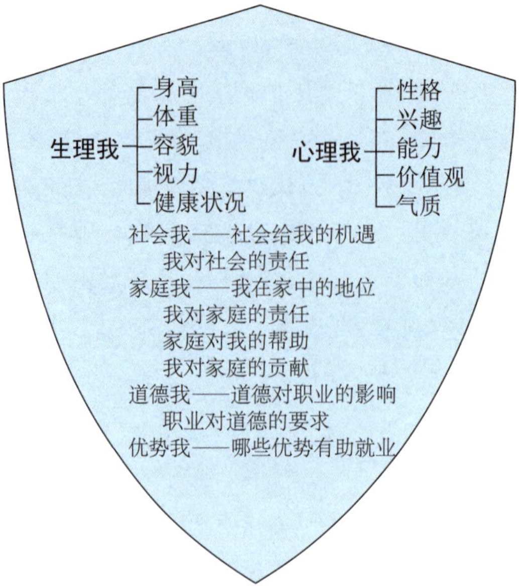

图 2-1 “完整我”盾牌图

一、“生理我”——我的身体状况

“生理我”又称“生理自我”，是一个人对自己的身体、健康状况、外貌、动作技能等方面的感受，包括身高、体重、视力、体力、相貌等可以量化或直观得到的指标。通俗地说，就是个人对自身生理情况的认知程度。

认知自我

“生理我”是非常基本的一种自我概念，它对个人的适应能力与未来发展都有重要的影响。正确认知“生理我”，理性面对自己的生理特点，根据“生理我”来选择自己能够适应的工作十分重要。比如，身高可能成为某个行业入门的门槛，色盲或色弱的人不能从事许多岗位，有传染病的人不能从事医疗、饮食、食品生产行业等，身体差的人不能胜任强体力劳动的工作岗位等，长相可能成为某些职业（如空姐、护士）的任职条件等。一个人如果在生理上达不到任职条件而强行去这些岗位，岂不是给自己出难题？所以应该根据“生理我”来选择职业。

案例

有一个护理专业的学生，在学习“自我认知”的“生理我”认知时，发现了自己的一个短板。什么短板呢？她学护理的目标是成为南丁格尔奖获得者，这是一个很崇高的目标。但是她发现她在生理上可能有一个难以逾越的障碍，那就是她小时候得过绦虫病。这种病给她留下了一个后遗症，即经常一侧肢体会不自主地抽搐、痉挛。这一症状对她从事护理工作极其不利。她把自己的这种情况向老师反映，老师知道情况后，帮助她找到相关专家进行再次确诊，专家认为她的这种状况很难改善，建议其调换专业，以获得更好的职业发展。经学校同意，这个学生将专业改为检验专业，以更适合她的生理状况。这个同学也因此改变了自己的生涯目标。

每一个新生可以按照表 2-1 进行“生理我”的认知。大学生处于身体成长发育期，大一的“我”和大三即将毕业的“我”在身体上会有很大的改变，这些改变有时会影响一个人的择业，如进校时的小个子在毕业时突然变成一个大汉了，这使原本身高不符合招聘标准的“我”在生理上有了应聘的基本条件。因此，有必要进行阶段性的“生理我”认知。

表 2-1 “生理我”的自我分析

内容	结果
性别	
年龄	
身高	
体重	
视力	
健康状况	
体力	
有无传染病	
容貌	
有无特长（如手指长、腿长，耐力好，善短跑等）	

这里要特别提醒大学生们，要愉悦地接纳自我，正确地认识自我，不管长相是美是丑，都要接受这个事实。无论长相如何，都要靠自己的努力，即使天生丽质，也不能放弃努力，否则会耽误自己的前程。如果在这方面处理不好，那么“生理我”可能在一定程度上影响“心理我”的发展，进而影响一个人的职业生涯。

案例

2010 年 3 月 30 日，四川大学学生曾世杰在江安校区明远湖边将同校女生彭某杀死，并将另两名同校男生砍伤。事后，经多方调查和曾世杰自己交代，他与受害者并不认识，只是进入大学后，认为自己遭到周围同学歧视，又因容貌遭到别人嘲笑，最终出手杀人。

后经司法鉴定，曾世杰在作案时无精神障碍，并具有完全民事行为能力。成都中院一审判决曾世杰死刑，剥夺政治权利终身。

“我觉得马加爵和我很像，就在日记里写了他的事。”曾世杰说，他曾写过日记，同情马加爵，因为觉得自己的经历和他很像。从读大一开始，曾世杰就觉得周围的同学看不起自己，当时就曾想过效仿马加爵的做法。

“别人一直笑我丑，我觉得活着没什么意思。”这是曾世杰两次回答的杀人原因，都强调是因为容貌遭到嘲笑而杀人。在看守所的这段时间，他每天都在想这个问题，却一直想不通。

专家分析

这是一例因为“别人认为我长得丑”而杀人的恶性案件，是一个典型的不能正确认知“生理我”的案例。美和丑是相对的，长相是无法选择的。一个人生存的根本还在于他的内在本质，青春和美丽都是暂时的，而内心的美才是永恒的。

小知识贴士

乙肝指标在入学、就业方面的政策调整

乙肝五项一贯以来都是入托、入学、就业必须检测的指标。2010年2月10日，人力资源和社会保障部、教育部、卫生部联合发布《关于进一步规范入学和就业体检项目维护乙肝表面抗原携带者入学和就业权利的通知》，规定从学生入托到企业招聘，乙肝检测已经不能作为主要检测指标了。这维护了众多的乙肝表面抗原携带者的权益。

就某些行业或者职业而言，对乙肝表面抗原携带者还是有不予录用的规定。卫生部2011年2月17日发布了“已核准的乙肝表面抗原携带者不得从事的职业的说明”，其中称，根据人力资源和社会保障部发布的《公务员体检特殊标准(试行)》，“乙肝病原携带者，特警职位，不合格。”此外，民航招收飞行学生体检可以保留体检鉴定乙肝项目检测。血站从事采血、血液成分制备、供血等业务工作的员工也不得招收乙肝病原携带者。

二、“心理我”——我的内心世界

“心理我”又称“心理自我”，是一个人对个人价值与能力的评价。站在职业生涯规划的角度来说，拥有一个良好的“心理我”是相当重要的，许多心理学实验都显示：个人对自我能力的评估会影响到他所设定目标的水准，进而产生截然不同的结果。

“心理我”可以通过各种测评工具来检测。“心理我”的内容包括兴趣、性格、能力、价值观等，这些与一个人的职业发展有密切的联系。

例如，小李写作能力很强，但数学能力却平平；小王在唱歌方面有特长，但抽象推理能力较差。如果他们能够很清楚地认识自己的能力，那么在职业规划方面，小李可能就会信心满满地成为一名优秀的记者或者作家，而小王则可能成为一名歌唱家。

因此，我们应当充分了解自己的兴趣、性格、价值观及各种能力的优劣。

（一）兴趣

兴趣是人们力求认识和掌握某种事物，并经常参与该活动的心理倾向。兴趣是最好的老师，可以充分调动人的潜能，提高工作效率，发挥自己的才干；兴趣是保证职业稳定性和工作满意度的重要因素；兴趣是职业选择的一个最重要的依据。

1. 兴趣与职业生涯规划的关系

从心理学角度来说，在职业选择时，首先需要了解自己的兴趣。比如，有的人喜欢操作，靠他灵巧的双手，在技能操作领域得心应手，如果硬要把他的兴趣转移到书本的理论上来，他就会感到无用武之地；有的人动手能力差，但是喜欢钻研理论知识，这种兴趣上的差异构成了职业选择的重要依据。

（1）兴趣可使人的智力潜能得到充分发挥。当一个人对某种事物产生兴趣时，就能调动整个人的积极性，积极探索，增强克服困难的信心；反之，“牛不喝水强按头”是不会取得好效果的。

例如，爱迪生，在学校里被人骂为“傻瓜”“低能儿”而被勒令退学，但在发明的王国里却显示了超人的才华；达尔文，在课堂上“智力平平”，而在大自然的怀抱里却显得异常聪明、敏锐，成为进化论的创始人、伟大的生物学家。

（2）兴趣可以提高人的工作效率。一个人对某项工作感兴趣时，枯燥的工作也变得丰富多彩，趣味无穷。兴趣使工作不再是一种负担，而是一种享受。兴趣可以调动一个人的全部精力，使其高度集中，从而提高效率。据研究，如果一个人对某项工作有兴趣，他能发挥全部才能的80％～90％，并且长时间保持高效率工作而不感到疲倦；而对工作没有兴趣的人，他只能发挥其全部才能的20％～30％，也容易筋疲力尽。

（3）兴趣是事业成功的重要因素。许多成功人士都有着惊人的相似之处，就是对自己感兴趣的事非常执着，一旦认定，什么都不能改变，全身心投入，一味追求，这是成功的有力保证。一个人如果选择了自己不感兴趣的职业，不仅压抑才能，还会很痛苦。所以，选择职业不要仅看工资多少，城市怎么样，最主要的还要看是否有兴趣。

2. 职业兴趣

职业兴趣反映了职业（工作活动）特点和个体特点之间的匹配关系，是人们职业规划的重要依据和指南。职业兴趣测验正是用于了解这两方面特点之间的匹配关系，从而为实现“恰当的人从事恰当的工作”提供可靠的科学依据。常用的职业兴趣测试工具是霍兰德职业兴趣测评系统。

兴趣是生涯发展的无形资产

兴趣是可以培养的。兴趣也是可以随着对该事物的认知的增加而发生改变的。所以，对一门新的学科或者专业，首先应该是去了解它，尽量找出与你的兴趣相关的、吸引你眼球的地方，然后培养对它的兴趣。许多学生入学后对自己的专业不喜欢，没有兴趣，实际上是对专业不了解。鉴于中国高校专业选择的特点，应该尽量地去了解自己的专业，找到其值得热爱的地方，培养自己的兴趣，这样才能在专业学习上获得动力、取得成功。

案例

某医学高等专科学校学生张瑞，在进入大学一年后，发现所学内容与自己期望的有较大差距，于是对自己的未来发展进行了调整。他结合自身兴趣爱好，确认了自己新的发展目标是从事财务工作，于是开始更加注重财会能力培养，积极参加各类社团活动，争取社会实践机会，提高自己解决具体问题的能力。同时不忘兼顾自己的学业，最终在毕业时由于面试的突出表现以及优异成绩被某著名会计师事务所录用，主要从事涉医单位的财务服务。

专家分析

从这个案例我们可以看到，在外在环境相对不足的情况下，如果根据自己的兴趣爱好对自己的职业生涯进行合理规划，也能够走出一片广阔的天地。

（二）性格

性格是人对现实的态度和行为方式中比较稳定的心理特征的总和。职业性格是一个人对职业的稳定态度和在职业活动中习惯化了的行为方式所表现出来的个性心理特征，对个人的职业生涯规划有重要意义。

性格的三国演义

我们每个人都有自己的独特的个性。每个人的心理特征不同，看问题、处理事情的风格、方式也不同。有的人热情爽朗；有的人沉稳持重；有的人风风火火；有的人谨慎多疑……但“金无足赤，人无完人”，一个人在某方面有所不足，其他方面必有过人之处，这说不定就是制胜的法宝。

1. 性格与职业息息相关

性格使一个人更加偏爱某一种而非另一种环境。由于性格的不同，每个人在对不同环境的认知过程中，也表现出不同的个性化风格。从事与自己的性格不匹配的工作，个人的才能就会受到阻碍，会让人觉得整个人的工作状态都很不佳。一个人在某种职业中获得成功的性格，可能会让其在另一职业中大受挫折。因此，在职业选择时，应尽可能充分考虑自己的个性特征与职业要求匹配度，在工作中充分发挥特有的能力，利用个人资本，体验到更多的快乐和愉悦。

【拓展练习】

请你在一张纸上或是书页边上，签上自己的姓名，然后换一只手再签一次。

分析：如果你感到别扭，那就对了，因为大多数人在第一次签名后会说“很自然”“简单”

"很快""毫不费劲"。然而当你换用另一只手时又如何呢？一些经典的回答有"很慢""别扭""困难""发酸""很累""要花很长时间""花费更多精力和心思"。

手的习惯可以很好地说明，找到与性格匹配的职业的重要性。使用你惯用的那只手时，你会感到舒适和自信；若强迫你使用另一只手，这当然可以拓展你的能力——但绝不会像先前那样灵活自如，收到的效果当然也就不那么令人满意了。

2. 性格在职业发展上的重要性

有专业人士认为，在职业发展上，性格比能力重要。某些用人单位在选择人才时也越来越看重一个人的性格。如果一个人能力不足，可通过培训提高，一年不行，两年；两年不行，三年，总可以培养出来。但一个人的性格与职业或岗位不吻合，要改变这种状况，就比较困难。所以，公司在招聘新人时，将性格的测验放在首位，当性格与职业或岗位吻合，才对其能力进行考察。如果性格与职业或岗位不吻合，可能影响他的职业发展，所以企业会考虑不录用。可见，性格在相关的职业发展上起着至关重要的作用。

3. 性格无所谓好坏

职业心理学的研究表明，不同的职业需要不同性格的从业者，某一类职业工作能够体现出某一类共同的职业性格。性格常用的测试工具有：MBTI 测评、北森朗图测评、PDP、16PF 等。

要提醒大家注意的是："江山易改，本性难移。"这句话虽然形容的是性格的稳定性，但不少事实证明，一个人的性格也处于动态变化之中。一个所谓内向的人，在他面对熟悉的环境或者话题之时，可以口若悬河、滔滔不绝；一个外向的人，则很可能在陌生的环境特别是面对陌生的话题时表现的相对无语。在一个人的一生中，性格也会在特定的环境下发生改变。大家应该灵活地看待性格，而不是机械、刻板地看待它。

需要特别提醒的是，人的气质类型与高级神经活动过程有关，是由先天的遗传因素所决定的，因此，一个人的气质是不能改变的。个人在职业生涯规划和职业生涯发展的时候，气质与职业的匹配需要职业适应气质。

（三）能力

能力是指顺利完成某一活动所必需的主观条件。能力是直接影响活动效率，并使活动顺利完成的个性心理特征。能力总是和人完成一定的活动相联系在一起的。离开了具体活动，人的能力既不能表现，也不能发展。

1. 能力类型

能力包含以下几种类型：

（1）一般能力和特殊能力。一般能力是指观察、记忆、思维、想象等能力，通常也叫智力。它是人们完成任何活动所不可缺少的，是能力中最主要又最一般的部分。特殊能力是指人们从事特殊职业或专业需要的能力。例如，学音乐所需要的听觉表象能力。人们从事任何一项专业性活动既需要一般能力，也需要特殊能力。二者的发展也是相互促进的。

（2）流体能力和晶体能力。流体能力是以学得的经验为基础的认知能力，如人类学会的技能、语言文字能力、判断力、联想力等，是基本心理过程的能力，它随年龄的增长而减退。与流体能力相对应，晶体能力受后天的经验影响较大，主要表现为运用已有知识和技能去吸收新知识和解决新问题的能力。晶体能力在人的一生中一直在发展，它与教育、文化有关，并不因年龄增长而降低，只是某些技能在新的社会条件下变得无用了。在 25 岁以后，它发展的速度渐趋平缓。

（3）模仿能力和创造能力。模仿能力指通过观察别人的行为、活动来学习各种知识，然后以相同的方式做出反应的能力。而创造能力则是指产生新思想和新产品的能力。

（4）认知能力、操作能力和社交能力。能力还可以按照它的功能划分为认知能力、操作能力和社交能力。

认知能力指接收、加工、储存和应用信息的能力。它是人们成功地完成活动所需要的最重要的心理条件。知觉、记忆、注意、思维和想象的能力都被认为是认知能力。美国心理学家加涅提出三种认知能力：言语信息（回答世界是什么的问题的能力）、智慧技能（回答为什么和怎么办的问题的能力）和认知策略（有意识地调节与监控自己的认知加工过程的能力）。

操作能力指操纵、制作和运动的能力。劳动能力、艺术表现能力、体育运动能力、实验操作能力都被认为是操作能力。操作能力是在操作技能的基础上发展起来的，是顺利地掌握操作技能的重要条件。

认知能力和操作能力紧密地联系着，认知能力中必然有操作能力，操作能力中也一定有认知能力。

社交能力指人们在社会交往活动中所表现出来的能力。组织管理能力、言语感染能力等都被认为是社交能力。在社交能力中包含有认知能力和操作能力。

2. 潜能

潜能，顾名思义，就是一个人潜在的能力和能量。在现有教育阶段，学校考察学生的主要是两个方面的能力：逻辑思维能力和语言能力。而事实上人的潜能是多方面的，如人际沟通能力、领导管理能力、艺术创造能力、形态知觉能力等，这些在考试中很难体现出来，而这些能力又往往对于一个人的成功非常重要。

对于每个人来说，能力发展是不均衡的，潜能也不均衡。每个人各有特点。发挥自己能力的前提是认识自己，智慧人生。潜能发展方向对比表可以帮助学生发现自己的潜能，见表 2-2。

我们应当树立这样的信念：人人都有巨大的潜能，人人都能成功。现阶段的任务就是认知自己，发现自己的能力并找到自己可以挖掘的潜能在哪里，并坚定不移地挖掘它。

表 2-2 潜能发展方向对比

潜能种类	相关解释	相关经历	你具备吗
创造潜能	指人们应用新颖的方式解决问题，并能产生新的、有价值的事物的潜能	创造性不只是可以画一幅画或者会使用一种工具。做一顿晚餐是创造，侍弄花园也是创造，考虑如何让足球队战胜对手也是创造	
社会潜能	可以理解为组织能力，也可以理解为调动别人的积极性的能力	聚会时喜欢带头组织；喜欢观察别人的特点；判断事物比较准确；有较强的记忆力；不怕工作重担，勇于承担责任；有较强的交际及沟通技巧；有广泛的兴趣爱好；等等	
精神潜能	精神智慧的人不会只看到利益。这种人不仅仅是聪明，而是明智	个人的价值观是你的行动动力；会对自然产生灵感；会享受到阳光的照耀和鸟儿的歌唱；会发现儿童天真的本质并感受到什么是健康；等等	
身体潜能	这是一个人成功最基本的潜能，拥有健康的身体才能拥有健康的心理，身体是革命的本钱	身体可以抵御一般的传染病；感觉很敏锐；精力很充沛；身体和大脑都很放松；比较有耐力；行为姿势比较优雅；等等	
感觉潜能	感觉的心理学定义：刺激作用于感觉器官，经过神经系统的信息加工所产生的对该刺激物个别属性的反映。其潜能可理解为相关感觉的潜在能力	有较强的视力；有较强的听力；有灵敏的嗅觉；有灵敏的味觉；等等。感觉潜能往往不是同时被挖掘，而是此消彼长，例如，盲人的听力异常灵敏，这一点在认识感觉潜能中需要注意	
计算潜能	许多人认为，计算能力是一种天生的能力，这种看法是错误的。其实每个人都具备计算能力并且这种能力需要被激发	对数字很敏感；口算能力很强；数学抽象划归能力很强；等等	
空间潜能	空间潜能就是看地图、组合各种形式以及使自己的身体正确通过空间的潜在能力	有较强的方向感；骑自行车很容易穿行于狭窄拥挤的通道；身体灵活；看图能力较强；等等	
文字表达潜能	运用语言文字阐明自己的观点、意见或抒发思想、感情的潜在能力，是将自己的实践经验和决策思想，运用文字表达方式，使其系统化、科学化、条理化的一种潜在能力	爱看书；爱记单词；有做读书笔记的习惯；有记日记的习惯；等等	

有这样两个故事，彰显了潜能的巨大力量。

案例故事1

一名被医生确诊为残疾的美国人梅尔龙，轮椅代步已十二年。他的身体原本很健康，但十九岁那年，他赴越南打仗，被流弹打伤了背部的下半截，被送回美国医治。经过治疗，他虽然逐渐康复，却不能行走了。他整天坐着轮椅，觉得此生已经完结，有时就借酒消愁。有一天，他从酒馆出来，照常坐轮椅回家，却碰上三个劫匪动手抢他的钱包。他拼命呐喊、抵抗，触怒了劫匪，他们竟然放火烧他的轮椅。轮椅突然着火，梅尔龙忘记了自己的残疾，他拼命跑，竟然一口气跑完了一条街。事后，梅尔龙说："如果当时我不逃走，就必然被烧伤，甚至被烧死。我忘了一切，一跃而起，拼命跑，直到停下脚步才发现自己是能够走动的。"后来，梅尔龙在奥马哈城找到一份工作，他身体健康，行走正常。

案例故事2

有两名70岁的老太太，一名认为到了这个年纪算是到了人生的尽头，于是便开始料理后事；另一名却认为一个人能做什么事不在于年龄的大小，而在于有什么想法。一年后，前者去世了，而后者在70岁高龄之际开始学习登山。随后的25年里她一直冒险攀登高山，其中几座还是世界有名的山。她在95岁高龄时登上了日本的富士山，打破了攀登此山的最高年龄纪录。她就是著名的胡达·克鲁斯老太太。

由此可见，正确认识潜能的重要性，并初探自己潜能的发展方向，对于一个人的成功起着至关重要的作用。

一个人的技能、专业是浮在水面上的部分，人所共见；至于隐藏在水下的部分，则是无法用数据具体表明的，如高度的自信、坚定的意志、强烈的愿望，这是一个人挖掘自身潜能的三个要素。能力就好像是冰山一样，露出水面的只是它的八分之一，水下那不易察觉的部分却足以把"铁达尼"这种小不点撞沉无数次。

3. 能力与职业生涯规划的关系

能力是个人职业选择和职业成功的基础。在职业生涯中，职业的成功不仅与人的个性特点、知识技能、工作态度、物质条件、健康状况、人际关系等因素有关，而且与一个人的能力密切相关。在其他条件相同的情况下，能力强的人比能力弱的人，更能使工作顺利进行，更容易获得成功。

不同人的能力不相同。如有人善于言语交谈，有人善于实际操作，有人善于理论分析，有人善于事务性工作。每个人都有自己独特的能力范围。社会上不同的职业对从业者的能力也有不同的要求，如有的需要言语能力，有的需要计算能力，有的需要动手能力，而大多数职业则都需要几种能力的综合。

一般来说，外科大夫要胆大心细，动手能力强；儿科大夫要和蔼可亲，善于与小孩沟通；急诊大夫要反应快，应变能力强；内科大夫则要相对沉稳、严谨，善于观察、富于思考和分析；护士则要有爱心、耐心和恒心，有与病人和医生交往的能力，有很强的动手能力和执行力；药剂师要有很好的记忆能力且认真细心；检验人员则需要具备很强的学习能力、动手能力和执行力等。如果你从事的是医药销售工作，则必须具备吃苦耐劳的精神，很强的沟通能力、谈判能力等；而如果你从事医药科研工作，则必须具备求异性思维能力，不断创新，善于捕捉机遇。

人的能力差别是客观存在的，这种差别制约着人们活动的领域与职业选择的范围。一个人如果不能客观地评价自己的能力，导致错误地选择职业，将无法发挥出自己的潜力，也将一事无成。

（四）价值观

人所处的自然环境和社会环境，包括人的社会地位和物质生活条件，决定着人的价值观念。每个社会都有一些被共同认可的、普遍的价值标准，从而形成普遍一致的、或大部分一致的行为定式，这称为普适价值观或社会行为模式。有人的行为更趋向于利，有人更趋向于名，有人则趋向于事，这反映出人的价值观的不同。不同价值观的人有不同的思维方式、行为模式，或者说出发点不一样。所以，我们在制订生涯发展与职业准备规划时要根据自己的价值观来判断，别人的意见或建议都仅供参考。

1. 价值观与职业生涯规划

价值观是人们希望获得某些结果的一种抽象说法。它揭示了人们看待工作、职业回报、薪酬或其他问题的不同态度。

各种职业都有其各自的特性。不同的人对职业的特性可能有不同的评价和取向，这就是所谓的职业价值观，也称择业观。作为人们对待职业的一种信念和态度，职业价值观往往决定了人们的职业期望，影响着人们对职业方向和职业目标的选择。

职业生涯规划中，我们常常需要进行选择：是要工作舒适轻松，还是要高标准的工资待遇；要成就一番事业，还是要安稳太平。当二者有矛盾或冲突时，最终影响我们决策的是存在于内心的职业价值观。可见，价值观对职业生涯的影响是高层次的、深远的。

职业价值观通常都是与某种职业紧密相连的，并且职业价值观也可以作为你和工作之间进行匹配的基础。假如创造性对你来说是一项重要的工作价值，那么，建筑师、设计师、广告创意人员、工程师和艺术表演正是以创造性为显著特征的职业，而独立、变化、旅行、被认可和有影响力则被认为是记者这一职业的工作价值。如果你认为帮助他人有意义，你应该经营服务取向的生意；如果你生性喜欢冒险，可以选择充满刺激的行业；如果安全在你心目中是第一位的，则应尽量避免那些风险大的职业。当你认为某项很重要的价值在一项职业里缺失的时候，就会出现职业错位的现象。

2. 价值观的特点

（1）价值观是因人而异的。由于每个人的先天和后天环境不同，人生经历也不尽相同，因此，每个人价值观的形成会受到不同的影响，每个人都有自己的价值观和价值观体系。在同样的客观条件下，具有不同价值观和价值观体系的人，其动机模式不同，产生的行为也不同。

（2）价值观是相对稳定的。价值观是人们思想认识的深层基础，它形成了人们的世界观和人生观。它是随着人们认知能力的发展，在环境、教育的影响下，逐步培养而形成的。人们的价值观一旦形成，便是相对稳定的，具有持久性。

（3）价值观在特定的环境下又是可以改变的。由于环境的改变、经验的积累、知识的增长，人的价值观有可能发生变化。

3. 价值观类型

（1）价值观六大类型。有一种理论将个人的价值观分为六大类型，理论价值观、经济价值观、审美价值观、宗教价值观、社会价值观和政治价值观。尽管有些人把获得权力（属于政治价值观）或帮助他人（属于社会价值观）放在首要位置，但也有人更关注为世界创造美（属于审美价值观）或做学问（理论价值观）。可能每个人都有几种自己认为重要的价值观，并形成独特的组合。比如，一个非常务实且有极强政治欲望的人，不可能对一个低工资且无法发挥自己领导才能的工作感兴趣。又如，人人平等的价值理念，鼓舞“圣雄”甘地带领印度人民走向独立；怀大爱心、做小事情的信念，使诺贝尔和平奖获得者德兰修女，创办了20世纪世界上最大的慈善机构，帮助了无数的人。

（2）职业锚理论。职业锚（career anchor）是人们选择和发展职业时所围绕的中心，是当一个人不得不做出职业选择的时候，无论如何都不会放弃的那种职业中至关重要的东西。

职业生涯规划领域“教父”级人物、美国麻省理工学院的E.H.施恩教授，于20世纪20—60年代，在职业价值观理论和实例跟踪研究的基础上，结合对团体和一些机构的调查，提出职业锚理论，并研究出测试问卷。经过多年的发展，职业锚已成为许多个人职业生涯规划的必选工具和公司人力资源管理的重要工具。

在进行职业规划方向定位中，职业锚测试可以帮助你确定自己的发展方向，审视自己的价值观是否与当前的工作相匹配。只有职业定位和要从事的职业相匹配，你才能在工作中获得源源不断的巨大动力，实现自己的价值。

4. 高职高专医学生的职业价值追求与实现

高职高专医学生的职业价值追求与实现要处理和把握好以下几点：

（1）努力学习科学文化知识，注重培养各方面的能力。高职高专医学生如果没有扎实的医学基础，他的人生价值追求就成了无源之水、无本之木，是不可能成功实现的，同时，没有扎实的专业功底，没有一定的能力，特别是作为未来的医学人才，将何以适应社会、立足社会，如何去救死扶伤呢？

（2）坚持物质利益和精神追求的统一。物质是人们生存和发展必不可少的条件，但是没有高尚的精神追求主导价值的创造和实现，人的境界不可能提高，视野也不可能开阔。只有高尚的精神追求主导价值的创造和实现，物质价值的创造才有正确的方向，人生价值才能真正实现。

（3）正确处理奉献与索取、创造与享受的关系。奉献与索取、创造与享受相互关联，互为前提，不可分割。一方面，奉献是社会对社会成员倡导的一种精神；另一方面，正当的个人需要，即合理的索取和享受，也是个人向社会取得一定回报的合理要求。每一个人从婴儿到成人，从自然人到社会人，一刻也离不开社会和他人。

（4）刻苦钻研专业知识，提高专业技能，努力攻克更多的顽症，更好地为患者服务，是作为21世纪的医务工作者应尽的职责和义务，也只有这样才能实现医生的价值。

（五）气质

一般来说，根据感受性、耐受性，反应的敏锐性、可塑性，情绪的兴奋性和指向性的不同组合，可以把气质分为四种类型：胆汁质、多血质、黏液质和抑郁质。气质会影响人的心理及行为的特点、方式和效率，所以每种气质类型都具有较为适应的职业范围，见表 2-3。

表 2-3　与四种气质类型相适应的职业范围

气质类型	类型特征	可能适应的职业
多血质	思维灵活、反应迅速，好交际、敏感，但易变、浮躁、不稳重	较适合做社交性、文艺性、多样化、要求反应敏捷且均衡的工作，而不太适合做需要细心钻研的工作。他们可以从事的职业范围很广，如外交人员、管理人员、驾驶员、医生、律师、运动员、新闻记者、冒险家、服务员、侦察员、警察、演员等
胆汁质	直率热情、精力旺盛，但鲁莽、易于冲动，准确性差	较适合做反应迅速、动作有力、应急性强、危险性较大、难度较高而费力的工作。他们可以成为出色的导游、勘探工作者、推销员、节目主持人、演讲者、外事接待人员等，但不适合从事稳重、细致的工作
黏液质	安静沉稳、自制忍耐，但反应迟缓、朝气不足	较适合做有条不紊、刻板平静、耐受性较高的工作，而不太适合从事多变的工作。可以从事的职业有外科医生、法官、管理人员、出纳员、会计、调解员等
抑郁质	细腻深刻、踏实细致，但多愁善感、孤僻迟缓	抑郁质的人能够兢兢业业地工作，适合从事持久细致的工作，如技术员、打字员、排版工、检查员、化验员、刺绣雕刻工、机要秘书、保管员等，而不适合做要求反应灵敏、处理果断的工作

由表 2-3 可知，大学生在进行职业生涯规划的时候，必须了解气质对心理和行为的影响，并认识自己的气质类型，努力做到气质与职业的相互匹配。

通过以上的学习，你不妨试着对自己做个“心理我”的分析，见表 2-4。

表 2-4　“心理我”的自我分析

内容	结果
兴趣	
性格	
能力（潜能）	
职业价值观	
气质	

三、“社会我”——我对社会的责任和我在社会发展中的机遇

成就社会职场的匹夫

“社会我”又称“社会自我”，是指一个人在与他人交往中感知到的他人对自己的一种看法以及自己的社会责任感。“社会我”会影响一个人的人际关系以及在社会中的角色定位，进而影响到一个人的职业生涯规划。

古话说：“国家有难，匹夫有责。”在国家危难时，我们作为公民应该义不容辞地承担我们的社会责任。比如，在汶川地震中全国民众万众一心的场面就是社会责任的具体体现。曾在中央电视台热播的《五星红旗迎风飘扬》，展示了20世纪五六十年代的知识分子在无比艰苦的条件下，为“两弹”的研发全力拼搏，克服各种困难，取得“两弹”研发成功的事例，这充分说明社会责任在老一辈知识分子心中的分量。而这种社会责任也成就了一代人。目前在国家担当重任的基本就是这些人物当中的杰出代表。清华大学韩威编写的《生存力：30位清华学子成功就业访谈录》介绍了以国家需求为己任的代表人物，他们是当代大学生献身西部、献身国企的典型。

在大学三年的学习生活中，我们要实现从校园到社会的过渡，也就是说，既要把个人的个性充分发挥出来，也要注意把个性塑造得极为接近社会个性，使自己符合自己所扮演的社会角色的需要。这种社会角色不仅要有现代人才的品质，还要有强烈的社会责任感。在国家建设大潮中，如何按照国家的发展战略来选择自己的职业和去向，可以完全反映自我的社会责任，也是实现“完整我”所必需的。

比如，国家为了建设社会主义新农村，提出了大学生村官的发展策略；为了充实基层管理人员的力量，号召大学生们去基层服务；国家提出建设中西部策略，鼓励大家踊跃报名；国家为了加强国防建设，鼓励大学生参军；等等。这些举措，无一不体现社会对大学生的期待和要求，因此，我们要把自己打造成社会主义事业的建设者，为国家建设添砖加瓦。这就是“社会我”的体现。

实际上，“社会我”的认知提醒大学生要有社会责任意识，在关注社会的同时，大学生也可以发现更多的发展机会。因此，只有在社会这个大背景下考虑自己的职业发展，才能更好地实现自己的职业目标。

四、“道德我”——我的基本道德和职业道德

“德”就是指道德。要成为一个高尚的人，除了必须遵纪守法之外，还要在各方面符合做人的基本道德和职业道德的要求。

（一）公民的基本道德

“忠、孝、礼、义、信、仁、耻”是中华民族传统美德的核心价值理念和基本要求，影响整个社会道德体系的发展和社会道德水平的提升；“温良恭俭让”则是古代知识分子待人接物的准则。在现代社会里，这些美德又被赋予了新的含义。比如，诚信、爱心、恒心、平常心、敬业、自强、自尊等。我们强调“做事先做人”，我们认为“诚信是做人的根本”“爱心是战胜苦难

的利器”,恒心体现一个人的毅力和专注度,平常心则可以反映一个人在荣辱面前的喜与悲,敬业是一个人成功的前提条件,一个人只有自强才能带来自尊,只有自尊才能赢得他人的尊敬。

做事先做人是为人处世和工作生活中的一条金科玉律。我们要取得成功,首先要修炼内功,提高自己的品德修为,人做好了,事才有可能做好。只把眼睛盯在事上,无视或轻视做人,最终是不能把事做好的。

2011 年 3 月 12 日,地震导致福岛县第一和第二核电站发生核泄漏,造成各类放射性物质大量泄漏。800 多名工作人员大部分已撤离,但一支 50 人组成的抢险救援队始终坚守在核反应堆附近,成为阻止福岛核电站核泄漏面继续恶化的最后一道防线,被媒体褒扬为“福岛 50 人”。这种危难之际冒着生命危险的孤独坚守,彰显了令人动容的人性光辉。有位志愿留下的 59 岁员工说:“核电的未来,就在于我们怎样处理这件事。我会带着使命感前去。”他在网志上表示,他愿意用自己的生命,换取更多人的安全。“他本来还有半年就可以退休了,平时他在家里也不像是个很有能力的人,但当我听说他自愿留下,我感动得流泪了,我为他而骄傲,为他能平安回来而祈祷。”这是他的女儿对父亲的评价。“我可以百分之百确定地说,他们绝对是在冒着生命危险尽一切人力所能将核电站保持在安全状态。”这是一名美国核专家对这 50 名死士的评价。我们回首往事,眼前有坚守岗位数十年的乡村老师,有索道医生邓前堆,有任长霞式的公安局局长,还有孔繁森式的好干部;但也有在汶川地震中只顾自己逃命、置学生不顾的教师“范跑跑”,有赚取病人昧心钱的黑心医生,有与贩毒集团勾结的公安局局长曲月福、张保华,还有胡长清之类的贪官等。这些都与一个人的社会道德有关。

案例

南京大学教授学术不端被取消导师资格,调离科研岗位

梁莹是香港理工大学的硕士,南京大学行政管理学的博士,是北京大学和美国芝加哥大学的双博士后,而且在南京大学已任博士生导师、教授、青年长江学者,可谓是学术界的“牛人”,高学历的知识分子。

2018 年 10 月 24 日,《中国青年报》报道了南京大学社会学院教授梁莹涉嫌学术不端等师德问题。梁莹的多篇论文涉嫌抄袭、一稿多投,以及她在教学中态度不端而被南京大学本科生举报。报道称,梁莹至少有 15 篇论文存在抄袭或一稿多投等学术不端问题。另有南大学子反映梁莹教学态度极不端正等情况。

南京大学调查后,对教师梁莹学术不端等违纪违规行为做出严重处理,给予其党内严重警告处分、行政记过处分,取消其研究生导师资格,将其调离教学科研岗位,终止“长江学者奖励计划”青年学者聘任合同,并报请上级有关部门撤销其相关人才计划称号和教师资格。

师者之所以传道授业解惑,德才兼备者为师,有才无德者不为师,学术造假,令人深恶痛绝。通过这件事，梁莹的学术生涯、教师生涯也将会面临重挫。学术造假害人害己！搞科研就必须要有严谨的学术精神，造假肯定是行不通的，只有做到科研不造假，造假不科研，才能够真正做到学有所成，才能促进学术的发展，而造假的论文也终有一天会暴露出来，让人无路可退！

（二）公民的职业道德

职业道德是一般社会道德的特殊形式，是社会道德的主体部分。所谓职业道德，就是同人们的职业活动紧密联系的符合职业特点所要求的道德准则、道德情操与道德品质的总和。

职业道德是所有从业人员在职业活动中应该遵循的行为准则，涵盖了从业人员与服务对象、职业与职工、职业与职业之间的关系。

职业道德的主要内容从道义上规定人们以什么样的思想、感情、态度、作风和行为对待本职工作，以及待人、接物、处事所应履行的职责。

每个从业人员，不论是从事哪种职业，在职业活动中都要遵守职业道德。如教师要遵守教书育人、为人师表的职业道德；医生要遵守救死扶伤的职业道德；等等。职业道德不仅是从业人员在职业活动中的行为标准和要求，而且是本行业对社会承担的道德责任和义务。职业道德是社会道德在职业生活中的具体化。

在内容方面，职业道德总是要鲜明地表达职业义务、职业责任以及职业行为上的道德准则。如人们常说，某人有“军人作风”“工人性格”“农民意识”“干部派头”“学生味”“学究气”“商人习气”等。

在形式方面，职业道德往往比较具体、灵活、多样。它总是从本职业的交流活动的实际出发，采用制度、守则、公约、承诺、誓言、条例、行规以及标语口号之类的形式。

从产生的效果来看，职业道德用来调节从业人员与其他服务对象之间的关系，用来塑造本职业从业人员的形象，并与各种职业要求和职业生活结合，形成比较稳定的职业心理和职业习惯。

《中共中央关于加强社会主义精神文明若干问题的决议》规定了各行各业都应共同遵守的职业道德的五项基本规范，即“爱岗敬业、诚实守信、办事公道、服务群众、奉献社会”。而为人民服务就是社会主义职业道德的核心规范，它是贯穿于全社会共同的职业规范之中的基本精神。

为人民服务是最高层次的职业道德的核心规范，是从业人员在进行具体职业活动时应遵守的最根本准则，是进行职业活动的根本指导思想。它既是职业活动的出发点，也是职业活动的落脚点。

对于高职高专医学生而言，其服务对象将是身心痛苦不安的患者，医疗服务质量的好坏将直接关系到患者的生命安危，关系到整个社会的和谐与稳定，因此，国家、社会和人民群众都对医务工作者及其后备力量的职业道德提出了更高的要求并寄予厚望。

对大学生来说，诚信问题也时时考验着我们。比如，每一次的考试都会让大家受到是否要搞些小动作的“诱惑”。某高校有一次考试，有位学生舞弊被抓，但无论谁责问他，他都否认结果，“胡妈”(辅导员)跟他讲诚信，谈道德，使他意识到自己的错误，最后他坦然地承认了错误，并以行动感谢“胡妈”。

党的十八大提出：倡导富强、民主、文明、和谐，倡导自由、平等、公正、法治，倡导爱国、敬业、诚信、友善，积极培育和践行社会主义核心价值观。

富强、民主、文明、和谐是国家层面的价值目标；自由、平等、公正、法治是社会层面的价值取向；爱国、敬业、诚信、友善是公民个人层面的价值准则，这 24 个字是社会主义核心价值观的基本内容。

“富强、民主、文明、和谐”，是我国社会主义现代化国家的建设目标，也是从价值目标层面对社会主义核心价值观基本理念的凝练，在社会主义核心价值观中居于最高层次，对其他层次的价值理念具有统领作用。

富强，即国富民强，是社会主义现代化国家经济建设的应然状态，是中华民族梦寐以求的美好夙愿，也是国家繁荣昌盛、人民幸福安康的物质基础。

民主，是人类社会的美好诉求。我们追求的民主是人民民主，其实质和核心是人民当家作主。它是社会主义的生命，也是创造人民美好幸福生活的政治保障。

文明，是社会进步的重要标志，也是社会主义现代化国家的重要特征。它是社会主义现代化国家文化建设的应有状态，是对面向现代化、面向世界、面向未来的，民族的、科学的、大众的社会主义文化的概括，是实现中华民族伟大复兴的重要支撑。

和谐，是中国传统文化的基本理念，集中体现了学有所教、劳有所得、病有所医、老有所养、住有所居的生动局面。它是社会主义现代化国家在社会建设领域的价值诉求，是经济社会和谐稳定、持续健康发展的重要保证。

“自由、平等、公正、法治”，是对美好社会的生动表述，也是从社会层面对社会主义核心价值观基本理念的凝练。它反映了中国特色社会主义的基本属性，是我们党矢志不渝、长期实践的核心价值理念。

自由，是指人的意志自由、存在和发展自由，是人类社会的美好向往，也是马克思主义追求的社会价值目标。

平等，指的是公民在法律面前的一律平等，其价值取向是不断实现实质平等。它要求尊重和保障人权，人人依法享有平等参与、平等发展的权利。

公正，即社会公平和正义，它以人的解放、人的自由平等权利的获得为前提，是国家、社会应然的根本价值理念。

法治，是社会主义民主政治的基本要求。它通过法制建设来维护和保障公民的根本利益，是实现自由平等、公平正义的制度保证。法治是治国理政的基本方式。

“爱国、敬业、诚信、友善”，是公民基本道德规范，是从个人行为层面对社会主义核心价值观基本理念的凝练。它覆盖社会道德生活的各个领域，是公民必须恪守的基本道德准则，也是评价公民道德行为选择的基本价值标准。

爱国，是基于个人对自己祖国依赖关系的深厚情感，也是调节个人与祖国关系的行为准则。它同社会主义紧密结合在一起，要求人们以振兴中华为己任，促进民族团结、维护祖国统一、自觉报效祖国。

敬业，是对公民职业行为准则的价值评价，要求公民忠于职守，克己奉公，服务人民，服务社会，充分体现了社会主义职业精神。

诚信，即诚实守信，是人类社会千百年传承下来的道德传统，也是社会主义道德建设的重点内容，它强调诚实劳动、信守承诺、诚恳待人。

友善，强调公民之间应互相尊重、互相关心、互相帮助，和睦友好，努力形成社会主义的新型人际关系。

（三）医师的职业道德

古往今来，医生皆以救死扶伤为宗旨，以济世救人为天职，赢得了全社会普遍的敬重与拥戴。“疾小不可云大，事易不可云难，贫富用心皆一，贵贱使药无别”，是医界长期流传的医德格言。

《新世纪的医师职业精神——医师宣言》，简称《医师宣言》，是由美国内科学基金、ACP基金和欧洲内科医学联盟共同发起和倡议的，首次发表于2002年的《美国内科医学》和《柳叶刀》杂志。到目前为止，已有包括美国、英国、法国、德国、加拿大等国在内的36个国家和地区的120个国际医学组织认可和签署了该宣言。中国医师协会于2005年正式签署该宣言，加入推行《医师宣言》的活动。《医师宣言》为当代医师提出了21世纪医学职业道德的行为规范和行为准则。中国医师协会认为，《医师宣言》所提出的三项基本原则和十条职业责任完全符合世界各国医师职业道德要求。在医患矛盾突出的今天，实施《医师宣言》不仅是医师行业自律的体现，而且也有助于医师良好社会形象的树立。

小链接

中国医师宣言

健康是人全面发展的基础。作为健康的守护者，医师应遵循病人利益至上的基本原则，弘扬人道主义的职业精神，恪守预防为主和救死扶伤的社会责任。我们深知，医学知识和技术的局限性与人类生命的有限性是我们所面临的永久难题。我们应以人为本、敬畏生命、善待病人，自觉维护医学职业的真诚、高尚与荣耀，努力担当社会赋予的增进人类健康的崇高职责。为此，我们承诺：

1. 平等仁爱。坚守医乃仁术的宗旨和济世救人的使命。关爱患者，无论患者民族、性别、贫富、宗教信仰和社会地位如何，一视同仁。

2. 患者至上。尊重患者的权利，维护患者的利益。尊重患者及其家属在充分知情条件下对诊疗决策的决定权。

小链接

3. 真诚守信。诚实正直,实事求是,敢于担当救治风险。有效沟通,使患者知晓医疗风险,不因其他因素隐瞒或诱导患者,保守患者私密。

4. 精进审慎。积极创新,探索促进健康与防治疾病的理论和方法。宽厚包容,博采众长,发扬协作与团队精神。严格遵循临床诊疗规范,审慎行医,避免疏忽和草率。

5. 廉洁公正。保持清正廉洁,勿用非礼之心,不取不义之财。正确处理各种利益关系,努力消除不利于医疗公平的各种障碍。充分利用有限的医疗资源,为患者提供有效适宜的医疗保健服务。

6. 终生学习。持续追踪现代医学进展,不断更新医学知识和理念,努力提高医疗质量。保证医学知识的科学性和医疗技术应用的合理性,反对伪科学,积极向社会传播正确的健康知识。

守护健康、促进和谐,是中国医师担负的神圣使命。我们不仅收获职业的成功,还将收获职业的幸福。我们坚信,我们的承诺将铸就医学职业的崇高与至善,确保人类的尊严与安康。

医师职业精神是医学与社会达成承诺的基础。它要求将患者的利益置于医师的利益之上,要求制订并维护关于能力和正直的标准,还要求就健康问题向社会提供专业意见。医学界和社会必须清楚地了解医师职业精神的原则和责任。医学与社会达成承诺的本质是公众对医师的信任,这种信任建立在医师个人以及全行业的正直基础上。

目前,医学界面临着科技爆炸、市场力量介入医疗体系、医疗卫生实施中存在问题、生物恐怖主义以及全球化所带来的压力。医师发现越来越难以承担他们对患者和社会所肩负的责任。在这种情况下,重申医师职业精神根本的、普遍的原则和价值,即所有医师追求的理想,变得尤为重要。

医学虽然根植于不同的文化和民族传统之中,但是医学工作者扮演的都是治病救人的角色,它的根源可以追溯到希波克拉底。实际上,医学界必须和错综复杂的政治力量、法律力量以及市场力量相抗争,因此,医疗的实施与实践具有很大的差异,任何普遍性的原则都可能因为这些差异而表现出各种复杂而微妙的形式。尽管有这些差异存在,但共同的宗旨仍然凸显出来并形成这一宣言的基础,它表现为三项基本原则以及一系列明确的职业责任。

1. 基本原则

(1) 将患者利益放在首位的原则。

(2) 患者自主的原则。医师必须尊重患者的自主权。

(3) 社会公平的原则。

2. 职业责任

(1) 提高业务能力的责任。

（2）对患者诚实的责任。

（3）为患者保密的责任。

（4）与患者保持适当关系的责任。

（5）提高医疗质量的责任。

（6）促进享有医疗的责任。

（7）对有限的资源进行公平分配的责任。

（8）对科学知识负有责任。

（9）通过解决利益冲突而维护信任的责任。

（10）对职责负有责任。

案例

华生救人的“华一刀”

华益慰，原北京军区总医院外一科主任，是我国著名的外科专家，医术精湛，有“华一刀”的美誉。从医56年，华益慰始终坚守着“病人以生命相托，责任重于泰山”的行医理念。他从风华正茂到两鬓斑白，忙忙碌碌几十年，经他手医治的病人不计其数。他退休以后，仍做了八百多台手术。其中95%都是患者点名做的，有时一天就是好几台。有人劝他控制一下手术量，可华主任总是说：“病人找到我们，就是对我们最大的信任，我们怎么能忍心推呢?”就这样，华益慰不知疲惫地工作着，甚至不惜透支自己的生命换取病人的健康，坚持用无私的真情兑现对患者的承诺！年过七旬的他，还坚持每年做100多台手术，直至积劳成疾，累倒在工作岗位上。即使他身患重病，到了生命的最后时刻，想到的仍然是尽量不给组织添麻烦。他一再嘱咐爱人说：“这次生病以来，医院领导非常照顾，我很满足，不要再给组织添麻烦了，转告科里和院领导，治疗尽量简单，不要再浪费宝贵的资源了，只要能减轻些痛苦就行了。”各级领导每次到病房看望他时，问他还有什么要求，他总是说：“没有什么，我很知足。”当他知道医院和上级要总结宣传他的事迹后，又反复叮嘱爱人找领导汇报，一定要实事求是，不要拔高，不能有半句假话。他说：“我这一辈子只想当一名病人信任的好医生，千万不要搞那些虚假的东西误导年轻人。”中共中央总书记、中央军委主席胡锦涛同志当年在看到华老的事迹后，立即作了批示，并两次委托当时的解放军总政治部主任代为看望，后来又亲自到医院看望华老，表达了党及各级党组织对他的关心和爱护。华益慰把他的真情献给了广大患者和他所钟爱的医学事业，他用真诚、善良的心对待每一个人，也得到了广大群众对他真诚的信任、支持和爱戴。

（四）护士的职业道德

护理的本质就是尊重人权，包括生存权、享受个人尊严及受尊重的权利。护理不因年龄、肤色、宗教、文化、残障或疾患、性别、国籍、种族或社会地位而受限制。护士的四项基本职责：促进健康，预防疾病，恢复健康和减轻痛苦。护士为个人、家庭及社区提供健康服务，并与相关团体互相协作提供服务。护士的职业道德准则由四项基本职责组成。

1. 护士与民众

护士的基本责任是照顾那些需要照顾的民众。护士在提供护理时，要推动建立一个尊重个人、家庭及社会人权、价值观、风俗习惯及信仰的护理环境。护士确保个人获得做出同意护理及相关治疗决定时所需的足够信息。护士应对个人资料保密，并判断可否分享资料。护士与社会共同承担责任，采取并支持行动，满足公众特别是弱势群体的健康及社会需要。护士分担责任，维持和保护自然环境，使其不致枯竭、免受污染、退化或破坏。

2. 护士与实践

承担护理操作的护士，有义务和责任通过不断学习保持自己的专业能力。护士要保持个人健康，确保护理能力不受损害。护士根据个人能力接受或授权责任。护士时刻保持良好的专业形象，增强公众信任。护士在护理时确保先进科技的应用符合民众的安全、尊严和权利需要。

3. 护士与专业

护士是决定和实施公认的临床护理、管理、科研和教育标准的主导者。护士要积极建立以科研为基础的专业知识体系。护士通过专业团体参与建立和维护护理领域公平的社会和经济工作条件。

4. 护士与合作者

护士与护理及其他领域的合作者保持合作关系。当护理受到合作者或其他人危害时，护士要采取适当行动保护护理对象。国际护士协会护士职业道德准则是根据社会价值和需要制订的行动指南。它只有在不断变化的社会中，通过在护理及健康保健现实环境的实际应用，才能发挥作用。要达到这一目的，护士必须理解、接受准则，并将其应用到各项护理工作中。准则必须贯穿于学生及护士的学习和工作生活中。

案例

癫狂世界的爱心使者

爱岗敬业，是职业道德的永恒话题，指的是从业人员要热爱自己的工作岗位，崇敬自己所从事的职业，干一行、爱一行、专一行、精一行。这是社会主义职业道德的最重要体现，也是对从业人员的最基本要求。

精神分裂症患者在发病时的救护工作是非常危险的，有的患者家人都不敢近前，路人也远远逃避。而江苏省滨海县第三人民医院护士长李良功同志多年来，不畏艰险，发现癫狂病人，总是第一个冲上前。二十多年来，她无数次挨过打骂，无数次被患者用污物泼脏，但她从不退缩。她说："精神病患者也是人，他们患病本身就已是不幸的了，如果我们全社会尤其是我们医务工作者也不能理解他们、关心他们和照顾他们，那就是他们不幸之中的大不幸了。""救死扶伤、治病救人、全心全意为人民服务"这不是我们每一个从事医务工作同志的"豪言壮语"和"满腹经纶"的道德知识，而是对人、对事的态度。比如，一个医生，他

(她)就应该视救死扶伤为己任,毫不犹豫地将自己的聪明才智贡献给医疗事业。当出现意外时,他(她)总是首先出于职业良心而担负自己应该承担的责任,而不是怕苦、怕脏、怕丑、怕累,即便是被"千锤万击"也纵然不悔。

(五) 药师的职业道德

药品是一种特殊的商品,关系到人民群众的生命安全,各国对药师的准入都有严格的标准。药师的素质是保证药品质量的关键,它包括药学专业知识、法律法规和药师职业道德,而药师的职业道德目前已被许多国家作为药师职业准入与继续教育的重要内容之一。

药师职业道德准则,是在药学职业长期发展过程中形成的,是所有药师的共同行为准则,是指导药师与病人、公众之间关系的准则。一般来说,药师的职业道德包括四个方面的基本内容。

1. 对病人和公众的责任

作为药师,应当将病人和公众的健康、安全放在首位,为病人提供最佳的药品和药学服务,同时尊重、关怀病人,保持病人的信任。

2. 对自身的责任

药师应掌握最新的专业技术、知识和信息,并及时应用到专业实践中。

3. 对药师职业的责任

药师应以自己最大的能力和才智,维护和提高药师职业的荣誉和人们对本职业的信任。

4. 对其他卫生专业人员的责任

药师应尊重同行及其他卫生专业人员的价值和能力,善于交流、互相协作,共同为病人和公众提供最好的药学保健。

五、"家庭我"——我对家庭的责任

家庭有我初长成

"家庭我"又称"家庭自我",是指一个人对于自己的成长感受与作为家庭中一分子的价值观与责任感。

一个人首先要努力以感恩的心去热爱家庭,热爱家里的每一个成员,还要了解家庭及家人对自己的期望及自己在家庭中承担的责任,因为我们的职业生涯,不可能完全脱离家庭及家人的需求。

在许多情况下发现,一个具有良好"家庭我"的人,其安全感、自信心及自我强度都比较高,而且对他人、对环境更倾向于采取一种积极的态度,这有助于在职业生涯过程中成功地应对诸多挑战和压力。

大学生作为家庭的一分子,还处于消费阶层,经济上无法独立,要依赖父母的资助才能完成学业。那我们应该如何去承担家庭的责任呢?首先,要珍惜来之不易的学习机会,好好学习;其次,要善于理财,勤俭节约,用好每一分钱;再次,要善于利用各种实践的机会,或者说发挥自己的专业优势，努力地勤工俭学，以减轻家庭的负担。我们要提升自己的各种能力其中尤其是就业或创业能力，为将来更好地工作、获取更多的收入来报答家人做准备。

家庭条件在一定条件下会直接影响学生们毕业目标的选择。比如，家庭经济情况较好的同学，多考虑深造，尤其是把出国深造作为自己大学毕业的主要选择；家庭经济条件不是太好的同学则多把毕业后立即就业或者创业作为自己的主要选择，而且这些同学进入大学后，非常珍惜各种勤工俭学的机会，努力创收以减轻家庭的负担。这说明他们有强烈的家庭责任感。这些学生是容易成长并取得成功的。当然也有极少数的学生，会嫌弃贫寒、身份低微的父母，当父母跋山涉水来到他面前的时候，他不仅没有丝毫的快乐，而且还很可能对别人称这是家乡来人而不愿承认是自己的父母。

“家庭我”不佳的人常会因不喜欢自己的家庭及家人，而采取一种疏离、回避的态度，这对于形成良好的“社会我”和“心理我”都很不利，因此，它将严重影响一个人的职业生涯发展。

归纳起来，“家庭我”包括以下几个方面内容：

（1）我在家庭的位置；

（2）我对家庭的作用；

（3）我应承担的家庭责任；

（4）家庭在我上学、求职、创业中能提供的帮助；

（5）我的毕业选择（如深造、求职、创业）是否符合家庭的需求。

“家庭我”的认知，可以强化学生的家庭责任意识，让学生在求职择业时，多考虑求职、创业对家庭的意义，是否有利于家庭的和谐，有利于回报父母，也可以帮助学生逐渐摆脱“自我为中心”的思维模式，把自己的所作所为产生的结果与家庭联系在一起，增强对家庭的责任感。

小知识贴士

学会感恩

我们了解到，新生入学后，不少学校都会进行各种形式的感恩教育。感恩使我们在失败时看到差距，在不幸时得到慰藉、获得温暖，鼓起挑战困难的勇气，进而获取前进的动力。就像罗斯福那样，换一个角度去看待人生的失意与不幸，对生活时时怀有一颗感恩的心，能使自己永远保持健康的心态、完美的人格和进取的信念。感恩不纯粹是一种心理安慰，也不是对现实的逃避，更不是阿Q的精神胜利法。感恩，是一种歌唱生活的方式，它来自对生活的热爱与希望。

人的一生中，小而言之，小时候，领受了父母的养育之恩；上学，有老师的教育之恩；工作以后，又有领导、同事的关怀、帮助之恩；年长之后，又免不了要接受晚辈的赡养、照顾之恩。大而言之，作为单个的社会成员，我们都生活在一个多层次的社会大环境之中，都从这个大环境里获得了一定的生存条件和发展机会，也就是说，社会大环境是有恩于我们每个人的。

小知识贴士

感恩，说明一个人对自己与他人和社会的关系有着正确的认识；报恩，则是在这种正确认识之下产生的一种责任。没有社会成员的感恩和报恩，很难想象一个社会能够正常发展下去。在感恩的气氛中，人们对许多事情都可以平心静气；在感恩的气氛中，人们可以认真、务实地从最细小的一件事做起；在感恩的气氛中，人们自发地真正做到严于律己，宽以待人；在感恩的气氛中，人们正视错误，互相帮助；在感恩的气氛中，人们将不会感到孤独……

凡事感恩，感恩伤害你的人，因为他磨炼了你的心智；感恩欺骗你的人，因为他增进了你的智慧；感恩中伤你的人，因为他历练了你的人生；感恩鞭打你的人，因为他激发了你的斗志；感恩孤立你的人，因为他教导了你独立；感恩绊倒你的人，因为他增强了你的能力；感恩斥责你的人，因为他提醒了你的缺点。感恩所有使你坚强的人。

我们有多少学生进入大学以后，抱怨学校、抱怨老师甚至于抱怨社会，那请你想想：你有多久没有静下心来想想远在家乡的父母？他们为了我们含辛茹苦，无怨无悔，我们为他们又做过些什么？

对于学业，你是否总在抱怨，总是不满，会疲倦，会迷惘？你是否意识到正是学校给了我们梦想起飞的舞台，使我们成长，成功！

懂得感恩父母，才会有不断奋斗的动力；懂得感恩学校、老师，才会以最佳的心态去学习，去成长。

【作业】

请给父母、高中班主任各写一封感恩信。计算一下你从小到大的花费成本，并预测一下大学几年的成本，见表2-5。

表2-5　某大学学生个人教育成本统计分析表

系别：　　　　　　　　　　班级：

个人信息	姓名		性别		出生年月	
	家庭地址		联系电话			
项目	个人月均支出	个人全年支出	家庭全年总收入	个人教育成本占家庭全年总收入百分比(%)		
基本费用（一次性缴纳）	学费(年)		书杂费及住宿费(年)			

（续表）

每月费用	伙食费(月)	
	生活必需品费用	
	通信费	
	交友应酬费	
	上网费用	
	考证费用	
	其他费用	
大学生全年理论学时	8 小时/天 * 22 天/月 * 10 个月/年＝1 760 小时	
个人大学培养成本（元/小时）	小时培养成本＝(大学生个人家庭全年培养成本＋国家对投资个人分摊)÷全年理论学习时数	

填表说明：1. 填表人必须以严肃认真、实事求是的态度进行计算、填写；

2. 应和父母共同回忆、计算，核对后方可填写，并请家长签字认可。

前些年，有一个西部地区来北京读书的学生，自己的父亲靠卖血维持他的学业，不料他却在网吧度过了三年，不仅荒废了学业，也严重伤了父母的心。这说明他完全没有家庭责任，也是“家庭我”缺失的表现。

六、“优势我”——明确我的所长

尺有所短，寸有所长。每个人都有自己的优势和不足。我们在努力改进自己不足的同时，许多时候更要注意发挥自己所长。不少学生，在入学后积极参加学生会的活动，充分展现了自己能歌善舞、身强体健、善于沟通、优于演讲等特长，这些特长在许多方面可以帮助自己赢得老师或同学的赞赏，也有助于自己身心的快速成长。所以，同学们要善于发现自己的优势，找到“优势我”，以便在生涯发展与职业准备规划中突出自己所长。

如刘翔的优势就是弹跳和短跑，如果非要他跑马拉松，无论他怎么努力也不会夺冠。宋祖英天生好歌喉，如果非让她学举重，那她一定不会取得今天这种过人的成绩。所以，每个人应该尽可能地去发现自己的优势并善用自己的优势。

我们在充分认识自己，了解了“生理我”“心理我”“社会我”“道德我”“家庭我”“优势我”之后，还要做一个很重要的工作，那就是要将这些分散的认知归纳整理成一个“完整我”的概念，以便对自己有一个全面的认识。

现在，请大家对自己进行评价，来展示一个真实的自我，见表 2-6。

表 2-6　完整我

	优势	劣势
“生理我”小结		
“心理我”小结		
“社会我”小结		
“道德我”小结		
“家庭我”小结		
“优势我”小结		
“完整我”总结		

第二节　自我认知的方法

上一节介绍了自我认知的六个方面。本节主要介绍如何系统地进行自我认知的方法。特别强调除采用生理测量工具测量生理状况和心理测评工具测试“心理我”之外，更要注重通过社会实践认知自我。

大学生的可塑性很强，进入高校就是要接受高等教育，让自己在这里提升和成长，这也是教育的价值体现。所以在进行自我认知时，必须注重个人的动态发展，必须合理使用正确的自我认知方法。既要重视躬行自省，又要广泛听取他人意见；既要重视测评的重要参考作用，但又不应对其产生绝对迷信；大学生尤其应该通过社会实践去认知自我，这种在实践中检验自我、了解自我、认识自我的方法是极其重要的。当然，不论采用何种方法，都要注意相互之间的联系，综合加以利用，这样才有利于对自我做出准确全面的评价。

一、自我分析

自我分析是最易行也最方便重复利用的一种自我认知方法。但是，如何将自我分析做到位，摆脱“当局者迷，旁观者清”的困扰，还需要我们注意以下几个问题。

（一）认清“我是谁”“我想要什么”“我能做什么”

要正确地认知自我，有效地把握自我，就必须对自己的人生态度、兴趣和成功的理想有充分的认识，应对诸如“我的身体条件允许我做什么？”“社会需要我做什么？”“我的家人需要我做什么？”等问题进行深入思考。

(二) 认清自己的兴趣爱好

结合自己的知识、能力和特长,正确地对自己的兴趣爱好和性格特质进行一个自我分析。知识决定层次,能力影响职业素质,特长决定你是否可能被取代,而兴趣爱好和性格特质则在很大程度上影响了一个人的幸福指数。如果一个人的兴趣和性格很适合从事某种职业,但是他没有这方面的知识储备,在短时间内也是不能胜任的,或者说一个人有某方面的知识储备甚至是相应的能力,但是性格不合适,却执意地坚守这份职业,则很难会有大的发展。

最后,也是最重要的,要时时刻刻地审视自己是不是一个良好的“社会我”。因为,对于大学生,没有一家企业愿意聘用没有品德的员工;对于创业者,没有一个人愿意和没有品德的人合作。“小富靠勤俭,大富靠德才。”所以,拥有良好的品德,对于自己的人生规划有着至关重要的作用。所以,我们应当时时对照中华传统美德的细化内涵来寻找不足,提升自己。

(三) 自我分析的方法——橱窗分析法

目的:全方位分析、评价自我。

说明:我们把橱窗放在直角坐标中加以分析。坐标的横轴正向表示别人知道,坐标横轴负向表示别人不知道;纵轴正向表示自己知道,负向表示自己不知道。坐标橱窗如图 2-2 所示。

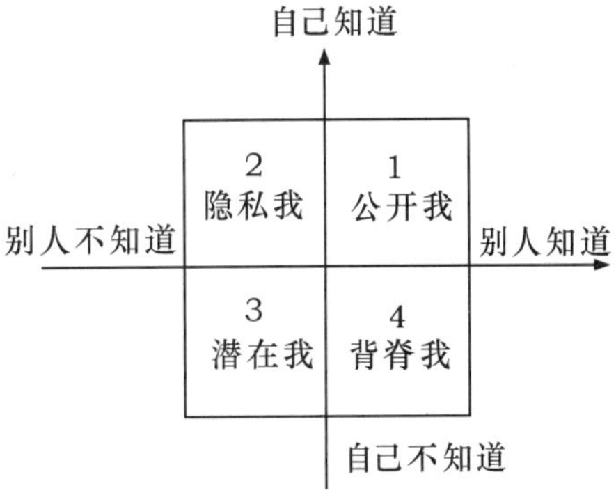

图 2-2 橱窗分析法

橱窗 1:自己知道,别人知道的部分,称为“公开我”,属于个人展现在外,无隐藏的部分。

橱窗 2:自己知道,别人不知道的部分,称为“隐私我”,属于个人内在的私有秘密部分。

橱窗 3:自己不知道,别人也不知道的部分,称为“潜在我”,是有待开发的部分。

橱窗 4:自己不知道,别人知道的部分,称为“背脊我”,犹如一个人的背部,自己看不到,别人却看得很清楚。

通过四个橱窗可知,大学生需加强了解的是橱窗 3 和橱窗 4。

橱窗 3 是“潜在我”。据科学研究发现,每个人都有巨大的潜能,人类平常只发挥了极小部分的大脑功能。如果一个人能发挥一半的大脑功能,将轻易地学会 40 种语言,背诵整套百科全书,获得 12 个博士学位。著名心理学家奥托指出,一个人一生所发挥出来的能力,只占他全部能力的 4%,也就是说一个人 96%的能力还未开发。赫赫有名的控制论奠基人维纳说:“可以完全有把握地说,每个人即使他是做出了辉煌成就的人,在他的一生中利用他自己的大脑潜能还不到百亿分之一。”由此可见,认识、了解“潜在我”,是自我认知的重点之一,把个人潜能开发出来,也是职场新人的头等大事。

橱窗 4 是“背脊我”。如果自己诚恳地征询他人的意见和看法,就不难了解“背脊我”。

我们可以采取同自己的家人、朋友、同事等交流的方式，也可以借助录音、录像设备，尽量开诚布公。要做到这一点，需要开阔的胸怀，正确对待的态度，有则改之，无则加勉，否则，别人是不会实话实说的。

对于橱窗 2，我们可以采取撰写自传或 24 小时日记的方式来了解自我。撰写自传，可以了解我们自身成长的大致经历和自我规划情况等，而通过 24 小时日记对我们一个工作日和一个非工作日经历的对比，也可以了解一些侧面的信息。

二、他人评价

所谓当局者迷，旁观者清，在自我认知的过程中，综合利用他人评价是不可或缺的一个环节。

在成长过程中，曾经听过父母、老师、兄弟姐妹、同学、朋友对你的一些描述或评语。这些评语就像是一面镜子，可以让你知道自己在别人眼中是一个怎样的人！结合自我分析，我们可以制作一个综合评估表(表 2-7)：

(1) 询问我的父母、师长、亲朋好友，把他们对我的描述记录下来。

(2) 搜寻周围的人曾经对我的一些描述。

(3) 找出以前的老师评语或所收到的卡片，将别人所说的话记录下来。

表 2-7　他人眼中的我

	同学、朋友眼中的我		老师眼中的我		家长、亲戚眼中的我	
	优点	不足	优点	不足	优点	不足
兴趣方面						
性格方面						
学习方面						
品德方面						
生活方面						
能力方面						
其他方面						

别人眼中的我和我自己所知道的我，有没有什么不同呢？让我来比较一下！

相同点：____________________

不同点：____________________

我的发现及心得：____________________

当然，在这个过程中，我们必须学会选择，听取他人评价，最忌讳的是缺乏自己的主见。马云谈他当年的创业生涯，他在犹豫是否要“创业”的时候，咨询了 24 个人，其中有 23 个都持否定意见，只有一个人表示支持，但是他还是选择了创业，并且获得了巨大的成功。有的时候“真理掌握在少数人手里”，这符合成功学的概念，因为成功的人毕竟是少数。他们之所以能成功，有一个很重要的原因就是因为他们的思维与大多数人的不一样，别人的意见只能代表他们自己的观点，而不代表一定正确，所以，大学生在进行自我认知时也要充分认识这一点。

三、专家咨询

有很多学生，在进行自我分析、听取他人的评价，甚至做过测评之后，还是非常迷茫，这时候，我们就有必要找专家进行有针对性的咨询。这也属于一种有效的、快捷的方式。相关专家一般都拥有丰富的知识和人生阅历，并且掌握大量相关案例和咨询技巧。他们会和你探讨自己的人生经历、家庭背景、专业、学历、兴趣爱好、人生期望和个人能力等内容，然后你可以借助专家的力量来清晰地认识自我，准确地定位，找到适合自己的职业发展方向。

值得注意的是，专家咨询有时候是需要反复多次的。而且，不要期望专家可以给你指明一个具体的道路，他可以给你指点迷津，但是最终把握人生航向的还是你自己。

四、职业测评

（一）职业测评的含义

职业测评是心理测验的一个分支，在学术上被广泛认可的心理测验的定义是“行为样组的客观的标准的测量”。如果你真的想借助职业测评达到了解自我的目的，就应该选择科学的职业测评。科学的职业测评以特定的理论为基础，经过设计问卷、抽样、统计分析、建立常模等程序编制，其必须符合以下三个条件要求：

（1）效度：测验结果的准确性。

（2）信度：测验结果的稳定性。

（3）常模：每一位被试者的心理测验都有一个原始分数，通常情况下这个分数没有实际意义，除非这个分数能与别人比较，与此相关的标准便是常模。常模是指有代表性的样本在测验上的分数分布情形。

科学的职业测评是客观化、标准化的问卷，它的科学性、客观性、可比较的功能是其他自我了解的方法不具备的。

（二）测评在职业规划中的应用

1. 性格测评——你待人处世、处理事情的方式与风格是什么

性格是在现实中由一个人稳定的态度和习惯化的行为方式所表现出的个性心理特征，它是最能体现个体差异的一个特质。性格测评有助于了解自己的行为方式，为职业决策和行动提供可靠依据。

2. 职业兴趣测评——你喜欢什么工作

兴趣是力求认识、掌握某种事物,并经常参与该种活动的心理倾向。在职业选择上,每个人也都会有自己的偏好。职业兴趣对人的行为有强大的驱动作用,因此要了解自己的职业兴趣,并尽可能从事感兴趣的职业。

职业兴趣测评对于明确职业兴趣、协助职业选择、拓展职业范围都具有重要作用。

3. 能力倾向测评——你擅长什么工作

能力是人们成功地完成某种活动所必需的个性心理特征。职业规划中,能力是自己最重要的方面,它是事业成功的必要条件,即"有之不必然,无之必不然。"如果我们能够及时准确地了解自己的优势能力,并在制订职业目标时予以充分地考虑,会极大地提高实现职业目标的概率。

能力倾向测评不仅可以预测成功,而且在预测失败方面也会有效,即它可以有效地预测要避免从事的职业。

4. 价值观测评——你喜欢什么样的工作与生活方式

价值观测评有助于职业决策和提高工作满意度。

每个人工作都是为了满足一定的需要,但很难找到一份完全满足自己需要的工作。在如何取舍方面,价值观起着重要作用。价值观是人对客观事物的需求表现出来的评价,包括从人生的基本价值取向到个人对具体活动或事物的有用性、重要性、价值的判断。

(三) 进行职业测评的注意事项

职业测评在职业规划中具有重要的作用,但是只有合理地应用才能达到期望的效果,以下是职业测评的注意事项:

(1) 选择具有良好效度、信度和合适常模的心理测评工具。如果测评本身不具有良好的效度、信度,或者选择的常模不正确,测评工具的实施与解释都是浪费时间。如果没有办法判断效度、信度和常模,就选用世界或国内知名的心理测评工具。

(2) 测评的实施与解释应寻求专业咨询人员及心理学工作者的协助,尽量避免人为的误差。

(3) 测评以个人测评为佳,这样才能针对个人需要。

(4) 测评需要在安静的环境中凭第一印象完成。

(5) 测评结果只是一个参考,测评结果与自己的特质有明显不同时,有必要持怀疑态度。

(6) 如果是通过专业咨询机构进行测评,测评结果是要保密的,任何人无权散布你的隐私。

(四) 测评工具介绍

常用的测评工具有:职业性格测评(MBTI 测评、PDP 性格测试)、职业兴趣测评(霍兰德职业兴趣测评)、职业能力测评(中国职业定位系统测评和 KENEXA 职业能力测评、360 度测评)、价值观测评(价值观倾向测评和职业锚)等。下面分别予以介绍。

1. 性格测评工具

这里主要介绍MBTI测评。

MBTI测评是凯瑟琳·布利格斯与伊莎贝尔·布利格斯·迈尔斯依据瑞士著名心理学家卡尔·荣格的心理类型理论,加以演化,最后形成的四个维度、八种偏好、十六种人格类型的人格类型量表,简称MBTI(Myers-Briggs Type Indicator)。

目前,MBTI已经发展成应用心理学领域知名的专业鉴别工具,被广泛地应用于职业发展、职业咨询、团队建议、婚姻教育等方面,是国际上应用最广泛的职业规划和个性测评理论。在被广泛应用之前,MBTI经过了50多年的研发和检验的历史。至今,它已经历了数十年的应用实证。它能深入地解释为什么不同的人对不同的事物感兴趣、擅长不同的工作以及人们有时不能互相理解。

MBTI分析人类个性时,运用四个关键点,称为四个维度;在某关键点上,每个人都会表现出不同的天生和习惯的行为倾向,称为某维度上的偏好。八种个性偏好类型被编成四组,每组都是由两极组成的一个区间,再把(从每个区间的人里)选出的、与你个性最为相似的四种偏好组成所谓一类。

外向(E)—内向(I) 如何释放自己的能量;

感觉(S)—直觉(N) 本能地注意和记住哪一类信息;

思维(T)—情感(F) 怎样做出决定;

判断(J)—知觉(P) 喜欢以何种方式来构建生活。

衡量这四个维度的尺度是:人是怎样获得才能的;人是怎样领悟信息的;人是怎样做决定的,人又是怎样选择个人偏好的生活方式的。"获得才能"型的人有外部转化和内部转化两种。外部转化是从他人、从外部世界的活动或事情中汲取才能,内部转化是从个人自身的思想、感情或感觉世界中汲取才能。这两种感知作用分别属于人的感觉和直觉的范畴。依靠感觉的人借助自己的五官来收集信息,以判断什么是真实的;依靠直觉的人则是通过"第六感"来获取信息,用以估计什么事情会发生。

(1) 能量倾向(表2-8)。

表2-8 MBTI测评能量倾向对照表

获得才能:你如何获得才能? E-I维度	
外向 Extroversion(E)	内向 Introversion(I)
注意力和能量主要指向外部世界的人和事,而从与人交往和行动中得到活力	注意力和能量集中于自己的内心世界,从对思想、回忆和情感的反思中得到活力
◆ 关注外部环境	◆ 关注自己的内心世界
◆ 喜欢用谈话的方式进行沟通	◆ 更愿意用书面方式沟通
◆ 通过谈话形成自己的意见	◆ 通过思考形成自己的意见
◆ 用实际操作或讨论的方式能学得更好	◆ 用思考、用头脑中"练习"的方式学得最好

（续表）

外向 Extroversion(E)	内向 Introversion(I)
◆ 兴趣广泛	◆ 兴趣专注
◆ 好与人交往、善于表达	◆ 安静而显得内向
◆ 先行动，后思考	◆ 先思考，后行动
◆ 在工作和人际关系中都积极主动	◆ 当情境或事件对他们具有重要意义时才会主动

（2）接受信息（表 2-9）。

表 2-9　MBTI 测评接受信息对照表

接受信息：你如何获取信息？S-N 维度	
感觉 Sensing(S)	直觉 iNtuition(N)
用自己的五官来获取信息。喜欢收集实实在在的、确实已出现的信息。对于周围所发生的事件观察入微，特别关注现实	通过想象、无意识等超越感觉的方式来获取信息。喜欢看整个事件的全貌，关注事实之间的关联。想要抓住事件的模式，特别善于看到新的可能性
◆ 着眼于当前的实际情况	◆ 着眼于未来的可能
◆ 现实、具体	◆ 富于想象力和创造性
◆ 关注真实的、实际存在的事物	◆ 关注数据所代表的模式和意义
◆ 观察敏锐，并能记住细节	◆ 当细节与某一模式相关时才能记得
◆ 经过仔细周详的推理一步步得出结论	◆ 靠直觉很快得出结论
◆ 通过实际运用来理解抽象的思维和理论	◆ 希望在应用理论之前能对之进行澄清
◆ 相信自己的经验	◆ 相信自己的灵感

（3）处理信息（表 2-10）。

表 2-10　MBTI 测评处理信息对照表

处理信息：你是如何做决定的？T-F 维度	
思考 Thinking(T)	情感 Feeling(F)
通过分析某一行为或选择的逻辑后果来做出决定。会将自己从情境中分离出来，对事件的正反两方面进行客观地分析。从分析和确认事件中的错误并解决问题中获得活力。目标是要找到一个能应用于所有相似情境的标准或原则	喜欢考虑对自己和他人来说什么是重要的。会在头脑中将自己放在情境中所牵涉的所有人的位置上试图理解别人的感受，然后在此基础上根据自己的价值判断做出决定。从对他人表示赞赏和支持中获得活力。目标是创造和谐的氛围，把每个人都当作一个独特的个体来对待
◆ 善于分析的	◆ 善于体贴他人、感同身受
◆ 运用因果推理	◆ 受个人价值观的引导
◆ 以合乎逻辑的方式解决问题	◆ 衡量决定对他人产生的后果和影响
◆ 寻求一个合乎真理的客观标准	◆ 寻求和谐的气氛和积极的人际交往
◆ 爱讲理的	◆ 富有同情心的
◆ 可能显得不近人情	◆ 可能会显得心慈手软
◆ 公平意味着每个人都能得到平等的待遇	◆ 公平意味着每个人都被作为独特的个体来对待

(4)行动方式(表 2-11)。

表 2-11 MBTI 测评行动方式对照表

行动方式:你如何与外部世界打交道? J-P 维度	
判断 Judging(J)	知觉 Perceiving(P)
喜欢将事情管理得井井有条,过一种有计划的、井然有序的生活。喜欢做出决定,完成后继续下面的工作。生活通常会比较有规划、有秩序,喜欢把事情敲定下来。照计划和日程安排办事对他们来说很重要。从完成任务中获得能量	喜欢以一种灵活、自发的方式生活,更愿意去体验和理解生活而不是去控制它。详细的计划或最后决定会使他们感到被束缚。愿意对新的信息和选择保持开放直到最后一分钟。足智多谋,善于调节自己适应当前场合的需要,并从中获得能量
◆ 有计划的	◆ 自发的
◆ 喜欢组织管理自己的生活	◆ 灵活
◆ 有系统有计划	◆ 随意
◆ 按部就班	◆ 开放
◆ 爱制订短期和长期的计划	◆ 适应,改变方向
◆ 喜欢把事情敲定落实	◆ 不喜欢把事情确定下来,以留有改变的可能性
◆ 力图避免最后一分钟才做决定或完成任务的压力	◆ 最后一分钟的压力会使他们感到活力充沛

2. 职业兴趣测评

这里主要介绍霍兰德职业兴趣测评法。

霍兰德的职业兴趣理论的核心假设是人可以根据职业兴趣分为六大类,即现实型、研究型、艺术型、社会型、企业型、常规型,职业环境也可相应地分成同样名称的六大类,人格与职业环境的匹配是形成职业满意度、成就感的基础。各个兴趣类型的特点及较为适宜的职业环境对应如下:

(1) 现实型(R)。愿意使用工具从事操作性工作;动手能力强,做事手脚灵活,动作协调;不善言辞,不善交际。

它主要是指各类工程技术工作、农业工作。通常需要一定体力,需要运用工具或操作机器。主要职业:工程师、技术员;机械操作、维修、安装工人,矿工、木工、电工、鞋匠等;司机;测绘员、描图员;农民、牧民、渔民等。

(2) 研究型(I)。抽象思维能力强,求知欲强,肯动脑,善思考,不愿动手;喜欢独立和富有创造性的工作;知识渊博,有学识才能,不善于领导他人。

它主要是指科学研究和科学实验工作。主要职业:自然科学和社会科学方面的研究人员、专家;化学、冶金、电子、无线电、电视、飞机等方面的工程师、技术人员;飞机驾驶员;计算机操作员等。

(3) 艺术型(A)。喜欢以各种艺术形式的创作来表现自己的才能,实现自身的价值;具有特殊艺术才能和个性;乐于创造新颖的、与众不同的艺术成果,渴望表现自己的个性。

它主要是指各类艺术创作工作。主要职业：音乐、舞蹈、戏剧等方面的演员、艺术家编导；教师；文学、艺术方面的评论员；广播节目的主持人；编辑；作者；绘画、书法、摄影家；艺术、家具、珠宝、房屋装饰等行业的设计师等。

（4）社会型（S）。喜欢从事为他人服务和教育他人的工作；喜欢参与解决人们共同关心的社会问题，渴望发挥自己的社会作用；比较看重社会义务和社会道德。

它主要是指各种直接为他人服务的工作，如医疗服务、教育服务、生活服务等。主要职业：教师；保育员；行政人员；医护人员；衣食住行服务行业的经理、管理人员和服务人员；福利人员等。

（5）企业型（E）。精力充沛、自信、善交际，具有领导才能；喜欢竞争，敢冒风险；喜爱权力、地位和物质财富。

它主要是指那些组织与影响他人共同完成组织目标的工作。主要职业：经理企业家、政府官员、商人、行业部门和单位的领导者、管理者等。

（6）常规型（C）。喜欢按计划办事，习惯接受他人指挥和领导，自己不谋求领导职务；不喜欢冒险和竞争；工作踏实，忠诚可靠，遵守纪律。

它主要是指各类与文件档案、图书资料、统计报表之类相关的各类科室工作。主要职业：会计、出纳、统计人员；打字员；办公室人员；秘书和文书；图书管理员；旅游、外贸职员；保管员；邮递员；审计人员；人事职员等。

3. **职业能力测评**

这里简单介绍360度测评。

360度反馈评估技术（360 Degree Feedback）又称多源反馈技术。它是由与被评估人有密切工作关系的人（包括被评估人的上级、同级、下级、自己）对被评估人进行匿名评估的综合评估系统，从而全面、客观地搜集被评估人工作表现的信息，了解被评估人的优势和不足，并可以通过多次评估结果的连续跟踪和记录，帮助被评估人进行科学的自我评价，促进被评估人不断成长，如图2-3所示。

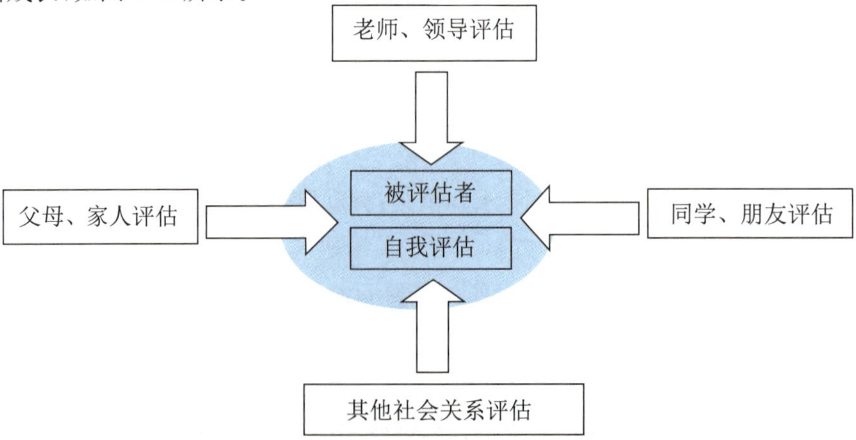

图2-3　360度反馈评估技术

4. 价值观测评

这里介绍价值观倾向测评和职业锚。

（1）十三种价值观倾向测评。主要是测评利他主义、美感、智力刺激、成就感、独立性、社会地位、管理、经济报酬、社会交际、安全感、舒适、人际关系、变异性或追求新意十三种倾向。这十三种价值观倾向各自表示的意义见表 2-12：

表 2-12　十三种价值观倾向测评及其意义

价值观倾向	工作目的和价值
利他主义	在于直接为大众的幸福和利益尽一份力
美感	在于能不断地追求美的东西，得到美感的享受
智力刺激	在于不断进行智力创造，动脑思考、学习以及探索新事物，解决新问题
成就感	在于不断创新，不断取得成就，不断得到领导与同事的赞扬，或不断完成自己想要做的事
独立性	在于能充分发挥自己的独立性和主动性，按自己的方式、步调或想法去做，不受他人的干扰
社会地位	在于所从事的工作在人们的心目中有较高的社会地位，从而使自己得到了别人的重视与尊敬
管理	在于获得对他人或某事物的管理支配权，能指挥和调遣一定范围内的人或事物
经济报酬	在于获得优厚的报酬，使自己有足够的财力去获得自己想要的东西，使生活过得较为富足
社会交际	在于能和各种人交往，建立比较广泛的社会联系和关系，甚至能和知名人物结识
安全感	不管自己能力怎样，希望在工作中有一个安稳局面，不会因为奖金、涨工资、调动工作或领导训斥等经常提心吊胆、心烦意乱
舒适	希望能将工作作为一种消遣、休息或享受的形式，追求比较舒适、轻松、自由、优越的工作条件和环境
人际关系	希望一起工作的大多数同事和领导人品较好，相处在一起感到愉快、自然，认为这就是很有价值的事，是一种极大的满足
变异性或追求新意	希望工作的内容应该经常变换，使工作和生活显得丰富多彩，不单调枯燥

（2）职业锚测评。职业锚测评是国外职业测评运用最广泛、最有效的工具之一。职业锚问卷是一种职业生涯规划咨询、自我了解的工具，能够协助组织或个人进行更理想的职业生涯发展规划。

职业锚以员工习得的工作经验为基础。职业锚发生于早期职业阶段，新员工已经工作若干年，习得工作经验后，方能够选定自己稳定的长期贡献区。个人在面临各种各样的实际工作生活情境之前，不可能真切地了解自己的能力、动机和价值观以及在多大程度上适应可行的职业选择。因此，新员工的工作经验产生、演变和发展了职业锚。换句话说。职业锚在某种程度上由员工实际工作所决定，而不只是取决于潜在的才干和动机。

职业锚不是员工根据各种测试测出来的能力、才干或者作业动机、价值观，而是在工作实践中，依据自省和已被证明的才干、动机、需要和价值观，现实地选择职业和准确地进行职业定位(具体可参见附录三职业锚测试)。

职业锚,是个人稳定的职业贡献区和成长区。但是,这并不是意味着个人将停止变化和发展。员工以职业锚为其稳定源,可以获得该职业工作的进一步发展,以及个人生物社会生命周期和家庭生命周期的成长、变化。此外,职业锚本身也可能变化,员工在职业生涯的中、后期可能会根据变化了的情况,重新选定自己的职业锚。

(五) 正确看待测评结果

这些测评工具都是力求客观的测量手段,它们的特点是能够在较短的时间内测出一个人某方面的特点,并且这些特点都是在与群体的比较中得出的。通过测评,个人能够在短期内获得对自己较为客观的描述和评价。但是,这些测评结果也有着一些不可避免的局限性。因此,大学生必须科学地看待这些测评结果。

第一,这些测评工具大多引自国外,其理论模型的依据是西方的哲学思想、西方的文化以及西方人的心理特点以及职业要求,本土化特点不明显。所以,我们只能从测评结果中提炼信息,有条件地选用,而不可在职业决策时过度依赖这些测评结果。

第二,测评工具本身也有其局限性。准确地说,测评结果只是给我们提供了一个了解自己的依据,它能够引导你去思考一些问题,探求自我内心的深处,为自己未来的规划提供根据。测评可以发现你的特点、优势和不足、潜能、职业发展倾向等,但测评结果本身并不是个人工作能力的充分证明,我们不能把它当作未来职业发展的框架和规定,更不能全部根据测评来找工作,这样非但没有起到其应有的引导性作用,反而容易被其束缚。同时,每一次测评结果都只是一个静止的参照,而人是复杂的、变化的,要用发展的眼光规划自己的职业生涯。

第三节 自我认知的阶段性

自我认知的过程中,应以发展变化的眼光看待自己。世间万物都不可能是静止不变的,包括自我评价者自己。今日的自我,已不同于昨日的自我;明日的自我,显然也不会依然故我。所以自我认知有其阶段性特征,这也体现出重复进行自我认知的必要性。而且自我认知不但应当对自己的现实素质做出适当、全面、客观地认知,而且应当着眼于未来的发展变化,预见性地估计自己将来的发展潜力和前景。

一、新生期大学生的自我认知——强调对独立生活能力、大学生活方式和思维方式的认知

学生们进入大学后,有一件非常重要的事情,是如何尽快地认知自我。来自不同城市或地区、不同家庭的新生同学,在衣着、长相等方面会有明显的不同。在大学这个新环境中,我们应

该学会接纳自我，适应大学生活。新生期自我认知的主要内容是“我的基本情况，包括我的生理、心理、特长，我的能力(包括生活能力、为人处事的能力、学习能力、社交能力)”等。认知的目的是找出自己与大学生活要求的差距，并加以调整。请参照表 2-13 做个自我分析。

表 2-13　新生期大学生自我认知表

自我认知的项目	大学生应具备的能力	认知结果	差距
生活自理能力	自己管理生活		
学习方式	自主学习能力		
自律能力	要求高度自律		
思维模式	成人思维—考虑全面		

二、低年级大学生的自我认知——强调对“完整我”的认知

处于大一、大二年级的学生，是最具备可塑性的人群，所以必须在了解和接纳“生理我”的基础上，展开“心理我”“家庭我”“社会我”“道德我”的认知，并要从中发现“优势我”，以给自己画一幅“完整我”的画像，请参照表 2-14。

表 2-14　低年级大学生自我认知表

自我认知的项目		结　果
生理我	性别	
	年龄	
	身高	
	体重	
	视力	
	健康状况	
	体力	
	特长	
	生理我小结	
心理我	我的性格	
	我的兴趣	
	我的能力	
	我的职业价值观	
	心理我小结	
家庭我	我家几口人	
	我的责任	
	我的义务	

（续表）

自我认知的项目		结　果
社会我	我的社会责任感	
	我想为社会承担什么	
	我能为社会承担什么	
道德我	我的爱心	
	我的孝心	
	我的诚心	
	我的恒心	
	我的自律	
优势我	我的天赋	
	我的特长	
	我的知识及专业技能	
完整我总结		

三、高年级大学生的自我认知——强调对“社会我”“家庭我”“优势我”的认知

到了大三之后，随着对自我认知的逐步深入探索和定位，就会初步形成个人的期望和目标，又因为毕业在即，此时除了要重新认知“生理我”（比大一时长高了、视力下降了、身体发育成熟了还是健康状况变差了等）、“优势我”（我的专业能力及技能增加、我的特长得到进一步提高、我的通识能力增强、我的人脉资源基本建立等）、“道德我”“家庭我”之外，还要在“社会我”和“家庭我”的基础上探索职业世界，由此选择适合自身的工作，从而做好相关的就业准备，请参照表 2-15。

表 2-15　高年级大学生自我认知表

自我认知的项目		结果
生理我	性别	
	年龄	
	身高	
	体重	
	视力	
	健康状况	
	体力	
	特长	
	生理我小结	

（续表）

自我认知的项目		结果
心理我	我的性格	
	我的兴趣	
	我的能力	
	我的职业价值观	
	我的抗挫折能力	
	心理我小结	
家庭我	我的家庭责任	
	我的家庭期望	
	我的家庭资源	
社会我	我的社会使命	
	我的社会资源	
	我的社会活动	
道德我	我的爱心	
	我的孝心	
	我的诚心	
	我的恒心	
	我的自律	
优势我	我的天赋	
	我的特长	
	我的知识及专业技能	
	我的实习实践经历	
完整我总结		

四、即将入职大学生的自我认知——强调对自我适应社会的能力的认知

近些年来，大学生入职后出现频繁跳槽的情况。究其原因，与大学生入职前准备不足、自我认知不清有关。所以本书专门增加该部分内容，以帮助大学生解决这个问题。

即将入职大学生的自我认知重点在于了解自身的能力和不足，了解学生和职业人的不同，了解自己的需要，并进行自我总结，请参照表 2-16。

表 2-16　即将入职大学生的自我认知

自我认知的项目		结果
生理我	性别	
	年龄	
	身高	
	体重	
	视力	
	健康状况	
	体力	
	特长	
	生理我小结	
心理我	我的性格	
	我的兴趣	
	我的能力	
	我的职业价值观	
	我的抗挫折能力	
	心理我小结	
家庭我	我的家庭责任	
	家庭对我的期望	
	我的家庭资源	
	家庭我小结	
社会我	我的社会使命感	
	我的社会资源	
	我的社会活动	
	我对即将入职单位的了解	
	我对即将入职的意识准备	
	我是否做好了度过蘑菇期的准备	
	社会我小结	
道德我	入职能不能为我的爱心服务	
	入职是不是能让我对父母尽孝	
	我对该用人单位是否真心	
	我有没有恒心在该单位工作一年以上	
	我有没有一种自律心去遵守用人单位的作息规则	
	道德我小结	

（续表）

自我认知的项目		结果
优势我	我的能力是否能够胜任用人单位的工作	
	我的特长在用人单位能否派上用场	
	我的天赋对我的职业发展有无帮助	
	我的实习实践经历对入职有无帮助	
	优势我小结	
完整我总结		

自我认知是制订生涯发展与职业准备规划的重要前提条件之一。通过大学期间分阶段的自我认知，可以帮助学生反复地了解自我，不仅为自己做出相关规划和决策提供条件，而且也让学生学会了自我认知的方法及内容，这有益于一生。

【拓展练习】

1. 请你结合本章内容，回答以下问题：

我是谁？

____

____

我想干什么？

____

____

我能干什么？

____

____

2. 毕业时的我。

毕业时的你将是怎样呢？现在就展望一下吧！

选项	可能结果	我现在要做什么
毕业时我会走哪条路？		
毕业时我具有的知识、证书有哪些？		
毕业时我参加过的实践、实习有哪些？具有哪些经验？		
毕业时我具备哪些技能与能力？		
如果就业，我理想中的工作是怎样的？		

第三章

生涯发展与职业准备规划的前提条件之二
——环境认知

学习目标

1. 明确环境认知的内容。
2. 掌握环境认知的方法和途径。
3. 能够结合自身情况展开相应阶段的环境探索。

- 环境认知
  - 环境认知的内容
    - 家庭环境
    - 校园环境
    - 所在城市环境
    - 专业背景
    - 职业背景
    - 社会环境
  - 环境认知的途径
    - 查阅文献
    - 向学长和老师咨询
    - 借助媒体
    - 见习和实习
    - 职业体验
    - 生涯人物访谈
    - 参加社团及社区活动
    - 做义工
  - 环境认知的阶段性
    - 新生期大学生的环境认知（了解校园的硬件与软件）
    - 低年级大学生的环境认知（了解城市、专业和行业）
    - 高年级大学生的环境认知（了解毕业要求）
    - 即将入职大学生的环境认知（了解就业单位）

案例

小凤是刚参加工作的新人，现在从事一般临床护理工作。当初选择专业的时候，是父亲帮她做主的，并且告诉她，读这个专业可以出国做护士，如果不喜欢的话在读期间还可以转专业。她大一可以转专业的时候，因为听老师说他们这一行出来找工作比较容易，并且自己当时也没有特别喜欢的专业，因此她就继续读了下来。在大三找工作的时候，由于担心自己找不到工作，所以并没有对所选医院考察清楚就贸然选择了一个大家都认为不错的医院。工作了几个月以后，她发觉自己非常不适合做这一行，所以想转行。

小凤做过个人职业测评，显示是艺术社会型。她是一个很不喜欢被束缚的人，现在从事的临床护理工作非常死板、教条。因此她迫不及待地想要摆脱这个工作，可是却没有合适的方向。

专家分析

寻找适合自己的职业方向不是一蹴而就的事。小凤遇到的职业发展问题说明她对职业的了解不够，对职业认知不多。职业认知是指个人对职业世界的认识与了解。在校大学生在就业前一定要先了解职业与职位，只有提前熟悉了职业世界，才有可能寻找到适合自己的企业和职业。

环境认知是生涯发展与职业准备规划中认知环节的两个重要前提条件之一。这是一个外部条件，但这个外部条件又是能够在很大程度上影响人们一生幸福感的重要条件。它既包括外部生存的城市、工作单位等硬性条件，也包括生存的时代、制度、政策、人脉圈等软性条件。比如说，每个大学生所处的家庭环境不同；不同的大学其校园环境也不同；生活的不同城市也有不同的城市文化、传统和政治经济环境；所处的时代也有明显的时代特征；所处时代中的行业、企业和职业也在不断地发生变化等。这些都是在大学生进行自我规划之前，必须了解的。

第一节　环境认知的内容

与自我认知一样，环境认知也需要分阶段进行。因此，为了便于大学生更好地认知环境，我们按家庭环境、校园环境、所在城市环境、专业背景、职业背景、社会环境等分别进行介绍。当然，这里不可能做很全面、系统的描述，只能抛砖引玉，给出框架，学生们可以根据不同阶段的认知需求，补充各自所需的环境认知内容。

一、家庭环境

家庭环境，包括父母亲的职业、家庭经济情况和亲友圈，会对我们做生涯规划产生一定的影响。如某大学生的父母亲有一定社会地位、经济实力雄厚，那么他的人生道路可能在更大程度上依赖父母的安排，在求职、深造等方面就便利一些，他的奋斗历程也可能因此轻松一些。普通家庭的大学生，尤其是农村来的孩子，其父母亲可能没有什么可以利用的资源，但为人子女又有赡养父母的义务，所以在毕业的出路方面可能要考虑得更现实一些。比如，有不少同学放弃升学的道路，不得不选择早日参加工作，以减轻家庭负担，回报社会。某公司有位大学毕业生，其家庭经济情况比较差，该学生每月一千五百元的工资收入，给父母三五百元，自己存五百元，每月省吃俭用就花几百元钱。而对于有些人，这样的收入连养活自己都不够，工作了还找家里要钱。

父母不可以选择，但未来的路是可以选择的。不管家庭环境如何，只要大家努力，一定会前途光明。

二、校园环境

对于大学生来说，利用好校园资源很关键。因为你要在这个校园度过三年的大学生活，所以你越早熟悉越好。大一学生可以和寝室兄弟或同班同学拿上学校地图，花一周时间把学校转个遍，先从了解学校历史开始，再按照学校的区域布局把教学楼、食堂、图书馆、家属区等地方都了解一下，尤其是大家私底下吹捧的地方都要了解清楚。只有了解了校园的设施与历史，才能更好地融入校园文化，同时也为自己下一步的校园生活带来便利。

（一）校园硬件

校园硬件包括图书馆、教室、实验室、机房、食堂、超市、银行、邮局、运动场、报告厅等。校园硬件环境是学生入校后要尽快熟悉的环境，大学的教室不同于中学，有的时候是按课程安排教室，不像中学时按班级安排教室，不是教师找教室，而是学生找教室，往往有些学生因找不到教室而缺课，这种情况要尽量避免发生。另外，图书馆是大学生大学期间最常去的地方，在这里受益最多。因此，图书馆是大家最应该熟悉的地方。

（二）校园文化和学校历史

校园文化包括校训、校歌、校园弘扬的精神等。如清华大学的校训是“自强不息、厚德载物”。这些反映了学校的创办宗旨和方向，是校园人受教育的内容之一。从建校史可以看出学校创办过程中所走过的路，让我们更懂得作为学校的一员应该为学校的建设和发展做出什么样的贡献，怎样成为一名能够写入学校发展史的校友。

（三）室友、班友、校友、老乡

新生入学，最希望能找到自己熟悉的人，这些人中首先就包括接送自己入学的高年级同学，当然，自己寝室的室友、班级的同学，尤其是与自己同来的中学同学以及自己家乡或者中学的高年级同学。这些人可能给自己的大学生活提供较多的帮助。

（四）老师和领导

老师主要包括班主任老师和专业老师。老师对学生的影响是至关重要的。所以，学生要尽可能地主动与老师接触，了解学校的要求和专业要求，积极帮助老师做些力所能及的事情。

（五）社团

选择一至两个社团参加活动是很重要的事情，所以在选择之前要认真研究。

（六）学校就业创业指导中心

这里之所以把学校就业创业指导中心单独列出来，是因为大多数学校都是把就业创业指导中心作为学生的生涯教育课程的主要执行部门。作为专职为学生生涯教育和就业指导服务的机构，学生应该知道它的所在。

三、所在城市环境

所在城市的环境评估

（一）城市环境、人文环境

城市环境是指城市的建设、城市的区域、城市在全国、本省、本市的地位，有什么旅游景区、有什么工业园区、商业区。人文环境指这个城市的市容、市貌、市花、精神文明程度等。

（二）经济发展水平

经济发展水平与该城市对人才的需求相关，因此也与大学生的就业密切相关。这是我们应该重点了解的内容之一。

（三）产业结构及重点相关企业

城市的产业结构是影响不同专业学生就业的重要因素之一，所以对相关专业院校的学生来说，产业结构及重点相关企业是我们在校期间应该了解的信息，而且尽可能地到相关企业去实习和见习。

（四）城市资源的利用

一个城市会有什么资源呢？在回答这个问题前，需要你对所在的城市进行调研，表 3-1 是进行城市调研时需考虑的具体问题。

表 3-1　城市调研项目清单

项　　目	调研结果
城市名称	
城市的地理位置	
城市人口	
城市面积	
城市的地形地貌	
城市的交通情况	
城市的民族分布	
城市活动或民俗特色	

（续表）

项　　目	调研结果
城市的生活质量	
城市的消费环境	
城市的休闲氛围	
城市的居民素质	
城市看待外来人口的态度	
城市主要经济结构	
城市的王牌行业和企业	
城市的三甲医院及特色	
城市的名医及各自的专长	
城市的房价	
城市的历史名人	
城市的风景名胜	
城市的文化古迹	
城市的标志性建筑	
城市的著名小吃	
城市的人均收入	
国家、省市对这个城市的政策和支持	
城市现在的领导	
城市的定位和特色	
城市最近几年的发展战略	

通过以上调研，我相信你会更加了解所在的城市，那么如何利用这个城市的资源呢？我们可以在“衣食住行、生老病死、安居乐业”十二个方面展开对一个城市的利用。

小知识贴士

我国计划十年培养30万名全科医生深入基层

2010年，国家发展改革委、卫生部、中央编办、教育部、财政部、人力资源和社会保障部联合印发了《以全科医生为重点的基层医疗卫生队伍建设规划》（以下简称《规划》）。《规划》提出，到2020年，通过多种途径培养30万名全科医生，逐步形成一支数量适宜、质量较高、结构合理、适应基本医疗卫生制度需要的基层医疗卫生队伍，基本满足“小病在基层”的人力支撑要求。

小知识贴士

近年来，我国基层医疗卫生机构设施条件得到了明显改善，但人才队伍建设相对滞后，数量不足、素质不高、队伍不稳定等问题比较突出，这些已成为制约基层医疗卫生机构进一步改善服务和提高水平的“瓶颈”。有关人士称，《规划》的编制和实施，必将对提高基层医疗卫生服务水平，缓解看病难、看病贵问题，改善城乡居民健康水平发挥重要的作用。

这是我国出台深化医疗卫生体制改革以来采取的又一项重大举措。

根据《规划》，国家将深化面向基层卫生人才培养的高等医学教育改革。根据基层卫生人才需求，调整招生规模和专业结构；实施农村定向免费培养项目，为中西部乡镇卫生院培养全科医生；加强全科医学学科建设，大力培养全科医学师资。

为鼓励和引导医疗卫生人才到基层服务，国家将通过完善代偿学费和助学贷款、提前晋升职称等优惠政策，鼓励和引导高等医学毕业生到基层医疗卫生机构就业。

国家还将通过实施乡镇卫生院招聘执业医师、全科医生特设岗位等项目，招聘优秀医疗卫生人才到基层医疗卫生机构工作，并通过建立健全各类对口支援制度和培训的双向交流机制，实施城市对口支援农村卫生工程，鼓励一批高素质医疗卫生人才到基层服务。

为进一步健全激励机制，用待遇留人，上述规划提出，基层医疗卫生机构实行岗位绩效工资。单位内部绩效工资分配，可采取设立全科医生津贴等方式向全科医生等承担临床一线任务的人员倾斜。对长期在基层工作的卫生技术人员，单位给予工资政策倾斜。

四、专业背景

案例1

沈欣，高考时由父母做主，考入某医学职业学院护理学专业。在这个令人羡慕的学校、专业学习，她却找不到一点乐趣。她想学的是金融学，现在学的护理学不是她的所爱。结果，她整天沉溺于游戏之中，在大一、大二时有六门功课挂科。在她毕业申请出国留学时，由于 GPA 成绩过低，遇到很多阻碍，使她后悔莫及。

案例2

笔者有一次在某校拜访院长时，碰巧有一名新生来找院长换专业。院长因为工作忙，请他在一旁等等。就在他等的几分钟里，笔者问他为什么要换专业，这名同学回答：“不知道！”笔者问了他目前的专业，想换什么专业，然后帮他分析了目前所学专业的优势和就业去向，短短的几分钟、几句话，就让他改变了来院长办公室的初衷，后来还成为本专业的拔尖学生，在专业中他找到了自己的兴趣和爱好。

案例3

当别人拿到大学录取通知书时，都会十分高兴。但胡某自拿到通知书的那一天起，心情就十分郁闷，开心不起来，因为他被“中医系”录取。入校后，他根据自己喜欢与人打交道的特点，定位于毕业后从事人力资源管理的工作，所以，他积极参加学生会，在校期间就注重锻炼和培养自己的管理能力。他在保证专业学习不拖后腿的同时，参与组织了“2008全国十佳大学生年度人物评选”。在这次活动中，不仅该校荣获优秀组织奖，而且其代表队是参加学校之中唯一一所非重点院校获奖代表队，他为学校赢得了荣誉。毕业实习时，他选择了一家从事大学生生涯教育的公司实习，展示了他在这方面的志向和能力。

专家分析

在我们的大学生当中，有相当一部分人在入学之初对自己的专业是不太了解的。其中原因比较复杂：有的是报考志愿完全是由家长做主的，有的是老师推荐的，有的是调剂过来的。有的同学因为对专业不了解，导致厌学、弃学甚至荒废学业。从大学低年级学生挂科现象比较普遍可以反映这一点。处理较好的是能够在学习中逐渐加深对本专业的了解和热爱；也有的按照60分万岁的思想争取完成学业，而尽早选定第二专业学习来发展自我；但也有部分学生不能很好地面对这种情况，会陷入很深的纠结之中。上述种种现象出现在包括知名高校以及毕业班同学在内的大学生之中，因此专业认知不足是一个普遍存在的比较严重的问题。

医学高等教育是我国高等教育的重要组成部分，其专业目标是培养全面发展的高级专业人才，在社会经济发展过程中发挥重要的作用。正确认识医学高等院校教育的性质、特点，专业培养目标、专业的课程设置，有助于帮助学生更好地自我定位、把握人生。专业背景要了解的内容主要包括以下几个方面：

（一）课程设置

本专业有哪些主干课程？这些课程分别在什么时候开设？哪些是基础课程？哪些是专业基础课程？哪些是核心专业课程？哪些需要进一步深化拓展？哪些学科与本学科关联？等等。

目前，医学高等教育基本按照理论教学与实践教学并重的原则，将课程体系分为理论课程体系与实践课程体系，这一课程体系还特别加强了实践教学的环节。而医学高职高专学校与医学本科学校有一个重大的区别就在于高职高专更强调的是动手能力，如果我们的学生能够准确地定位，在提升各种技能上下功夫，相信高职高专医学生可以克服理论基础不扎实的弱点，而成为用人单位的所需人才。

理论课程体系包括公共理论课和专业理论课两部分：公共理论课包括思想政治、体育、大学英语、计算机、大学语文等；专业理论课则分为专业基础课与专业课。以护理专业为例，以解剖、生理生化、护理概论等作为专业基础课，以基础护理、内科护理、外科护理、儿科护理等作为专业课等。

（二）专业教师及学术带头人

本校本专业的优秀教师和学术带头人有哪些？本市本专业相关领域的学科带头人有哪些？有哪些课题？是哪一级的课题？国内本专业领先的学校是哪些？国家级学术带头人有哪些？

（三）专业发展现状及前景

本专业相关学术水平的现状和发展趋势，难点和重点，对国民经济的影响和在社会经济中的地位等。

（四）专业相关杂志和网站

专业相关杂志和网站是我们了解本专业最好的参考工具之一。它可以弥补课堂教学的不足，也可以带来许多可与老师交流的话题，更可以了解自己所学的知识与社会需求之间的差距，所以大学生应该尽早关注。

从不喜欢到情有独钟

五、职业背景

（一）专业与职业的关系

案例

笔者有一次去学校做讲座，在讲课之前，遇见一名大三药学专业的学生。他问我："老师，我是一名药学专业的学生，但我不喜欢药学专业，我喜欢证券？你怎么能帮助我让证券公司录用我？"我了解到他除了已经考取一个证券从业证书之外，没有经过任何的证券从业训练和实习，这对行业准入门槛较高的证券行业来说，确实有一定的难度。因此我建议他充分发挥自己的专业优势，找到自己的专业与打算从事的专业的关联点。

你们能想到药学专业与证券的关联点吗？

大学的学习和生活是为就业做准备的。我们提倡学生自己发现"优势我"，即了解自己的优势，其中也包含自己的专业优势。我们鼓励大家尽量在自己的专业范围内寻找就业方向。因此，本专业与相关行业的关系，相关行业中有哪些著名企业，这些企业有哪些职业与本专业相关，这些用人岗位有什么要求等都是我们在校期间必须了解的。

一个大学生如果仅仅按专业教学计划完成了专业学习，成为一个合格的毕业生，那还不能算是一个胜任所选定的职业要求的人，必须通过自己主动努力才能适应自己所选职业的要求。因此，要考虑所学的专业领域内自己的重点职业方向。

（二）职业准入标准

任何职业都有准入标准。所以按照准入标准去做准备，是我们求职应聘最需要做的事情。现阶段我们的高等教育中存在一些脱离社会需求办学的情况，这给学生就业带来也一定的困难。但作为学生本身，应该尽可能地了解未来打算从事职业的准入标准并积极做好准备，正所谓“机遇垂青于有准备的头脑”。这样才会在求职应聘中过关斩将，一路成功。

医学是自然科学与社会科学相结合的一门科学。因为医学研究的对象是人，人具有两重性：既有生物学属性，又有社会学属性。因此，人的健康和疾病与社会有着密切的关系，甚至有些疾病完全是由社会因素造成的。医学的性质和任务决定了医生的知识结构，医生不仅要掌握人体的结构和功能、疾病的病因和病理变化，还应该掌握环境学、气象学等其他自然科学，更应该了解社会学、人文学、心理学、行为学、哲学等社会科学的知识，这样才能正确地认识人的健康和疾病，从而具有防治疾病的综合能力。

随着经济的发展、社会的进步以及医学模式由单纯的生物医学模式向“生物—心理—社会”医学模式的转变，医学目的的内涵已不再局限于“救死扶伤、治病救人”，而扩展为“除人类之病痛、助健康之完美”，即为提高人类的生命质量提供全方位的服务。医学目的的变化使社会对于医学专门人才的素质要求越来越高。

医疗工作的研究和服务对象是有生命、有尊严、有情感、有需要的人，而不是被分割的机体组织、送检物、病原体、数据和物品。患者不仅需要客观检查，更需要倾诉内心感受和获得精神抚慰。医生当贯彻“以人为本”理念，以患者为本，以生命为本，呵护生命，尊重患者权利，尊重患者人格。这就要求医务工作者和高等医学院校的大学生不仅要有扎实的医学专业知识，还要有一定的人文知识，从心理、社会多方面去对待病人，拥有与人沟通的良好能力。南京医科大学的一项医生问卷调查结果显示，优秀临床医生与普通医生相比，医学人文社会知识掌握水平明显较高，表现出了这一群体的思路更开阔，目光更长远。医学是关于人的健康与疾病的科学与技术，而人具有自然及社会双重属性。所以，人的健康与疾病就不只是自然科学所能认识和解决的，必须涉及社会科学、人文科学。高职高专医学生要想寻求职业上的长远发展，就要在医学实践层面，自觉促进科学文化与人文文化的相互渗透与统一，强化医学高科技的医学人文精神；在医学科学层面，发展和发挥医学科学、医学人文、医学社会的内在相通性，建立一种真正的现代医学精神。

国内外医学教育工作者普遍认为，新时期优秀医务工作者应具备以下几种能力和素质：

(1) 理论与实践相结合的能力。医生需要掌握基本的科学知识及重要的科学概念以指导临床实践，在实践中内化知识，深化理论，有意发现问题，走创业之路。

(2) 获取信息的能力。利用现代化信息手段进行自主学习，只有搜集最新的高质量医学信息，才能不断开拓自己的知识领域，加速自己的知识更新。

(3) 了解社会因素在疾病诊治中作用的能力。疾病与心理、社会、环境等许多非生物因素有关，医生必须了解病人这方面情况，因人而异，制订科学、完善的诊疗计划。

(4) 领悟医学伦理学和职业精神的能力。深刻认识医患之间的特殊伦理关系，尊重病人的隐私、自尊、信仰及价值体系。

(5) 应用循证医学解决医疗问题的能力。循证医学以大宗病历为对象，运用统计分析工具帮助医务工作者更好地为病人制订诊疗对策。

（6）可持续发展的能力。医务工作者应不断认识到自己的局限性和弱点，认识到医生是一个需要付出毕生精力的职业。

六、社会环境

（一）国家政治经济环境

国家的宏观政治经济环境对大学生生涯发展的影响至关重要。党的十八大以来，我国进入社会主义新时代，国家的政治经济环境发生了较大的改变。比如，国家经济从原来的两位数高速发展，过渡到更高质量的中高速发展；国家的产业政策正在进行去杠杆、减库存等结构性调整；国家的政治环境也持续维持在反腐倡廉的高压之中，政治生态环境得到改善；高校人才培养从过去那种只重技术知识传播，过渡到培养"德智体美劳"全面发展的社会主义接班人的道路上来……这一切，对大学生的生涯发展产生了重大的影响。就医学生来说，国家政治经济环境的变化除了《国家经济社会发展十三五规划》等公共政策的出台之外，还集中体现在与医学和健康相关的相关政策和健康产业领域的变化，具体包括以下几个方面：

1. 政策环境

（1）放开二胎政策。2015 年 12 月 27 日，第十二届全国人民代表大会常务委员会第十八次会议审议通过了《关于修改〈中华人民共和国人口与计划生育法〉的决定》，决定将第十八条第一款分为两款，作为第一款、第二款，第一款修改为："国家提倡一对夫妻生育两个子女"，自 2016 年 1 月 1 日起执行，说明延续几十年的计划生育政策发生改变。这一政策的改变，给各行业带来巨大的冲击和机会。比如，妇产科、儿科医生的需求增加，病床数需求增加、医院的压力增大等；婴幼儿用品、教育培训等需求增加。

（2）健康产业发展政策。2016 年，国务院发布《健康中国 2030 规划纲要》，重点为推进健康中国建设，提高人民健康水平做出总体布局。健康产业作为未来社会的一个大的产业受到空前的关注，这也给关注和愿意投身大健康产业的医学生们提供了新的发展机会。

（3）人口老龄化规划。目前，我国 60 岁以上老年人口已经达到 2.3 亿，老年身体健康和心理关怀成为社会的一大工程。"银发经济"成为一个新的经济名词。

（4）医改规划。我国医疗体制改革进入深水区，医药全面分开已经实施。过去以药养医的模式正在被颠覆。国家调整了医疗改革制度，注重民办医疗机构的设立。公立医院数量已经低于民营医院数量，所以，民营医院也正在成为医学生毕业后的重要出路之一。

（5）基层医疗发展。社区医疗和农村医疗网点的建设也日益受到重视，所以社区医疗单位和农村卫生医疗单位是未来医学院校毕业生就业的主要去处。

（6）互联网＋医疗。互联网以及移动互联网技术快速发展，尤其是 5G 的发展，更给医疗行业互联网化提供了机会。互联网＋医院、医疗机器人、互联网＋医疗服务等已经成为常态。医学生掌握互联网知识和技术成为必要。

2. 经济环境

现代卫生服务形式为医学生就业提供了广阔的舞台。随着社会的进步，人民生活水平的提高，生活质量和生命健康更加受到重视，医疗服务的价值将进一步突显。社区服务、全科医生、家庭护理、计划生育以及临终关怀等现代卫生服务形式将随之出现。这些都为医学毕业生就业提供了广阔的舞台。

医学相关行业的飞速发展是医学毕业生就业的新天地。随着社会主义市场经济的深入发展，许多与人的生命、健康、体育、康复有关的预防、保健、咨询、经营、推销、审核等单位将蓬勃兴起。事实上，在药品推销、医疗保险、医疗咨询、医疗器械推广等方面的成功人士，不乏大量的医学毕业生。

医学模式的转变，医学人文学科需要医学人才参与学科建设。医学模式由传统的生物医学模式向生物—心理—社会医学模式转变过程中，医学与其他学科产生了交叉和融合。整个社会对医学社会学、医学法学、医学经济学、医学美学、医学心理学和医学伦理学等学科的人才需求量将大大增加。这些学科的建设和发展需要大量医学的高级人才，医学毕业生自然是首选对象。因此，医学生需要转变就业观念以适应新的就业机会。

医学毕业生应对社会现实有充分的认识和思想准备，放眼未来，树立“行行建功、处处立业”的观念，以良好的心态走入社会，踊跃到基层锻炼，踏踏实实从小事做起，实现阶段性就业，在工作中磨炼意志，增长知识，提升能力，积累经验，明确自己的职业定位，寻求更大的发展空间。

（二）国家产业政策

1. 健康产业发展政策

健康产业是指以医疗卫生和生物技术、生命科学为基础，以维护、改善和促进人民群众健康为目的，为社会公众提供与健康直接或密切相关的产品（货物和服务）的生产活动集合。它包括医疗卫生服务，健康事务、健康环境管理与科研技术服务，健康人才教育与健康知识普及，健康促进服务，健康保障与金融服务，智慧健康技术服务，药品及其他健康产品流通服务，其他与健康相关服务，医药制造，医疗仪器设备及器械制造，健康用品、器材与智能设备制造，医疗卫生机构设施建设，中药材种植、养殖和采集等 13 个大类、52 个种类、92 个小类及 1 000 多个种类。

健康中国 2030 规划目标：

（1）人民健康水平持续提升。人民身体素质明显增强，2030 年人均预期寿命达到 79.0 岁，人均健康预期寿命显著提高。

（2）主要健康危险因素得到有效控制。全民健康素养大幅提高，健康生活方式得到全面普及，有利于健康的生产生活环境基本形成，食品药品安全得到有效保障，消除一批重大疾病危害。

（3）健康服务能力大幅提升。优质高效的整合型医疗卫生服务体系和完善的全民健身公共服务体系全面建立，健康保障体系进一步完善，健康科技创新整体实力位居世界前列，健康服务质量和水平明显提高。

（4）健康产业规模显著扩大。建立起体系完整、结构优化的健康产业体系，形成一批具有较强创新能力和国际竞争力的大型企业，使其成为国民经济支柱性产业。

（5）促进健康的制度体系更加完善。有利于健康的政策法律法规体系进一步健全，健康领域治理体系和治理能力基本实现现代化。

具体的健康中国建设指标，见表 3-2。

表 3-2　健康中国建设主要指标

领域	指标	2015 年	2020 年	2030 年
健康水平	人均预期寿命（岁）	76.34	77.3	79.0
	婴儿死亡率	8.1‰	7.5‰	5.0‰
	5 岁以下儿童死亡率	10.7‰	9.5‰	6.0‰
	孕产妇死亡率（1/10 万）	20.1	18.0	12.0
	城乡居民达到《国民体质测定标准》合格以上的人数比例	89.6%（2014 年）	90.6%	92.2%
	居民健康素养水平	10%	20%	30%
	经常参加体育锻炼人数（亿人）	3.6（2014 年）	4.35	5.3
	重大慢性病过早死亡率	19.1%（2013 年）	比 2015 年降低 10%	比 2015 年降低 30%
健康服务与保障	每千常住人口执业（助理）医师数（人）	2.2	2.5	3.0
	个人卫生支出占卫生总费用的比重	29.3%	28%左右	25%左右
健康环境	地级及以上城市空气质量优良天数比率	76.7%	＞80%	持续改善
	地表水质量达到或好于Ⅲ类水体比例	66%	＞70%	持续改善
健康产业	健康服务业总规模（万亿元）	—	＞8	16

2. 医药产业发展政策

医药产业是支撑发展医疗卫生事业和健康服务业的重要基础，是具有较强成长性、关联性和带动性的朝阳产业，在惠民生、稳增长方面发挥了积极作用。大力发展医药产业，对于深化医药卫生体制改革、推进健康中国建设、培育经济发展新动力具有重要意义。当前，全球医药科技发展突飞猛进，医药产业深刻调整变革，人民群众健康需求持续增长，对医药产业转型升级提出了迫切要求。预计到 2020 年，医药产业创新能力明显提高，供应保障能力显著增强，90%以上重大专利到期药物实现仿制上市，临床短缺用药供应紧张状况有效缓解；产业绿色发展、安全高效，质量管理水平明显提升；产业组织结构进一步优化，体制机制逐步完善，市场环境显著改善；医药产业规模进一步壮大，主营业务收入年均增速高于 10%，工业增加值增速持续位居各工业行业前列。

（1）促进创新能力提升。加大科技体制改革力度，完善政产学研用的医药协同创新体系。加强原研药、首仿药、中药、新型制剂、高端医疗器械等创新能力建设，优化科技资源配置，打造布局合理、科学高效的科技创新基地。运用数据库、计算机筛选、互联网等信息技术，建设医药产品技术研发、产业化、安全评价、临床评价等公共服务平台。积极发展众创空间，大力推进大众创新创业，培育一批拥有特色技术、高端人才的创新型中小企业，推动研发外包企业向全过程创新转变，提高医药新产品研制能力。

（2）推动重大药物产业化。继续推进新药创制，加快开发手性合成、酶催化、结晶控制等化学药制备技术，推动大规模细胞培养及纯化、抗体偶联、无血清无蛋白培养基培养等生物技术研发及工程化，提升长效、缓控释、靶向等新型制剂技术水平。以临床用药需求为导向，在肿瘤、心脑血管疾病、糖尿病、神经退行性疾病、精神性疾病、高发性免疫疾病、重大传染性疾病、罕见病等领域，重点开发具有靶向性、高选择性、新作用机理的治疗药物，重点仿制市场潜力大、临床急需的国外专利到期药品。加快新型抗体、蛋白及多肽等生物药研发和产业化。完善疫苗供应体系，积极创制手足口病疫苗、新型脊髓灰质炎疫苗、宫颈癌疫苗等急需品种及新型佐剂。针对儿童用药需求，开发符合儿童生理特征的新品种、剂型和规格。开展临床必需、用量小、市场供应短缺的基本药物定点生产，加强其生产能力建设和常态化储备，满足群众基本用药需求。

（3）加快医疗器械转型升级。重点开发数字化探测器、超导磁体、高热容量X射线管等关键部件，手术精准定位与导航、数据采集处理和分析、生物三维（3D）打印等技术。研制核医学影像设备PET-CT及PET-MRI、超导磁共振成像系统（MRI）、多排螺旋CT、彩色超声诊断、图像引导放射治疗、质子/重离子肿瘤治疗、医用机器人、健康监测、远程医疗等高性能诊疗设备。推动全自动生化分析仪、化学发光免疫分析仪、高通量基因测序仪、五分类血细胞分析仪等体外诊断设备和配套试剂产业化。发展心脏瓣膜、心脏起搏器、全降解血管支架、人工关节和脊柱、人工耳蜗等高端植介入产品，以及康复辅助器具中的高端产品。积极探索基于中医学理论的医疗器械研发。

（4）推进中医药现代化。开展中药、民族药及其临床应用技术标准研究，加强中药材种植（养殖）培育技术标准制定，建立中药药材标准体系，加强对中医药领域的地理标志产品保护。开展中药材良种繁育和现代种植（养殖）、生产技术推广，在适宜地区建设规范化种植（养殖）、规模化加工一体化基地。加快建立中药材资源动态监测体系，开展野生中药材资源利用的生态环境影响评估。加强中药材、中药的生产、流通及使用追溯体系建设，提高中药产品质量和安全水平。开发现代中药提取纯化技术，研发符合中药特点的黏膜给药等制剂技术，推广质量控制、自动化和在线监测等技术在中药生产中的应用。在中医药优势治疗领域，推动经典名方二次开发及应用，研制一批疗效确切、安全性高、有效成分明确、作用机理清晰的中药产品。加强民族医药理论研究，推动藏药、维药、蒙药、傣药等民族药系统开发，提高民族医药医疗机构制剂水平，创制具有资源特色和疗效优势的新品种。

(三) 行业的发展趋势和就业情况

每一个专业都有许多相对应的行业可以作为职业发展的选择。在你决定去哪个行业发展之前，当然要首先了解该行业的发展趋势，这可从该行业的五年规划中找到答案。每个行业的就业形势分析也是我们应该重点了解的内容。

1. 医疗卫生行业现状及分布

截至2018年11月底，全国医疗卫生机构数达100.0万个，与2017年11月底比较，全国医疗卫生机构增加11 217个，其中：医院增加2 182个，基层医疗卫生机构增加12 173个，专业公共卫生机构减少3 094个。

截至2018年11月底，医院数达3.2万个，其中：公立医院12 072个，民营医院20 404个。与2017年11月底比较，公立医院减少109个，民营医院增加2 291个。

基层医疗卫生机构95.0万个，其中：社区卫生服务中心(站)3.5万个，乡镇卫生院3.6万个，村卫生室63.0万个，诊所(医务室)22.8万个。与2017年11月底比较，社区卫生服务中心(站)和诊所增加，乡镇卫生院和村卫生室减少。

专业公共卫生机构1.9万个，其中：疾病预防控制中心3 469个，卫生监督所(中心)3 141个。与2017年11月底比较，疾病预防控制中心减少12个，卫生监督所(中心)增加9个，其他机构约0.3万个(表3-3)。

各地区医疗卫生机构数见表3-4。

表3-3 全国医疗卫生机构数(个)

		2017年11月底	2018年11月底	增减数
医疗卫生机构合计		993 264	1 004 481	11 217
一、医院		30 294	32 476	2 182
按经济类型分	公立医院	12 181	12 072	−109
	民营医院	18 113	20 404	2 291
按医院等级分	三级医院	2 311	2 498	187
	二级医院	8 285	8 806	521
	一级医院	9 632	10 477	845
未定级医院		10 066	10 695	629
二、基层医疗卫生机构		937 810	949 983	12 173
#社区卫生服务中心(站)		34 422	35 051	629
#政府办		17 965	17 809	−156
乡镇卫生院		36 639	36 469	−170
#政府办		36 152	35 999	−153
诊所(医务室)		212 054	227 930	15 876

（续表）

	2017年11月底	2018年11月底	增减数
村卫生室	637 814	629 522	−8 292
三、专业公共卫生机构	22 335	19 241	−3 094
#疾病预防控制中心	3 481	3 469	−12
妇幼保健机构	3 071	3 079	8
专科疾病防治院(所、站)	1 193	1 165	−28
卫生监督所(中心)	3 132	3 141	9
计划生育技术服务机构	10 365	7 270	−3 095
四、其他机构	2 825	2 781	−44

注：#系其中数。

表3-4　2018年11月底各地区医疗卫生机构数

	医院	基层医疗卫生机构	专业公共卫生机构	其他机构	合计
北　京	645	9 525	109	125	10 404
天　津	419	5 175	96	68	5 758
河　北	2 045	82 500	762	70	85 377
山　西	1 378	41 315	457	70	43 220
内蒙古	808	23 369	493	69	24 739
辽　宁	1 358	34 028	763	184	36 333
吉　林	730	21 083	406	134	22 353
黑龙江	1 107	18 525	750	48	20 430
上　海	358	4 700	108	98	5 264
江　苏	1 836	30 248	887	303	33 274
浙　江	1 262	30 713	399	199	32 573
安　徽	1 127	22 844	640	104	24 715
福　建	631	26 444	456	67	27 598
江　西	707	35 159	742	66	36 674
山　东	2 581	77 496	1 221	202	81 500
河　南	1 794	68 133	1 663	218	71 808
湖　北	984	35 161	541	90	36 776
湖　南	1 367	55 884	920	53	58 224
广　东	1 524	48 852	1 218	143	51 737
广　西	616	32 328	1 327	33	34 304

（续表）

	医院	基层医疗卫生机构	专业公共卫生机构	其他机构	合计
海　南	222	5 020	116	9	5 367
重　庆	793	19 169	152	35	20 149
四　川	2 359	78 882	699	68	82 008
贵　州	1 306	26 603	350	32	28 291
云　南	1 260	22 947	528	46	24 781
西　藏	154	6 541	142	2	6 839
陕　西	1 178	33 984	751	102	36 015
甘　肃	581	26 172	1 550	119	28 422
青　海	214	5 981	179	4	6 378
宁　夏	222	4 064	90	10	4 386
新　疆	910	17 138	726	10	18 784
总　计	32 476	949 983	19 241	2 781	1 004 481

2. 医药类毕业生就业形势

（1）不同专业的学生之间就业形势差异较大。社会对医学类毕业生的需求有不同的倾向：临床医学类、护理学人才就业形势较好；药科类毕业生的就业前景普遍看好，总体上是供小于求，各医药公司、制药厂是吸收这类毕业生的大户，制药业对人才的需求是稳中有升；另外，医药领域的贸易、经销、检验和医药信息管理等专业对技术人员的需求也将会增加。据中国执业药师协会秘书长张淑芳介绍，我国至少还需要 100 万名执业药师。

（2）不同地区毕业生的差异也比较大。不仅具体专业之间存在差别，而且地区性的差别也比较大，这与其经济的发达程度有着密切关系。经济越发达的地区对毕业生的需求反而越小，这主要是因为经济发达地区的医疗事业起步早，发展比较成熟稳定，特别是这些城市的公立医院基本上人才已经饱和，每年新进的人才很少。中小城市因为医疗事业正处于不断进步发展的阶段，对人才的需求量则相对较大。

（3）学生与用人单位之间的需求有差异。医学专业的学生毕业后大都想进入大医院工作，主要看中了大医院的先进条件和更多的专业培训机会，有利于自身的发展。但是，越是公立的大医院其人员流动性越小，加之竞争的激烈，刚毕业的学生很难有机会进入。此外，临床类的工作不仅注重能力，而且非常重视实际的操作经验，越是知名的医院自然越看重这一点，这对毕业生来说也是一个不利的因素。大医院对学生的学历非常重视，三甲医院一般都需要硕士学位以上医学毕业生，这也限制了本科及以下学历的学生求职。

（4）关注民营医院，医药学毕业生不要过于局限求职范围。公立医院虽然条件比较好，但要求也比较高，而且有限的职位也未必适合自己。民营医院正处在上升发展的阶段，能够提供更多的职位，待遇方面也更加市场化一些，比较灵活。例如，上海是我国民营医院数量最多的城市，可以成为毕业生一个很好的就业渠道选择。

医生这个职业，新人需要更多实践的锻炼，这个过程会比较长。毕业生进小医院可能没有大医院那么好的培训条件，但可以有更多实际操作的机会，对丰富经验、启迪思维都有很好的帮助。在积累了一定的专业工作经验，自身的能力有所提升之后，可以寻求机会进入大医院，得到进一步的发展。

（5）医药产业地人才需求持续高涨。医药产业对药学人才的需求正在增加，本专业的大学生就业率高达95%。制药业发展较快，尤其是生活水平提高以后，人们对保健品的需求也在增大，相关企业同样青睐药学人才。

（6）生物产业对人才的需求逐年增加。生化药品是一个新兴产业，也是一个尖端的行业，发展前景看好。

有数据显示，药学在世界各大经济领域都是发展最快的门类之一，医药产业的年经济效益增长率已经高于国家的经济增长速度。由于它关系着每个人的健康，越来越受到国家和社会的重视。我国的药学事业近几年的发展也非常迅猛，许多药品都得到了国际市场的认可，药企也与外国企业建立了合作关系，但专业人才稀缺，这表明药学专业有很广阔的发展前景。

从事药品开发、研究的职业，对专业能力的要求非常高，相应地对学历等各个方面的要求也会比较高。

从事生产质量保证等工作，对学历的要求没有那么高，但对相关专业知识的要求依然是很严格的。比较之下，销售工作对专业要求要低一些，更侧重销售能力。找工作不仅要看专业，还要根据自身条件来选择，应该考虑到自身的能力、特长和性格特点，热门职业未必适合自己。同时不要因为药品研发行业待遇高就只瞄准相关职位，而应该衡量自己各个方面的能力是否符合要求，再对这个职业所具体从事的工作做一个初步的了解，最终做出正确的判断和选择。

从医药卫生发展的角度看，随着人们对生活水平的要求日益提高，医疗保健成为关注的热门。但是与发达国家相比，我们的医疗资源人均占有量还十分低，医生护士总量严重不足，人力资源需求强烈。但是由于种种特殊情况使得医学生的就业形势与目前宏观发展的表现恰恰相反。

第二节　环境认知的途径

一、查阅文献

将个人希望了解的职业方向（或职业群），通过网络、书籍、期刊及有关声像资料，进行初步查阅;选定各种典型职业,进一步对其入门所需的基本条件,如学历、资格证书、身体条件等进行查阅;通过查阅使自己对做好职业工作所需要的知识、技能、生理条件及个性特征有一个初步的认识,对该职业的生存环境、发展前途以及个人循此发展可能取得的职业成就等形成初步印象。

二、向学长和老师咨询

学长和老师是我们认知环境的重要途径。不论是校园环境,还是城市环境;不论是专业背景还是职业要求,学长和老师都可以为我们提供更加详细准确的信息,有助于我们认知环境。

三、借助媒体

现代社会,媒体无所不能,信息非常丰富。从媒体上,我们可以了解国际国内政治经济形势,了解某一领域或区域的经济发展状况和政策,了解各行各业的发展动态,了解某个企业甚至产品的市场情况,所以充分利用媒体去初步了解相关信息是十分重要的。

四、见习和实习

当代大学生缺乏社会实践,对社会的认识不多,所以必须鼓励大学生尽量多地参加社会实践活动,尤其是与专业或就业有关的见习和实习。在见习和实习中,大学生们不仅可以了解社会,更可以检验自己所学专业知识与现实工作的吻合度,可以发现自己所学知识与现实工作之间的差距;在见习和实习过程中,我们还可以巩固所学的知识,并且可以提升职业技能;在见习和实习中,我们可以增加自己对环境的认知程度。因此,见习和实习是我们认知自我和认知环境的重要途径。

五、职业体验

大学生职业体验是通过短期实习、参观和见习活动来认知环境的有效方式。通过职业体验能使大学生对企业的运行模式和企业文化有更多直观的认识,同时了解企业对人才成长素质的要求。

(一) 职业体验的意义

职业体验的目的和方法

(1) 通过对职业的亲自体验,让学生了解目标行业的发展现状和前景,明确自己的发展目标,为自己的人生规划提供科学依据。

(2) 帮助学生更好地将理论与实践相结合,强化专业知识学习,提高专业素养。

(3) 为学生创造提前与用人单位接触的机会,有利于用人单位和学生的相互熟悉,加深了解,增强学生就业能力。

（二）大学生职业体验活动的流程

（1）确认准备体验的工作岗位。

（2）查找体验单位信息。

（3）联系体验单位。

（4）确定体验时间。

（5）体验过程(记住要拍工作照)。

（6）撰写体验报告。

（三）职业体验报告内容

（1）体验单位的名称及详细的体验时间、地点，体验目的。

（2）具体体验过程及描述。

（3）专题报告结论、建议、心得体会，或是你在此次实践中感到不足的部分。

（4）体验活动的相关证明材料。

（四）职业体验报告范例

职业体验报告

我是一名临床医学专业的学生，去年寒假，根据老师的要求，我回家乡一所医院进行了为期两周的医生职业体验。本次职业体验的目的：了解医院的工作环境和工作性质，了解医生岗位所需的专业知识和道德要求。

医院是一个救死扶伤的地方，在那里充满着其特有的气息。每一位医生和护士都是在紧张而有序地忙碌着。

我首先被医院医务科的老师带到门诊急诊科，进行两天的门急诊工作体验。急诊科是医院的窗口，负责 24 小时不间断地接待内外科急诊病人。常见病种包括高热、急性疼痛、急性心脑血管病、急性中毒、急性消化系统出血及各种出血症等。我去的时候，刚巧来了一位农药中毒的农村妇女，带教老师在向家属询问病情后，立即进行了一系列的处理，包括：注射阿托品、解磷定，插胃管清洗胃部等。我观察到：老师在询问病史时，特别注意了服药的品种、时间和患者平时的血压等情况；在注射阿托品时，我也了解到初期要大剂量的使用，以尽快达到阿托品化；在清洗胃部时，我观察到老师用的是清水，每次都是先抽取胃内容物，再灌入清水。经过一个多小时的抢救，患者终于脱离了危险。带教老师方才擦擦头上的汗水，露出了笑容。接下来，带教老师让我注意观察患者的脉搏、瞳孔、口渴和出汗情况，并告诉我去阅读相关的书籍。我翻阅了《农药中毒的救治》，进一步了解到有机磷农药的种类、中毒表现和救治办法。我了解到阿托品和解磷定各自的药理机制，更了解到农药中毒病人在救治后容易出现反跳的情况，所以我更加认真地观察患者的表现，及时向老师汇报。第二天，我也是一直在关注这个患者，尽管她身上散发出农药中毒病人身上特有的味道，但我从中体会到了快乐。医生用自己的专业知识和高超技能，把一个人从死亡线上拉了回来，这让我感到医生真是一个很高尚的职业。

结束了在门诊急诊科两天的短暂体验，第三天我来到了住院部心血管科。早八点，全科所有的医生护士在医生办公室进行交接班。这是晚班医生护士向全科人员交接全病区所有病人头天晚上情况的例会。在会上，首先由晚班护士介绍了本科病危病人晚上的表现，介绍了前一天晚上新入院的一个肺心病病人；接着，晚班医生介绍了新入院病人的症状、检查结果、初步诊断意见和处理办法，另外有些检验报告还没有结果，提请主管医生注意。交接班后，医生分组对自己的病人进行查房，护士则各自回到自己的岗位，准备执行医嘱。我重点去看了新来的那位肺心病病人，一位60多岁的男性患者，既往有抽烟史、慢性支气管炎史，每逢冬季都会发病，发病时胸闷、气逼，不能平卧，非常痛苦。我给他做了体检，体验到了什么是过清音，也学到了心界扩大的叩诊方法。结合临床病例，我又去看书上对肺心病的描述，思考着如何处理这种病例。

在这里，我还协助护士做了一些临床护理工作：比如，心导管术后病人的护理，这是我们书上没有介绍过的内容。心导管术是近一二十年来发展迅猛的一门新技术，挽救了许多人的生命。但是，有关术后护理的内容在教材中未能体现，反映出我们的教材有些落伍。我体会到，医生这个职业是需要终生学习的，我今后一定要注意相关专业知识的学习和更新。

第五天，我首先去了检验科。检验科有许多新设备，比如，大便常规、小便常规、生化全套等，技术的发展使一滴血、一滴尿诊断疾病成为可能。接着，我又去了放射科，这里有先进的CT、磁共振，特别是螺旋CT，可以把原来需要造影才能发现的问题，通过扫描就可以发现，减少了病人检查时的痛苦。这些科室让我感叹科技的发展对医学的贡献。

这次的短暂体验，让我感悟到医生职业的崇高和伟大。作为一个医学工作者，首先应该有高尚的品格；其次，需要有高深的专业知识和技能，而且还要能够明察秋毫、细致入微，能够亲切和蔼、善于交流和沟通，有时还要具备一定的语言技巧。我感到了自己的不足，也体会到了医生的责任和艰辛。这迫使我思考，毕业后从事内科临床工作，还是去其他临床科室。这是我在大学期间剩余的两年时间里要做的选择。我相信，通过短短一周的职业体验，对未来的工作性质和内容有了一定的了解，有助于自己制订更加合理的生涯发展与职业准备规划。我感谢这次体验！

六、生涯人物访谈

生涯人物访谈是通过与一定数量的职场人士（尤其是自己感兴趣的职业的从业人员）交谈而获得关于某一个自己打算进入的行业、职业或企业信息的一种职业探索活动。

（一）生涯人物访谈的意义

通过生涯人物访谈，一般可以了解该行业或企业的相关信息，了解该职业的岗位要求及薪酬标准、发展空间等，进而可以作为自己是否进入本领域的重要参考；访谈也可以检验自己是否真的对这项工作感兴趣。这实际上是一次简捷、快速的职业体验，也是大学生了解职业的一个好方法。具体而言，生涯人物访谈有以下意义：

(1) 明确职业生涯目标；

(2) 扩大职业人际关系网；

(3) 树立工作面试的信心；

(4) 了解企业内部的组织管理模式，获取最新的职业信息；

(5) 了解自己专业优势和职业能力的差距，更好地认知自己的职业能力。

(二) 生涯人物访谈的主要内容

为了能更全面地了解职业相关信息，我们在做生涯人物访谈时，既要理解相关职业的客观要求，又要想办法了解从业者的主观感受。以下是一份生涯人物访谈内容清单(表 3-5)，分别从职业的客观要求和从业者的主观感受两个方面获取信息。

表 3-5 生涯人物访谈内容清单

职业需求方面	生涯经验方面
工作性质、任务或内容	个人的教育经历和工作经验
工作环境、工作地点和工作时间	选择从事该职业的原因
职业所需个人学历、资格、技能或经验	职业发展历程
收入或薪资范围以及各项福利	工作心得：乐趣和困难
职业的相关就业机会	对工作的个人看法
进修和升迁机会	取得良好工作业绩的方法
组织文化和规范	对未来职业发展的设想
职业未来发展前景	对职业新人的建议

(三) 生涯人物访谈的方法

当你决定要进行生涯人物访谈时，你可以按照以下的方法进行，将生涯人物访谈分为七个步骤进行(图 3-1)。

第一步，确定访谈的内容。你首先要明确通过访谈想了解什么内容，是行业、企业方面的信息，还是职业、职位方面的信息。这就需要先对自己的职业发展方向有个大致的了解，在此基础上确定自己的职业探索内容。

第二步，寻找访谈的对象。通过老师、家人、校友等的推荐找到这些被访谈者，也可以按照自己的志愿去主动寻找他们，还可以通过网络社区、辅导网站、专家博客等网上途径去

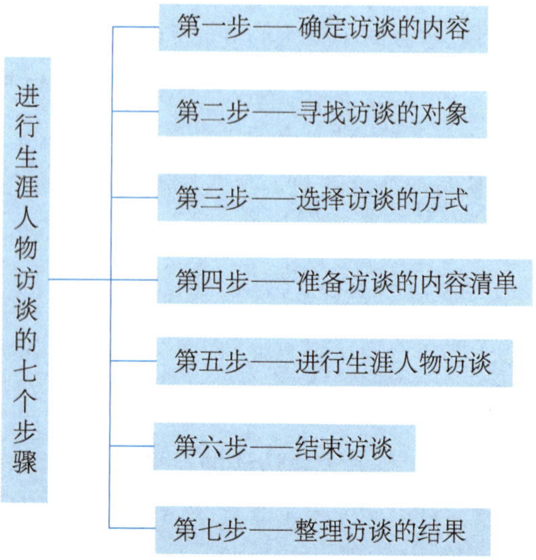

图 3-1 进行生涯人物访谈的七个步骤

寻找到访谈对象。

第三步，选择访谈的方式。生涯人物访谈的形式包括面对面访谈、电话访谈和书面访谈（通过电子邮件、微信、QQ、网上专题答疑节目、专家博客）等。

第四步，准备访谈的内容清单。为了提高访谈效率，需要认真做好访谈前的准备，提前制作访谈内容清单。

第五步，进行生涯人物访谈。如果是面谈的话，一定要守时，不要浪费对方的时间。

第六步，结束访谈，并表示感谢。访谈结束时，要礼貌地表示感谢，可以赠送一些自己的作品、所学专业的宣传资料或小礼物给对方；在访谈结束后一天之内，发一个短信表示感谢，或者写一封感谢信给被访谈者，并简要说明自己的访谈收获。

第七步，整理访谈的结果。访谈结束后，要及时整理、分析和归纳访谈记录，并确定是否要进行后续或其他的访谈。

（四）生涯人物访谈的注意事项

（1）要根据访谈的内容确定不同的访谈对象，而且每个职业领域的生涯人物应结构合理，既有初入职场的人士，也有工作了一定年限的中高层人士。

（2）在预约被访者之前要做好充分的准备。电话联系时还应备好纸和笔，以备临时电话采访；电话联系时一定要有礼貌，时间一般控制在 3 分钟以内。

（3）要根据不同的访谈对象和内容设置不同的访谈内容清单。在正式访谈前，对生涯人物的信息掌握得越全面越好，姓名、职务和联系方式是必须要了解的。对于可以在生涯人物的讲话、文章或者大众传媒、单位网页上获得的信息要尽可能地收集。访谈清单详见表 3-6。

表 3-6　不同访谈对象的访谈清单

访谈对象	访谈内容
人力资源部相关工作人员	1. 在您的企业中，从事这一职业需要具备哪些基本职业素质？例如，个人性格特点、个人兴趣爱好、职业道德修养等。 2. 在您的企业中从事这一职业需要具备哪些专业知识、技能和经验？ 3. 您的企业对应聘这一职业的应届大学毕业生有哪些具体的要求？ 4. 请您评价一下从事这一职业的往届大学毕业生的工作现状
从事该职业的在岗员工	1. 在您的企业中，从事这一职业需要具备哪些基本职业素质？例如，个人性格特点、个人兴趣爱好、职业道德修养等。 2. 在您的企业中从事这一职业需要具备哪些专业知识、技能和经验？ 3. 请您谈谈在从业过程中，您遇到了哪些具体的问题和困难。例如，岗位技能、人际关系、个人待遇等
从事该职业的往届毕业生	请您谈谈在您工作中遇到过哪些问题和困难。例如，岗位技能、个人待遇、与同事的关系等方面

（4）如果是面谈的话，一定要守时，不要浪费对方的时间；面谈前征求生涯人物的意见，视情况对谈话进行录音录像或文字记录，提问要灵活变通，可以适当增加或减少一些提问的问题，不要按照清单顺序机械地提问；尊重被访谈对象的感受，当涉及年龄、职务、收入、家庭等敏感话题时，要斟酌措辞；注意观察被访谈者的工作环境，感受真实的工作氛围。

（五）生涯人物访谈提纲(供参考)

1. 您是如何找到这份工作的？
2. 就您的工作而言，您最喜欢什么？最不喜欢什么？
3. 您的职位是什么？您的主要职责是什么？
4. 从事此行业的人做些什么？
5. 工作地点一般在哪里？
6. 在行业内，先从什么样的工作岗位做起能学到最多的知识，最有益于发展？
7. 工作场所性质有哪些特征？
8. 您每天都做些什么工作？
9. 您在做这份工作时，日常面临的问题是什么，哪些最有挑战性？
10. 个人的主要成就是什么？最成功的是什么？
11. 在这个职位上，如果想获得成功必须拥有并保持什么样的能力？
12. 目前还缺乏的必须改进的能力有哪些？怎么改善他们？
13. 在您的组织中，能够将在同一个岗位上的成功和不成功区别开来的行为是什么？
14. 您认为做好这份工作应该具备哪些知识、技能和经验？
15. 目前，行业内要求从事这份工作的人应该具备什么样的教育和培训背景？
16. 您认为什么样的个人品质、性格和能力对做好这份工作来讲是重要的？
17. 这项工作需要的个人品质、性格和能力与其他工作要求的有什么不同吗？
18. 学校中的哪些课程对从事这个行业比较有帮助？
19. 行业内，单位对刚进入该领域工作的员工一般会提供哪些培训？
20. 在您的工作领域里初级职位和略高级别职位的薪水一般分别是什么水平？
21. 男女工作者在这份工作上机会均等吗？
22. 这个行业的从业者，对于他们所从事的工作有什么满意与不满意之处？
23. 从事这份工作实现了您的人生价值吗？家庭对您现在的工作满意吗？
24. 这个行业的人才供求关系怎样？据您所知，从事这种工作的人在单位或者行业内发展的前景怎样？
25. 最近这个行业和工作因为科技进步、经济的全球化发生变化了吗？
26. 您如何看待该单位的组织文化和该领域的工作方式在将来的变化趋势？
27. 这个行业是否有季节性或地理位置的限制？
28. 这个行业存在的困难及前景？
29. 据您所知，有什么职业杂志、行业网站或其他渠道能帮助我深入了解这个领域？
30. 您的熟人中有谁能够成为我下次采访的对象吗？可以说是您介绍的吗？

注意：

1. 以上问题仅供参考，提的问题要根据自己的具体情况进行设计，通过生涯人物访谈，是要从生涯人物那里获得对自己有用的信息。千万不要设计成先进人物事迹访谈。

2. 设计的问题应以封闭式为主，既节约时间，又能得到需要的答案。

3. 问题设计得要尽量口语化，通俗易懂。

（六）生涯人物访谈案例

1. 您是如何找到这份工作的？

生涯人物访谈

我是在实习单位就业的。在实习期间，我努力地向带教老师学习，业务能力提升很快，掌握了许多最新诊疗技术，基本能够独立胜任临床一般诊治工作，深得老师赞赏。而且，除本职工作之外，我还积极参加了医院组织的各种活动，如文体活动、社会咨询活动等，在市运动会上，我作为代表队成员之一，为医院赢得团体一等奖立下了汗马功劳。我也非常珍惜实习的机会，尽量通过自己优异的表现，获得院领导的认可。结果，功夫不负有心人，实习结束时，院领导同意我进入该院工作，实现了我的职业梦想。

2. 就您的工作而言，您最喜欢什么？最不喜欢什么？

就我的工作而言，我最喜欢的就是能够独立地为病人解除痛苦，当病人病愈出院向我们表达感激之情时，我是最开心的。我最不喜欢的就是那些为红包而不顾病人利益的行为，我自己拒绝做这些有损医生职业道德的事。

3. 您的职位是什么？您的主要职责是什么？

我现在是主治医生。我的职责就是协助上级医生，指导下级医生完成对病人的诊治，完成医院和科室布置的任务。

4. 工作地点一般在哪里？

医生的工作地点比较固定，就在本院范围内，只有急诊科有时要出诊；高年资的医生有时要去外院会诊。

5. 在行业内，先从什么样的工作岗位做起，能学到最多的知识，最有益于发展？

在医疗行业，我们先从住院医生做起，然后是主治医生、副主任医生、主任医生，这是我们的专业发展路径。住院医生的工作是比较辛苦的，从病人的接诊、病史的采集、病例的书写、查房、病程记录、处理办法和医嘱，有时甚至要为病人进行诊断性治疗、帮护士进行治疗操作等。任住院医生时期如果能够下一番苦功，对自己的职业生涯发展是有很大帮助的。

6. 在工作方面，您每天都做些什么？

我现在是主治医生，我每天带下级医生查房，对我们小组的重病号或有疑难的病号进行观察，组织他们一起讨论，帮助他们梳理自己的思路。有时，我也当二线班，负责病区甚至全院其他科室与本科病种有关的会诊。

7. 您在做这份工作时，面临的问题是什么，什么最有挑战性？

医生是与病人打交道的，需要有极强的责任心和良好的职业道德。现在面临的主要问题表现在两方面:第一,我们生活在一个物欲横流、金钱万能的社会,所以,经常有各种诱惑冲击我们的职业道德;第二,要面对的病人以及疾病是千变万化的,过去所学的知识很容易过时,现实要求我们终生学习,但医院的日常工作非常忙碌,很难挤出时间学习,影响自己的发展。最具挑战的就是遇见一个别人无法解决的病种,或者发明了一种对常见病有突破性疗效的治疗手段。

8. 个人的主要成就是什么?

我工作几年来,最主要的成就就是申报了国家青年科学基金课题——病人头发中微量元素的含量与中风发病的关系研究。

9. 在这个职位上,如果想获得成功必须拥有并保持什么样的能力?

作为一名临床大夫,不仅要会诊病,还要善于总结,要有科研能力、教学能力。所以要发表论文,参与各种学术交流活动,在与同行的交流中不断进步。我们还要善于把自己的经验传授给下级医生或者实习生,帮助他们尽快成为业务骨干。要想获得并保持这种能力,除了自己要高标准、严要求之外,还要善于向别人学习,要乐于帮助他人。每天在工作之余,一定要浏览专业杂志和网站,要注意学习,了解学术动向。只有这样,才能始终保持一种积极的心态,站在学术的最前沿。

10. 目前还缺乏的必须改进的能力有哪些?怎么改善它们?

鉴于时间和医院科研条件所限,我们在了解和实践国际最前沿的学术时,深感能力不足。我打算与一些同行联系,并借助医院上级医生的影响力,找到合作单位,参与其他医院的科研项目,从合作科研逐步过渡到独立申报课题。

11. 在你的组织中,能够在同样一个岗位上把成功和不成功区别开来的行为是什么?

这个行为主要表现在治愈率、诊断合格率、病人投诉率、发表论文的质与量、同行的好评率等。

12. 您认为做好这份工作应该具备哪些知识、技能和经验?

要想成为一个好医生,做好临床工作,首先要具备的就是爱心,它比能力、知识更重要。当然,只有爱心也不够,还必须具有扎实的医学基础知识,较强的专业知识,熟练的诊断、治疗技能,要善于与病人沟通,而且要善于发现一些小的病情变化,要能够吸纳同时代的科技进展。适时地总结自己的经验,学习别人的经验。

13. 目前,行业内要求从事这份工作的人应该具备什么样的教育和培训背景?

目前,进入本行业的基本门槛是专科以上全日制医学院校的毕业生、取得助理以上执业医生资格。如果进入三甲医院,可能必须有硕士以上学历。如果获得全科医生培训证书,可能有助于你的入职。

14. 您认为什么样的个人品质、性格和能力对做好这份工作来讲是重要的?

要想成为一个好医生,首先要具备的就是爱心,它比能力、知识更重要。其次,医生的职业道德和价值观也很重要。有一次,在火车上,我遇见两位高职高专医学生,谈论医生的收入。我跟他们说，如果想赚钱，不要考虑当大夫；要想当一个好大夫，就不要考虑赚钱。这是我的体会。

15. 学校中的哪些课程对这个行业比较有帮助?

学校中的医学专业课程、生涯规划课程、外语课程、信息课程、人文课程等对医学行业的从业人员都有帮助。

16. 行业内，单位对刚进入该领域工作的员工一般会提供哪些培训?

进入该行业的员工一般要进行轮科培训。每周也有许多讲座，介绍专科发展的前沿知识，人文方面的培训较少，需要自己去寻找培训机会。有的医院还可能在你定岗后，派你出去学习、进修。

17. 在您的工作领域里，初级职位和略高级别职位的薪水一般分别是什么水平?

医院目前属于国家的事业单位，基本薪酬分很多级别。一般初入此行业的同学拿的是见习期工资，1 000 多元，各地城市不一样。转正后工资在 1 500～2 000 元。但是，工资收入只是全部收入的一小部分，所以，在大型医院的普通职工年收入一般在 6 万～10 万元之间。

18. 男女工作者在这份工作上机会均等吗?

在医疗行业，男女的工作机会基本均等。

19. 这个行业的人们，对于他们所从事的工作有什么满意与不满意之处?

医疗行业的人员对自己的工作最不满意之处是太辛苦，而且基本薪酬不高。最满意的是，社会地位高，受人尊重。

20. 从事这份工作实现了您的人生价值吗? 家庭对您现在的工作满意吗?

我觉得从事这项工作实现了我的部分人生价值。家庭对我的这项工作也较满意。

21. 这个行业的人才供求关系怎样? 据您所知，从事这种工作的人在单位或者行业内发展的前景怎样?

卫生行业最近几年的就业形势不太乐观。特别是在三甲医院，医生几乎饱和，没有博士学位基本很难进来，但是卫生行业的容量相当大。国家近几年加大了对县级以下卫生机构的投资力度，但人才相对缺乏。特别是 2011 年实行的全科医生制度，对广大医学大学生来说应该是个机会。

21. 最近这个行业和工作因为科技进步、经济的全球化发生变化了吗?

卫生行业的发展是有目共睹的。现代科技的发展带来医学诊疗手段的革命性改变。原来许多难以诊治的疾病，现在可以通过高科技手段得到诊断和治疗。现代社会中，国际交往的加深，也使疾病的病种国际化，传染区域明显扩大，所以卫生行业已成为一个没有国界的行业。

22. 这个行业是否有季节性或地理位置的限制?

每个不同的季节都有不同的疾病；不同的地理位置也有不同的地方病，这是我们同学选择就业的医院时要注意的。

23. 这个行业存在的困难及前景如何？

这个行业存在的困难在于近几年的医患关系十分紧张，所以应该提升全民的意识，真正保护好医生和患者双方的利益。我相信，通过全社会的努力，未来的医患关系是一定可以得到改善的。

24. 据您所知，有什么职业杂志、行业网站或其他渠道能帮助我深入了解这个领域？

医学类的杂志很多，有中华医学会的各类杂志，也有各个专科的杂志，相关网站也有不少，在百度上搜索就可以找到。

25. 您的熟人中有谁能够成为我下次采访的对象吗？可以说是您介绍的吗？

你可以找我的同学熊冰，他是国内病理界的新星，他的联系电话是 150-1100-××××。可以说是我介绍的。

通过这次访谈，我了解到医生这个职业有非常高的社会地位，经济收入也基本能够满足个人及家庭的基本需求。但这一行业也是比较辛苦的，而且需要高度的责任心，需要不断学习和创新的能力。从目前的情况看，作为一个专科生，要想进入一线城市的大医院是很困难的。如果选择一个社区或者基层医院先进入这个行业，可能是比较容易走的路径，值得考虑。医生需要许多专业以外的知识，比如人文知识和沟通技巧，这是我们今后在学校要加强学习的内容；另外，生涯规划这门过去被我们忽视的课程，要引起我们足够的重视。

七、参加社团及社区活动

参加社团可以锻炼自己的协调、组织、人际沟通等能力，可以多方面展示自我的才干，当然也可以增加对校园环境的了解和社会环境的认知。

参加社区活动，可以走出校门，增加与社会接触的机会，这样可以帮助大学生对社会进行更贴切的认知，可以帮助大学生从社会人的角度来看待社会及社会上的各种现象，这对帮助大学生做好环境认知也是很重要的。

八、做义工

案例

小兰，某民族大学毕业生，她在北京某社区做义工的时候，正值“两会”前夕。有一天，巧遇总理到社区调研，她正好被选中为调研对象。她很好地回答了总理的提问，得到了总理的夸奖。小兰毕业后留在了这个社区工作，这也改变了她的人生发展轨迹。事后，我们采访她时，她很兴奋地说道：“这真是一辈子都值得纪念和自豪的事情，能够跟共和国的总理面对面地谈话，是她的福分，也是社区工作给她提供了这个机会。”

专家分析

不少同学不太关注义工这项工作，实际上任何工作都有它特定的意义。通过义工可以为自己了解社会、服务社会提供一个很好的途径；同时也为检验自己的工作能力、验证自己的知识提供了实际场所，并且还可以给自己带来许多新的机会。

义工是不以经济回报为目的的义务劳动。这种活动尽管没有报酬，但对大学生了解社会来说确实是一个新的重要途径。不少同学在做义工的同时，直接参与了许多原属职业人才能从事的工作。大学生们通过做义工，能让自己更全面地认知社会环境。

第三节　环境认知的阶段性

前面我们已经学习了大学生环境认知的主要内容，但是，每个人认知环境的能力和精力是有限的，于是，我们根据各个阶段学生的特点和环境认知内容的迫切性，进行了以下归类。

一、新生期大学生的环境认知——重在了解校园的硬件与软件

新生入学，为了更好地融入新的环境，除了对学校的生活学习环境要进行必要的了解之外，还应对学校的文化和历史有一个清晰的了解。具体应该了解的内容可以参考表 3-7 进行认知，请同学们在一周内把这张表格完成。

表 3-7　新生期大学生环境认知表

了解的项目		了解的内容				
		位置	开放时间	使用条件	注意事项	负责人或联系人
校园硬件	图书馆					
	教室					
	实验室					
	机房					
	运动场					
	超市					
	食堂					
	浴室					
	开水房					
	报告厅					
	就业指导中心					

（续表）

		了解内容					
		姓名	家乡	兴趣爱好	联系方式	职务	……
人脉圈	室友						
	班友						
	老乡						
	校友						
	老师						
	领导						
		了解内容					
		组织的主要职责	负责人	部门分配	部门负责人	部门职责	加入条件
社团、学生会等组织	国旗班						
	社团联合会						
	社团						
	学校学生会						
	院系学生会						
	各类协会						

二、低年级大学生的环境认知——重在了解城市、专业和行业

大学生在度过新生期的适应大学阶段之后，即开始了正常的大学生活。在这期间，大学生们要进一步地了解城市、了解专业，逐步了解本专业与相关行业的关系。

（一）所在城市

了解城市对大学生更好地规划自己毕业后的去向有很大的帮助。对所在城市的了解，应该从以下几个方面着手。

(1) 市情概况：对所在城市的市情做一个简单的了解；

(2) 历史沿革：了解所在城市的历史沿革，有哪些值得重视的人文景观；

(3) 地理环境：所在城市的地理位置，在地图上找出来，包括周边的山水；

(4) 行政区域：所在城市属于哪个行政区域，管辖范围有哪些？

(5) 地方特产：有什么地方特产；

(6) 经济发展：经济发展水平、优势和不足，与本专业相关的行业有哪些？

(7) 交通建设：城市交通情况如何，包括城际交通和市内交通；

(8) 对外交流：与哪些国家有交流或结成友好城市？

(9) 文化事业：文化事业发展水平；

(10) 卫生事业：本地有多少所医学院校和三甲医院？所在位置和各自的特点是什么？

(11) 教育事业：有多少所高等院校？高校所在位置？与自己专业相关的高校有几所？

（12）著名景点：有哪些著名景区、公园？

（二）所学专业

大学生与中学生有一个很大的不同，就是中学生以“上大学”为学习目的，学习的是基础知识，而大学生则是以毕业后就业为主要目的，所以都有相关的专业。因此，了解自己所学专业是大学生入学后最重要的工作之一。对所学专业的了解，从专业教师、学术带头人（本校、本市、本领域）、主干课程、本专业发展现状及就业前景、专业培养目标、专业的基本要求、本专业相关学术机构、杂志和网站等方面入手。了解这些与专业相关的内容，一方面有助于大学生尽早对专业学习进行合理规划，另外也可以通过对专业的了解而培养专业学习的兴趣，以便能在枯燥乏味的专业学习中找到自己的乐趣，从而在专业领域获取丰硕成果。

（三）专业所对应的行业

“男怕入错行，女怕嫁错郎。”在就业压力空前巨大的今天，选择正确的行业是决定个人发展前景和薪资水平最重要的因素。由此，大学生要分析本专业或喜欢的专业所对应的行业，并着手对行业进行探索和调研。

低年级大学生对环境的认知，请参照表 3-8。

表 3-8　低年级大学生环境认知表

认知内容		记录
城市环境	市情概况	
	历史沿革	
	地理环境	
	行政区域	
	地方特产	
	经济发展	
	交通建设	
	对外交流	
	文化事业	
	卫生事业	
	教育事业	
	著名景点	
所学专业	专业教师	
	本专业学术带头人（本校、本市、本领域）	
	本专业主干课程	
	本专业发展现状和就业前景	
	专业培养目标	

（续表）

	认知内容	记录
所学专业	本专业的基本要求	
	与专业有关的学术机构	
	与专业有关的杂志	
	与专业有关的网站	
相关行业信息	行业的定义与范围	
	行业的意义与前景	
	行业内的标杆企业	
	行业准入资格	
	行业标杆人物	

三、高年级大学生的环境认知——重在了解毕业要求，顺利毕业；同时选择好毕业去向

高年级学生对环境的认知重在根据学校的规定了解清楚毕业的要求，包括学科成绩、毕业论文、其他规定等，判断自己目前掌握的知识和技能能否确保自己完成学业、顺利毕业；认知自己的毕业论文准备情况和完成情况。同时，学生还应尽早根据自己的判断和喜好，对自己选择的毕业去向做好相关认知。这一阶段重点就是为毕业做准备。认知内容见表 3-9。

表 3-9　高年级大学生环境认知表

认知内容			记录
高年级大学生环境认知表	学业成绩	各科成绩是否均通过	
		如有挂科的是否补考	
		补考的科目是否准备妥当、是否联系好老师	
	毕业论文	毕业论文选题是否确定	
		毕业论文是否已经开始写	
		毕业论文是否已经撰写完成	
		毕业论文是否已经交给老师审阅或已经得到老师认可	
	其他事宜	准备职业证书考试	
		准备其他相关考试	
		准备其他相关资料	
		了解其他离校手续办理流程	
	毕业目标选择认知	就业：就业需要的政策和用人单位认知	
		创业：创业需要的政策和环境认知	
		考专升本：考专升本的目标学校和专业、导师学术风格认知	
		留学：留学的目标国家、学校和专业、导师的认知	

（一）了解学校对本专业毕业的规定

（1）了解学校对毕业生学科成绩的要求，对照自己的学科成绩看看是否达到毕业的要求；

（2）了解学校对毕业生挂科补考的规定，看看自己还有几门功课挂科？学校是否安排了挂科的补考安排？补考安排在哪一天进行？补考的形式是什么？自己是否做好准备？

（二）毕业论文准备

（1）毕业论文选题是否确定？

（2）毕业论文的调研、实验是否进行？是否完成？

（3）毕业论文是否开始撰写？

（4）毕业论文是否完成？老师审阅后的意见如何？

（三）其他事宜

（1）准备职业证书考试：目前国家实行的"1+X"制度，即一份毕业证书和多门职业技能证书。所以准备求职的学生应多考取几本职业证书，如健康管理师、执业药师、执业护士等证书。

（2）准备其他相关考试：公务员考试、研究生考试、托福或雅思考试等。

（3）准备其他相关资料：简历、求职书、留学申请资料等。

（4）了解其他离校手续办理流程：按学校的离校要求准备离校材料。

（四）毕业目标选择认知

1. 就业形势认知

打算就业的同学，需进一步了解社会，包括社会对本专业学生的需求、本专业所对应的就业领域，该领域在全国和本校所在区域有哪些著名企业，该企业中有哪些职业或岗位适应本专业学生就业以及他们的任职要求。

打算考公务员的同学，要了解公务员报名资格和条件，准备《申论》等必考科目相关内容的复习。选择自己比较具备优势和感兴趣的领域参加考试。

打算参军的同学，也应了解国家的相关政策和优惠办法，了解军旅生活与大学生活的差别，做好心理准备。

2. 创新创业形式认知

打算创业的同学，要了解国家及地区的创业政策，要了解市场需求和产品相关信息，了解创办企业所需的程序和条件，做好创业的信息准备、心理准备、知识准备和技能准备、资金筹措，组建自己的创业团队。

3. 专升本的目标认知

打算专升本的同学，应准备考专升本复习，了解学校、老师及国家的考试新规。

4. 留学目标认知

打算出国深造的同学，应搜集相应国家及学校的招生政策，着手相关外语考试、成绩单、推荐信、资金准备等，并进行相关各方的联络事宜。

（五）国家政策

对社会大环境的政治经济形势要做更系统、更深入的了解。了解国家的产业政策和相关行业的中长期发展规划，特别是区域性的、近期的产业政策调整变化，对相关行业、企业的发展趋势进行判断，从中找出与自己专业相关的就业或创业机会。可从以下几个方面着手：①国家层面的就业、创业优惠政策和措施；②国家的产业政策；③区域性政府的就业、创业优惠政策和措施；④相关产业园区及优先发展的产业；⑤与本专业有关的行业发展趋势，著名企业；⑥与本专业就业有关的行业的准入标准、职业技能要求和就业形势；⑦与工作和生活有关的幸福指数。

（六）了解职业

1. 职业探索

职业探索，是对你喜欢或要从事的职业进行理论分析和实际调研的过程，目的是对目标职业有充分的了解，并在明确职业差距中制订求职策略，从而有效地规划大学生活。有效地进行职业探索，要从以下几个方面着手：①职业描述；②职业的核心工作内容；③职业的发展前景及其对社会和生活的影响、作用；④薪资待遇及潜在收入空间；⑤岗位设置及不同行业、企业间的差别；⑥入门岗位及其职业发展通路；⑦职业标杆人物；⑧职业的典型一天；⑨职业通用素质要求及入门具体能力；⑩工作与思维方式及对个人的内在要求。

2. 所学专业所对应职业的准入门槛

了解所学专业所对应的职业准入门槛需了解以下几个方面内容：①相关职业资格；②职业资格证书；③职业等级证书；④相关领域的法律常识。

3. 与医学院校大学生职业相关的证书

（1）国家执业医师资格证书。医师资格考试的性质是行业准入考试，是评价申请医师资格者是否具备从事医师工作所必需的专业知识与技能的考试。医师资格考试分实践技能考试和医学综合笔试两部分。

考试分为 2 级 4 类，即执业医师和执业助理医师 2 级，每级分为临床、中医、口腔、公共卫生 4 类。中医类包括中医、民族医和中西医结合，其中民族医又含蒙医、藏医和维医 3 类，其他民族医师暂不开考。到目前为止，我国医师资格考试共有 24 个类别。

实践技能考试采用多站测试的方式，考区设有实践技能考试基地，根据考试内容设置若干考站，考生依次通过考站接受实践技能的测试。每位考生必须在同一考试基地的考站进行测试。

医师资格考试医学综合笔试于每年 9 月中旬举行，具体时间以国家卫生健康委员会医师资格考试公告时间为准。执业医师考试时间为 2 天，分 4 个单元；执业助理医师考试时间为 1 天，分 2 个单元，每单元均为两个半小时。

（2）全国执业护士资格证书。加强对护士行业的执业准入控制，保证护理行业执业人员的水准，国务院卫生行政部门决定在全国范围内组织护士执业考试，简称 CLEN。考试的目的是评价申请者是否具备护士执业所必需的专业知识和技能。考试合格者可获得在中国进行护士执业活动的资格。从 2009 年开始，在校护理、助产专业的全日制医学院校学生在临床实习八个月后，具备参加执业护士资格考试的资格。2011 年，国家执业护士考试也采用了新的考试大纲，分别考理论和实际操作。在校护理专业学生应该做好参加执业护士考试的充分准备。

全国护士执业考试实行全国统一组织、统一大纲、统一试题、统一评分标准。该考试由国家医学考试中心具体组织实施，地、市以上卫生行政部门的医政部门承担本地区的考试实施工作。考试合格者，将获得卫生行政部门颁发的《中华人民共和国护士执业证书》，该证书在全国范围内有效，考生凭此证书向卫生行政部门申请执业注册。

(3) 国际护士资格证书。CGFNS (Commission on Graduates of Foreign Nursing Schools)是美国海外护士资格认证考试机构的简称。CGFNS 考试是美国护理学会和美国移民局认可的外国护士资格考试。中国护士只要获取 CGFNS 证书就可与美国医疗机构签订工作合同，持工作签证或"绿卡"到美国医疗机构工作。

CGFNS 提供的证书项目使具有国际教育背景的护士能够在申请进入美国之前把握他们通过美国护士执照考试的机会。自从 CGFNS 于 1978 年第一次举行考试以来，持有 CGFNS 证书的具有国际教育背景的护士有 89%以上通过了各州的注册护士执照考试。

(4) 健康管理师。健康管理师是国务院清理职业资格证书之后，国家卫健委保留的少许资格证书之一。鉴于国家大健康产业的推进，医药学专业的学生提前准备该证书还是比较明智的。详情请关注政府的相关规定。

(5) 执业药师。执业药师是执业资格证书，其含金量较高，也是药店、医院药房、药厂甚至医药研究机构录用人员的条件。所以，同学们应该尽早了解报考条件，做好准备，考取这个证书。

如何认知职业对许多学生来说都是难题，而对职业认知的好坏直接影响到生涯规划的制订。根据经验，我们建议可以从以下八个方面来具体了解职业，即职业定义、职业概况、就业及未来发展前景、主要从事的工作内容、能力和技能要求、从业人员共有的人格特征、薪资待遇、对生活的影响。

下面以 2018 年国家新批准的"健康管理师"为例予以说明。

健康管理师

1. 职业定义

健康管理师是指从事个体或群体健康和疾病的监测、分析、评估以及健康维护和健康促进的专业人员。它是 2005 年 10 月国家人力资源和社会保障部第四批正式发布的 11 个新职业之一，也是国务院清理职业资格证书之后，由国家卫健委与人力资源和社会保障部为了适应全面建设小康社会的需要，提高全民族的健康意识和身体素质、培养和造就健康管理人才而联合推出的职业资格证书。

2. 职业概况

健康管理师是国家新增职业，可以从事医疗机构、疾病预防机构、社区的健康管理、健康监测、健康评估、健康维护等相关工作。

3. 健康管理师主要从事的工作内容包括

（1）采集和管理个人或群体的健康信息；

（2）评估个人或群体的健康和疾病危险性；

（3）进行个人或群体的健康咨询与指导；

（4）制订个人或群体的健康促进计划；

（5）对个人或群体进行健康维护；

（6）对个人或群体进行健康教育和推广；

（7）进行健康管理技术的研究与开发；

（8）进行健康管理技术应用的成效评估。

4. 职业意义

健康管理师是营养师、心理咨询师、体检医生、预防医学医生、健康教育专家、医学信息管理人员的综合体，是一个新型高端职业。

健康管理师与营养师、医生的区别：营养师是从事营养咨询工作的专业人员，健康管理师是从事对人群或个人健康和疾病的监测、分析、评估以及健康维护和健康促进的专业人员。医生离开所在医院执业证书需重新变更，健康管理师全国通用，不需要年检。

5. 职业等级

健康管理师共设有 3 个等级，分别为：健康管理师三级（国家职业资格三级）、健康管理师二级（国家职业资格二级）和健康管理师一级（国家职业资格一级）。

6. 健康管理师报考条件

（1）三级健康管理师报考条件

具备以下条件之一者可以申报三级健康管理师：

① 具有医药卫生专业大学专科以上学历证书。

② 具有非医药卫生专业大学专科以上学历证书，连续从事本职业或相关职业工作 2 年以上，经三级健康管理师正规培训达规定标准学时数，并取得结业证书。

③ 具有医药卫生专业中等专科以上学历证书，连续从事本职业或相关职业工作 3 年以上，经三级健康管理师正规培训达规定标准学时数，并取得结业证书。

（2）二级健康管理师报考条件

具备以下条件之一者可以申报二级健康管理师：

① 取得三级健康管理师正规培训达规定标准学时数，连续从事本职业或相关职业工作 5 年以上。

② 取得三级健康管理师职业资格证书后，连续从事本职业工作 4 年以上，经健康管

理师二级正规培训达规定标准学时数，并取得结业证书。

③ 具有医药卫生专业本科学历证书，取得三级健康管理师职业资格证书后，连续从事本职业工作 4 年以上。

④ 具有医药卫生专业本科学历证书，取得健康管理师三级职业资格证书后，连续从事本职业工作 3 年以上，经二级健康管理师正规培训达规定标准学时数，并取得结业证书。

⑤ 具有医药卫生专业中级及以上专业技术职务任职资格后，经二级健康管理师正规培训达规定标准学时数，并取得结业证书。

⑥ 具有医药卫生专业硕士研究生及以上学历证书，连续从事本职业或相关职业工作 2 年以上。

(3) 一级健康管理师报考条件

具备以下条件之一者可以申报一级健康管理师：

① 取得二级健康管理师职业资格证书后，连续从事本职业工作 4 年以上。

② 取得二级健康管理师职业资格证书后，连续从事本职业工作 3 年以上，经一级健康管理师正规培训达规定标准学时数，并取得结业证书。

③ 具有医药卫生专业本科学历证书，连续从事本职业或相关专业工作 13 年以上。

④ 取得医药卫生专业副高级及以上专业技术职务任职资格后，经一级健康管理师正规培训达规定标准学时数，并取得结业证书。

⑤ 具有医药卫生专业硕士、博士研究生学历证书，连续从事本职业或先关职业工作 10 年以上。

符合以上规定的有志于在健康体检、医疗服务、健康保险、中医保健、健康养老以及体育健身、医疗旅游、美容养生、母婴服务、保健食品、营养等行业从事健康教育、健康咨询、健康管理及相关的各界人士均可以报考。

7. 健康管理师的能力和技能要求

(1) 健康管理师

① 采集和管理个人或群体的健康信息的能力；

② 评估个人或群体的健康和疾病危险性的技能；

③ 进行个人或群体的健康咨询与指导的能力；

④ 制订个人或群体的健康促进计划的能力；

⑤ 对个人或群体进行健康维护的能力；

⑥ 对个人或群体进行健康教育和推广的能力；

(2) 高级健康管理师

① 采集和管理个人或群体的健康信息的能力；

② 评估个人或群体的健康和疾病危险性的技能；

③ 进行个人或群体的健康咨询与指导的能力；

④ 制订个人或群体的健康促进计划的能力；

⑤ 对个人或群体进行健康维护的能力；

⑥ 对个人或群体进行健康教育和推广的能力；

⑦ 进行健康管理技术的研究与开发的能力；

⑧ 进行健康管理技术应用的成效评估的能力。

8. 健康管理师共有的人格特征

（1）责任感。健康管理师需要有强烈的责任感，这份责任感来自自己对健康事业的认同，清楚自己所做的事情的意义、社会价值和责任；

（2）付出感。健康管理师一般都具备付出的心态，乐于为大众提供健康服务；

（3）爱心。健康管理师都具有爱心，把大众之苦当作自己的苦，愿意为大众健康做些事情。

9. 薪资待遇

健康管理师是一个新兴职业，目前其薪资待遇还没有行业标准，但是其薪资可以参照心理咨询师、医生、培训师、营养师等。多角色的叠加也会提高它的待遇。

10. 对生活质量的影响

健康管理师的生活质量较高。

（1）由于自己对健康知识的了解远远高于其他人，因此，对自己和家人的健康极其有利，感觉较好；

（2）在为他人提高健康服务的同时，实现了自我价值，有成就感；

（3）很容易获得别人的尊重；

（4）不会像医生那样辛苦，也没有医生那么大的责任和压力。

四、即将入职大学生的环境认知——重在了解即将就业单位的整体情况

对即将入职的大学生来说，尽快熟悉即将入职的单位、尽快熟悉单位的规章制度、人文环境、企业文化及业务等十分重要。近年来，不少学生出现频繁离职的现象，究其原因，主要的一点就是入职后角色没有转变过来，仍然用学生的思维、学生的习惯在行事，因此导致上班不按时、与单位同事无法很好相处、业务知识不熟悉进而业绩不佳、屡遭批评而离职。因此，尽早进行即将入职单位的环境认知对自己熟悉新的工作、尽快完成角色转变有利。对即将入职的单位进行环境认知主要包括以下几点（表 3-10）：

（1）对单位规章制度的认知：尤其是作息时间、办公规定、公司文化等进行认知。

（2）对单位部门设置的认知：现代工作一般均有部门之间的配合，所以对与自己工作相关的部门要熟悉。

（3）对本部门的领导、同事要熟悉。

(4) 对本单位其他部门的同事有机会也认识一下。
(5) 对本单位是否有老乡进行了解。
(6) 对本城市有无老乡或同学进行了解。
(7) 寻找住处,熟悉住处与单位的交通。

表 3-10　即将入职大学生的环境认知表

认知内容			结果
即将入职的毕业生的环境认知	认知单位客观环境	了解本单位有哪些部门	
		了解本部门在本单位的定位	
		了解本部门的领导	
		了解本部门的同事	
		了解其他部门的部分同事	
		了解本单位有无老乡	
		了解本单位有无学长	
		了解自己的带教老师	
	认知单位人文环境	了解单位的作息制度	
		了解单位的办公室管理制度	
		了解单位的文化	
		了解单位的历史	
		了解单位的发展规划	
		了解本部门的发展规划	
		了解本单位的晋升通道	
		了解本单位的主管单位	
		了解本单位的主要客户范围	
	认知居住环境	了解居住地与工作地的交通环境	
		了解居住地的商业环境	
		了解居住地的文化娱乐环境	
		了解本城市治安环境	
		了解本城市的生态环境	
		了解本城市的发展规划	

【拓展练习】

1. 你有毕业后想去的目标单位吗?那你可以登录该单位的网站查询这个单位的有关信息,并做如下分析:

单位的名称＿＿＿＿＿＿＿＿＿＿＿＿＿＿＿＿＿＿＿＿＿＿＿＿

单位的类型、规模________________

单位招聘的岗位有________________

我想应聘的岗位是________________

这个岗位主要做什么________________

这个岗位需要具备什么素质、能力________________

我和单位岗位要求的差距是________________

我的补充行动策略是________________

2. 梳理你的人脉圈。分析各种环境，盘点一下你认识的人。

职业人脉圈	职业 1 ________	职业 2 ________	职业 3 ________
家族成员			
老师、领导			
师兄师姐			
业内人士			
目标单位的职员			
网络结识人士			

第四章

确定目标，制订规划

学习目标

1. 了解大学生生涯发展与职业准备规划的主要内容。
2. 掌握大学生生涯发展与职业准备规划的基本方法。
3. 依据阶段性自我认知和环境认知的结果，设计自己的阶段性生涯目标。

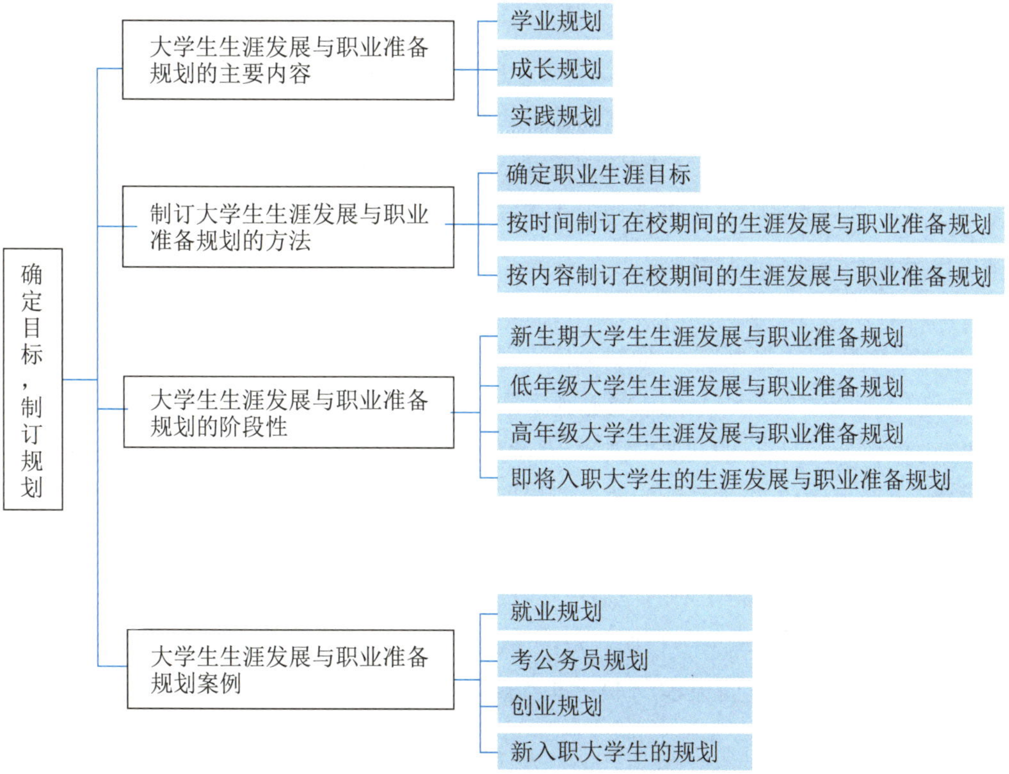

案例

18岁，高中毕业典礼上，小刚发誓要当李嘉诚第二、中国首富！

20岁，春节老同学聚会上，小刚想创立自己的公司，30岁时拥有资产2 000万元。

23岁，在某工厂当技术员，第二职业是炒股。“在这里工作太没前途了。我将全力炒股，三年内用5万炒到300万元。”

25岁，炒股失意情场得意，开始准备结婚。希望一年后能有10万元，风风光光地结婚。

26岁，不太风光的婚礼。小刚的理想是生一个胖小子，将来当个车间主任，别的不多想。

28岁，工厂效益下滑，正逢妻子怀胎十月。小刚希望这次下岗名单里千万不要有自己的名字。

专家分析

小刚18岁的目标是当中国首富，十年后的目标是不要下岗，差距怎么这么大？原因很简单：设定目标时不顾自身条件，设定了一些很难实现或根本就不能实现的目标。目前有一些大学生高估了自己，毕业时设定了月收入8 000元的职位，但他低估了达成目标所需要的条件，这些条件包括基本素质、知识、能力、经验条件、外语条件等。毕业后，他们才发现没有人愿意每月花8 000元雇佣自己。我们要根据自身的实际情况，设定通过自己的努力可以实现的目标，避免出现目标过低或过高的情况。

如前所述，生涯发展与职业准备规划是一门方法学课程。因此，应该鼓励大学生在大学期间熟悉和掌握这个方法。生涯发展与职业准备规划的方法实际上就是目标管理，也就是确定自己的生涯目标，而确定生涯目标的前提条件是依据自己的需求和能力，结合社会的需求来完成。前面两章我们已经重点讨论了自我认知和环境认知，本章我们要讨论的就是如何确定目标和根据目标进行规划。

做好生涯发展与职业准备规划，就可以帮助大学生树立明确的目标，学会自我管理的方法，促进大学生转变就业观念，因而也就能够帮助大学生在大学期间提升自己的就业能力。让大一、大二的同学不再无目标、不再整天沉溺于网络游戏，减少考试挂科的现象；也可以从根本上解决大学生就业难的问题。因此，本章是生涯发展与职业准备规划的重点。

本章分四个阶段进行大学期间的生涯规划，是为了让同学们能够由简到难、逐步掌握生涯发展与职业准备规划的方法，从简单的规划目标实现的过程中，体验到生涯发展与职业准备规划的益处。因此，从新生期的短期规划，逐步发展到低年级的中期校园生涯发展与职业准备规划，再过渡到高年级的中长期规划，再到即将入职大学生的规划的循序渐进过程可以帮助同学们熟悉和掌握生涯发展与职业准备规划这个工具，使自己在将来的职业道路上走得更好、更远。

本章的重点是低年级生涯发展与职业准备规划和高年级生涯发展与职业准备规划。我们始终围绕大学生这个主体，针对大学生的基本特点来帮助其做好自己的生涯发展与职业准备规划。

当代中国大学生在生涯发展与职业准备规划方面有如下特点（弱点）：

（1）大多数中国大学生生涯发展与职业准备规划意识淡薄，职业认知缺乏。

（2）部分中国大学生填报志愿时对专业认知相对不足，有的完全由家长代劳，影响学生对专业学习的兴趣。

（3）中国高校学生入校后改变专业较困难。

（4）大学生正处于世界观形成期，思想单纯，心理状态不稳定，容易冲动，生活习惯较易受各种外界环境的影响，他们的良好习惯还需要培养。

（5）大学生从中学直接进入大学，对社会缺乏了解。

（6）大学生毕业后大多数要进入社会。

（7）大学生的主要任务还是学习和为就业做准备。

（8）目前的社会正处于社会快速变革时期，许多传统职业消亡，许多新兴职业产生。社会的变革给成长中的大学生带来了机会，但也让他们感到不知所措。

鉴于此，我们认为大学生的生涯发展与职业准备规划应该重视阶段性认知和规划，并突出学业规划、成长规划和实践规划。下面，我们将从四个阶段、四个方面来帮助大学生规划自己的生涯。

小知识贴士

四个阶段是指新生期、低年级、高年级和即将入职四个阶段。

新生期（第一阶段）应以尽快适应大学生活，完成中学生向大学生转变的阶段性规划目标，这一目标是短期目标，以一个月为限。

低年级（第二阶段）规划以在校期间的学业规划、成长规划和实践规划为主，这是一个中期目标，以1～2年为限。

高年级（第三阶段）以毕业去向为自己的规划目标，完成毕业前的各种工作、选择和准备，这一过程以1年为限。

即将入职（第四阶段）则以毕业前了解职场和入职单位、完成大学生向职业人角色转变的规划为主。这个目标可以在入职前数月开始，规划到入职后的1～2个月。

低年级和高年级两个阶段是重点，二者的规划都应以毕业后确定的去向（已在第一章介绍，请同学们参考第一章相关内容）为基本参照目标。

四个方面是指大学生生涯规划的四个角度：每个阶段的规划都必须结合该阶段的认知特点来进行。

第一阶段，大学生要尽快适应大学的生活和学习，要完成未成年人向成年人的角色转换；完成由依赖到独立生活的转换；完成被动学习到主动学习的转变。

小知识贴士

第二阶段的规划则应以了解所学专业、所学专业与行业的关系、本专业可以就业的职业及其准入标准、自我成长和实践，为生涯发展做好能力和技能准备。

第三阶段的规划应以毕业去向的相关规划为主，包括毕业论文设计和准备、毕业去向的选择(专升本、留学、创业、就业)等相关事宜的准备。

第四阶段的规划则应按照行业、职业的用人标准，即将入职单位的相关规定和要求，做好相关准备。

第一节　大学生生涯发展与职业准备规划的主要内容

创新工场董事长李开复曾这样描述大学生活："大学是人生中最为关键的阶段。从入学的第一天起，你就应当对大学三年有一个正确的认识和规划。为了在学习中享受到最大的快乐，为了在毕业时找到自己最喜爱的工作，每一个刚进入大学校园的人都应当掌握七项学习内容(图 4-1)：自修之道、基础知识、实践贯通、兴趣培养、积极主动、掌控时间、为人处事。只要做好了这七点，大学生临近毕业时的最大收获就绝不会是'对什么都没有的忍耐和适应'，而应当是'对什么都可以有的自信和渴望'。只要做好了这七点，你就能成为一个有潜力、有思想、有价值、有前途的快乐的毕业生。"

图 4-1　大学生应该掌握的七项学习内容

案例

某医学高职高专三年级医学影像专业学生，手拿简历来咨询某专家。简历中详细罗列了三年来他的经历和专长。他这样写道：

专　　业：医学影像。

特　　长：方正排版系统操作、印刷设备维修、photoshop 应用。

社会实践：打过短工、餐馆洗碗工等。

求职目标：医院影像科。

专家分析

这是一个典型的没有职业规划的大学生生涯，代表了一大批学生目前的状况。许多大学生到毕业时还不清楚自己的优势和劣势，不知道自己的职业方向，所以也根本没有很好地利用大学的三年时光为未来的职业做准备。他的特长、社会实践既没有与专业挂钩，也没有与他的目标职业挂钩。可以说，专业、特长、实践活动、求职目标成为四个独立的、毫不关联的东西，那凭什么医院要录用你？

在第一章中，我们介绍了大学毕业后的几种去向；第二章和第三章，我们分别强调了自我认知和环境认知的阶段性；与此相呼应，在制订生涯规划时，我们也强调生涯规划要分阶段进行，要在确定自己的毕业去向后，根据不同阶段的认知结果，进行不同阶段的规划。前面我们把大学生的生涯发展与职业准备规划分成新生期、低年级、高年级和即将入职四个阶段，分别进行了各个阶段的认知；认知的完成，就为我们进行分阶段的规划提供了依据。

当然，大学生的任务还是以学习和成长为主，以了解社会、适应社会为主。因而，大学生生涯规划的主要内容就是学业规划、成长规划和社会实践规划，这称为内容规划。内容规划要结合时间（阶段）规划才有实施的可能。

一、学业规划

学业规划是大学生最重要的规划内容。因为大学生是学生，学生的主要任务就是学习。学习专业知识，学习相关技能，学习做人的道理，学习成功的方法……这一切将影响他们的一生。大学生的生涯发展与职业准备规划具体到三年的学习生活中，实际上就是规划学业发展、个性与社会发展、生涯发展的过程。当然，学业规划也需要循序渐进，分阶段进行。

（一）高职高专医学生应重视专业知识的学习

临床医学是培养具有扎实医学专业知识及相关自然科学知识，具有较强的医学实践能力，良好职业道德和人文素养的应用型人才。任何一例临床案例的诊疗过程都是在诊断和鉴别诊断的基础上，提出治疗方案，跟踪修正方案直至治疗结束的过程。要完成这样的过程，离不开解剖、生理、药理等基础课程的理论支撑。这些课程知识的融会贯通，再结合临床实践的验证可以使我们在面对病患时胸有成竹、游刃有余。

专业水平的高低对每一个准备就业的高职高专医学生来说是非常重要的。它直接关系到医学高职高专学生能否找到满意的工作，能否将自己的规划蓝图变成现实。专业知识学习贯穿整个大学时期，高职高专医学生应该高度重视专业知识的学习，因为这不仅是高职高专医学生就业时拥有的重要资本之一，更因为医学是一门最为严谨的科学，它直接服务的对象是人，是与人的健康性命息息相关的科学。

（二）高职高专医学生应加强社会人文及实践知识的学习

非专业知识只是相对于大学生所学专业知识以外的其他知识的统称。它是构成大学生知识体系不可或缺的一部分，包括语言表达、人际交往、组织管理、环境适应、动手实践等多方面知识能力，这些非专业知识能力既是高职高专医学生走向社会的需要，也是他们可持续发展的需要。随着社会经济的发展，用人单位在选择高校学生时，不仅看重专业知识能力，也十分看重非专业知识能力。例如，一些用人单位到高校招聘时，其面试内容不仅包括专业知识，也包括大量非专业知识。可见，用人单位对学生非专业知识也是十分重视的。

医务人员是一类特殊的职业人群，无论在知识技能、服务性质上，还是在心理素质上都应对其有特殊的要求。医院在招聘时不仅考核专业知识和技能，而且还考核综合运用知识的能力、对环境的适应能力、对文化的整合能力和实际操作能力等。一般来说，医学高职高专应重点培养学生满足社会需要的社交能力、实际操作能力、组织管理能力、自我发展的终生学习能力、心理调适能力、随机应变能力等。这就要求同学们积极参加有益的社会活动，包括职业技能的培训，对自我职业的适应性考核、职业意向的科学测定，毕业实习工作，大学生校园创业活动等。

（三）高职高专医学生在学业规划中需注意的问题

高职高专医学生在进行专业知识学习时，要注意知识的系统化和结构化，要善于积累和更新。知识的积累是其成才的基础和必要条件，医院考核常常把一个人掌握知识的多少作为衡量水平高低的标准之一。与其他专业不同的是，医学是操作技术性很强的学科，尤其在以培养技术应用型人才为目标的高等专科院校中，临床实习占有举足轻重的地位，约占总学习时间的三分之一。这段关键时期对高职高专医学生就业目标的最后确定具有决定性影响，很多学生基本上会在这段时间找到自己喜欢的专业发展方向或是发现自己根本不适合当医生，从而细化或是调整自己的专业目标。

需要强调的是，高职高专医学生对所学的专业知识要精深、广博，除了要掌握大量的基础知识和精深的专业知识外，还要拓宽专业知识面，掌握或了解与本专业相关、相近的若干专业的知识和技术。

二、成长规划

大学期间成长规划的主要内容包括：①养成良好的生活习惯；②培养健康的兴趣和良好的心态；③树立正确的恋爱观；④学会自我管理；⑤培养良好的思维方式；⑥培养科学的世界观；⑦拥有梦想；⑧学会明势。

（一）养成良好的生活习惯

实践证明，身心健康是一个人事业有成的基础。有一个好的身体是做好一切的起点，良好的生活习惯是保持身体健康的重要手段。

高职高专医学生作为一个特殊的群体，处于青春期后期，身心发育还不完全成熟，且学业负担重，精神压力大，在这一阶段养成良好的生活习惯，对促进生长发育，防治慢性非传染性疾病的发生、发展，保证身心健康具有重要作用。

1. 养成良好的饮食习惯

大学生一般上午是功课最多的时候，如果不吃早餐，大脑需要的能量得不到供应，长期下去，会影响大脑的发育。所以，只有吃好早餐，才能保证功课的学习效果。另外，也要注意营养的全面搭配，不能挑食偏食，还要保证饮食规律，不要暴饮暴食。

2. 合理安排作息时间，保证充足的睡眠

睡眠是大脑休息和调整的阶段，睡眠不仅能使大脑皮层细胞免于衰竭，使消耗的能量得到补充，还使大脑皮层的兴奋和抑制过程达到了新的平衡。良好的睡眠有增进记忆力的作用。大学生每天应保证 8 小时的睡眠时间。同时要注意睡觉时不要蒙头，因为蒙头睡觉时，随着棉被内二氧化碳浓度的不断升高，氧气浓度不断下降，大脑供氧不足，长时间吸进污浊的空气，对大脑损伤极大。

3. 养成锻炼身体的好习惯

适量做一些有氧运动对身体大有好处。有规律的有氧运动，能够有效地调动肌体活力，增强身体的免疫功能。所谓有氧运动指的是快步走、骑车、跳绳、爬山、游泳、瑜伽等，每周运动 3 次，每次运动达到每分钟心跳 110～130 次，并持续 30 分钟，即可起到健身的作用。同时，也可以多参加一些文娱活动，不仅能放松心情、增加生活的乐趣，还有助于提高学习效率。

4. 戒掉不良的生活习惯

戒掉不良的生活习惯，如酗酒、抽烟、长时间网聊、玩电子游戏等。

（二）培养健康的兴趣和良好的心态

1. 培养健康的兴趣

“知之者不如好之者，好之者不如乐之者。”兴趣对学习有着神奇的内驱动作用，能变无效为有效，化低效为高效。最好的寻找兴趣点的方法是开阔自己的视野，接触众多的领域。唯有接触，你才能尝试；唯有尝试，你才能找到自己的最爱。而大学正是这样一个可以让你接触并尝试众多领域的场所。因此，大学生应当更好地把握在校时间，充分利用学校的资源，通过使用图书馆资源、旁听课程、搜索网络、听讲座、打工、参加社团活动、与朋友交流、使用电子邮件和电子论坛等不同方式，接触更多的领域、更多的工作类型和更多的专家学者。

小链接

玲玲的成功

学临床医学专业的玲玲爱好文学，平时常写文章，偶尔也有作品见诸报端。她希望毕业后能够回老家某医院工作。大四暑假，玲玲在经常访问的某国内知名网站的主页上，发现该网站正开展征文活动。此时她正好在生活中遇到了一点烦恼，于是有感而发，写了一篇情深意长的文章《离开你的第七天》投给该网站。开学后，求职过程中不算顺利的她，有一天接到该网站的电话，告知她的文章获奖了。

小链接

于是，她找到网站征文活动的负责人，该负责人得知她的求职经历后，问她是否愿意到公司来做事，并许诺丰厚的待遇。玲玲大喜过望，求职的艰难让这份工作显得格外诱人，第二天玲玲便到该网站实习，负责该网站健康版的策划组稿工作。上班后，玲玲成功策划了网站和某社区的一次联谊活动。在试用期三个月过后，玲玲迈进了这一新的行业。

从表面上看，她的求职成功似乎是“妙手偶得之”，其实这与她平时对文学的爱好和练习是分不开的。玲玲最初的求职期望是回老家当一名医生，然而写作方面的爱好却成为她迈入IT公司门槛的“通行证”。事实上，很多IT公司并不缺少技术过硬的研发人员，缺少的是拥有一定的技术功底、对宣传策划和活动组织具有良好领悟力和执行力的人。玲玲求职成功的案例，让我们看到了医科同学加强文学修养、文理兼备的重要性。

人生的路很长，每个人都可以有很多不同的兴趣爱好。在追寻兴趣之外，更重要的是要坚持自己的兴趣爱好。有一本书的作者曾访问了几百个成功者，问他们有哪件事是他们今天已经懂得，但在年轻时却留下了遗憾的事情。在受访者的回答中，最多的一种是：“希望在年轻时就有前辈告诉我、鼓励我去追寻自己的理想和兴趣。”相比之下，兴趣固然关键，但坚持更为重要。因此，大家不必把某种兴趣当作自己最后的目标，也不必把任何一种兴趣的发展道路完全切断。在理想的指引下，不同的兴趣完全可以平行发展，必要时再做出最佳的抉择。理想就像罗盘，兴趣就像风帆，二者相辅相成，缺一不可，它们可以让你驶向理想的港湾。

2. 培养良好的社会心态

社会心态，是指一个国家、一个社会具有普遍性、代表性的心理特征和心理倾向。

良好的心态、健全的人格，是人身心健康的重要标志，也是社会和谐的基本条件。现代社会，工作和生活节奏加快、竞争加剧，大学生更要学会培养良好的心态，来面对当今这个日益多元化的社会。

首先，我们要有感恩之心。要培养自己的感恩之心，感谢父母多年来对自己的抚养，感谢老师们为我们的成功付出的心血，感谢国家为我们创造的各种条件，感谢大学给我们提供了学习深造的机会，感谢同学们在学习、生活各方面给我们的帮助，等等。

其次，我们要培养自己的爱心。这里向大家推荐一本书——《世界上最伟大的推销员》。书中写道：“因为这(爱心)是一切成功的最大秘密。强力可以劈开一块盾牌，甚至毁灭生命，但是只有爱才具有无与伦比的力量。”“我爱太阳，它温暖我的身体；我爱雨水，它洗净我的灵魂；我爱光明，它为我指引道路；我也爱黑夜，它让我看到星辰。我迎接快乐，它使我心胸开阔；我忍受悲伤，它升华我的灵魂；我接受报酬，因为我为此付出汗水；我不怕困难，因为它们给我挑战。”“一个内心充满爱的人可以战胜一切困难和险阻。”“我赞美敌人，敌人于是成为朋友；我鼓励朋友，朋友于是成为手足。”“我要爱每个人的言谈举止，因为人人都有值得敬佩的性格，虽然有时不易察觉。”“我爱雄心勃勃的人，他们给我灵感；我爱失败的人，他们给我教训；我爱王侯将相，因为他们也是凡人；我爱谦恭之人，因为他们非凡；我爱富人，因为他们孤独；我爱穷人，因为穷人太多了；我爱少年，因为他们真诚；我爱长者，因为他们有智慧；我爱美丽的人，因为他们眼中流露着凄迷；我爱丑陋的人，因为他们有颗宁静的心。”“最主要的，我要爱自己。只有这样，我才会认真检查进入我的身体、思想、精神、头脑、灵魂、心怀的一切东西。我绝不会放纵肉体的需求，我要用清洁与节制来珍惜我的身体。我绝不会让头脑受到邪恶与绝望的引诱，我要用知识使之升华。我绝不让灵魂陷入自满的状态，我要用沉思和祈祷来滋润它。我绝不让心怀狭窄，我要与人分享，使他成长，温暖整个世界。从今往后，我要爱所有的人，仇恨将从我的血管中流走。”

第三，我们要心怀“空杯心态”，它让我们时刻可以吸纳新的有用的东西。一个人不能够自满，要有一个空杯的心态，去学习任何可以帮助我们成长的知识和技能。我们要像一块海绵，不断吸收一切营养。

小知识贴士

何谓“空杯心态”

古时候一个佛学造诣很深的人，听说某个寺庙里有位德高望重的老禅师，便去拜访。老禅师的徒弟接待他时，他态度傲慢，心想：我是佛学造诣很深的人，你算老几？后来老禅师十分恭敬地接待了他，并为他沏茶。可在倒水时，明明杯子已经满了，老禅师还不停地倒。他不解地问：“大师，为什么杯子已经满了，还要往里倒？”大师说：“是啊，既然已满了，为什么还倒呢？”禅师的意思是，既然你已经很有学问了，为什么还要到我这里求教？这就是“空杯心态”的起源。

做事的前提是先要有好心态。如果想学到更多学问，先要把自己想象成“一个空着的杯子”，而不能骄傲自满。“空杯心态”并不是一味地否定过去，而是要怀着否定或者说放空过去的一种态度，去融入新的环境，对待新的工作，新的事物。对大学新生来说，我们要忘记过去中学时代的学习方法，不要沉溺于原来的成绩之中，而要学会大学所要的思维和学习方法，利用大学宝贵的时光，多学本领，为将来的职业发展奠定基础。

第四，我们要有平常心。平常心是一种能力，它具体表现为：一是对高估或低估自己所做任何事的成功和失败的概率有准确的预测；二是既积极主动，尽力而为，又顺其自然，不苛求事事完美，有从容淡定的自信心。有平常心的人，能够在遇见任何事情之后都坦然处之，这是年轻大学生克服自我冲动最应该持有的心态。荣誉可以不争，利益可以不要，不管坏事好事，记得一句话：一切为最好的做准备！

没有播种，何来收获；没有辛苦，何来成功；没有磨难，何来荣耀；没有挫折，何来辉煌。

——佩恩

生活是一面镜子，你对它笑，它就对你笑；你对它哭，它也对你哭。

——萨克雷

生在世，绝不能事事如愿。反正，遇见了什么失望的事情，你也不必灰心丧气。你应当下个决心，想法子争回这口气才对。

——马克·吐温

即使跌倒一百次，也要一百次地站起来。

——张海迪

不会从失败中找寻教训的人；他们的成功之路是遥远的。

——拿破仑

成功的意义应该是发挥了自己的所长，尽了自己的努力之后，所感到的一种无愧于心的收获之乐，而不是为了虚荣心或金钱。

——罗兰

第五，要有积极的心态。积极的心态就是在面对学习、生活、工作、问题、困难、挫折、挑战和责任时，都会从正面去想、从积极的一面去想、从可能成功的一面去想，并积极采取行动，努力去做。也就是具有可能性思维、积极思维、肯定性思维。

积极心态主要包括以下内容：

(1) 执着：对个人、企业和团队目标、价值观有坚定不移的信念；

(2) 挑战：能勇敢地挺身而出，积极地迎接变化和新的任务；

(3) 热情：对自己的学习、工作及公司的产品、服务、品牌和形象具有强烈的感情和浓厚的兴趣；

(4) 奉献：能全心全意完成自己的学业、工作或相关事务；

(5) 激情：始终对未来充满憧憬和希望，对现在全力以赴地投入；

(6) 愉快：乐于接受微笑、乐趣，并分享成功；

(7) 爱心：助人为乐，并常怀感恩之心；

(8) 自豪：因为自身价值或团队成绩而深感荣耀；

(9) 渴望：有强烈的成功欲望；

(10) 信赖：相信他人和集体的素质、价值和可靠性。

有积极心态的人会把别人的批评、责骂、建议等，看成是善意的，看成是对自己的“关爱、帮助和造就”，因而会以感恩和学习的心态，虚心听取、思考、分析和反省，从中吸收有利于自己成长进步的营养，促进自己进步。积极心态是一种主动的生活态度，对任何事都有足够的控制能力，反映了一个人的胸襟、魄力。积极的心态会感染人，给人以力量。

第六，要有自尊自信的心态。众所周知，自尊自信的心态能使人产生巨大的精神力量，使人勤奋努力，不断地充实完善自己，积极进取，走向成功。美国教育家戴尔·卡耐基在调查了一些名人的经历后指出，影响一个人事业成功的因素之中，其中学识水平和专业技术只占15%左右，而良好的心理素质要占85%左右。这很明显地告诉我们这样一个道理："自信是成功的第一秘诀，自信是从事大事业所必须具备的因素。"

自尊自信的人，相信自己有能力做好一些事情。自尊自信的人有不服输的精神，做什么事情都想做好。因此，这些人对自己的前途充满信心，对待前进中的困难、挫折有较强的心理承受能力，不会轻易放弃，在困难面前能够奋然前行，有锲而不舍的执着精神。

曾有一位医学前辈说过："当你选择了医学，你就等于选择了奉献，因为它需要你全身心地去付出。"由于医学科学本身的严谨性，医学知识的繁杂，知识更新的快速，医疗服务对象的特殊性等使得高职高专医学生在学生时代及就业时期都需要比别人承受更多的压力。当周围的人在享受灿烂的青春生活时，你不得不对着图谱研究心脏的结构；当窗外莺歌燕舞、花团锦簇时，你不得不埋头苦读准备应考；当你面对病人的无休止苦诉时；当你看着医院里的生离死别时，你都要用平常心去对待。因此，踏上医学之路的学子们更要学会培养良好的心态，以实现自己的宏伟目标。

（三）树立正确的恋爱观

爱情是一个古老而常新的话题，它牵动着无数人的心，大学生对爱情憧憬和向往是很自然的。爱情观是一个人世界观、人生观、价值观在恋爱感情问题上的具体体现，正确的爱情观会引导人走向健康、幸福和美好的生活。

我也想谈一次恋爱

1. 大学生恋爱现象的特点

所谓爱情是一对男女基于一定客观物质条件和共同的人生理想，在各自内心形成的相互间最真挚的爱慕，并渴望对方成为自己终身伴侣的最强烈、专一和稳定的感情。

（1）大学生恋爱的普遍性。刚刚离开家难免觉得孤单，失落，需要有一个心理支撑，需要有个人来关怀和照顾。而且，刚刚告别黑色的高考，经历了多年的应试教育终于可以暂时喘息。恋爱的年龄、恋爱的时间、恋爱的空间、渴望恋爱的人，主观、客观条件都成为大学生恋爱的积极因素。大学生恋爱也就越来越普遍化。

（2）注重恋爱过程，轻视恋爱结果。现在在部分大学中流传着这样一句顺口溜——"不求天长地久，只求曾经拥有。"一些大学生把恋爱当作一种体验，借此寻求刺激，满足精神享受。一些学生为了充实课余生活，排除寂寞，填补空虚，把恋爱当作一种消遣文化。这种行为实质是只强调爱的权利，而否认了爱情的责任。

（3）主观学业第一，客观爱情至上。在对待学业与爱情的关系上，大多数大学生认为"学业高于爱情"，这说明绝大多数的大学生能够正确地看待学业与爱情的关系，把学业放在首要位置，但是这只是大学生主观上的愿望而已。教育实践经验表明，真正在客观上、行为上能够正确处理好学业与爱情关系的大学生虽然也有，但为数不多。更多的是一旦坠入情网就不能自拔，强烈的感情冲击一切，学习受到严重影响。很多大学生在不知不觉中变得"儿女情长，英雄气短"，成就事业的热情一天天冷却，爱情逐渐成为生活的唯一追求。

（4）失恋态度宽容，承受能力较弱。大学生中"有情人"虽多，但"成眷属"者少，这样就产生了一批失恋大军。对北京某高校的学生调查发现，该校学生主张"不成恋人成朋友"的占49%，"发奋学习驱散失恋痛苦"的占36.5%，"找新的对象抚平创伤"的占10.6%，"报复对方"的占2.4%，"悲观厌世"的占1.6%。感情挫折后出现一个时期的心理阴暗期是正常的，对自己和对方都要采取宽容的态度，尊敬对方的选择，但有一部分学生摆脱不了"感情危机"，有的失去信心，放弃对爱情的追求，立下誓言："横眉冷对秋波，俯首甘为光棍。"

2. 剖析当代大学生的恋爱价值观

正确的世界观、价值观能够指导人们正确的行为。爱情观作为世界观价值观的一部分，是爱情之歌的主旋律。恋爱价值观首先表现在如何看待爱情在人生中的位置，即如何对待爱情与学业、爱情与事业的关系。

（1）重视爱情在人生中的地位和在生活中的价值。据资料显示：在被调查的262名同学中表示"有与异性交往的愿望"的占92.6%，表示"交往愿望强烈"的占13.5%，有37.7%的同学在大学期间有过恋爱的经历。这组数据强有力地说明了当代大学生已把爱情作为生活中不可缺少的一部分，有着其他生活内容不可替代的地位。

（2）在对待爱情与学业的问题上，力争处理好爱情与学业的关系。精力的有限、学业的繁重和对爱情的憧憬，使社会、学校乃至学生自己都有充分的理由怀疑大学生是否有处理好爱情与学业关系的能力。

现实中确实有把幸福的爱情转化为积极的力量，从而促进学业，净化人格的例子；同时也存在着因花前月下、卿卿我我而荒废学业、追悔莫及的事实。这就对坠入爱河的大学生们提出了挑战，要树立正确的爱情观。

3. 树立正确的爱情观——当代大学生恋爱的指南针

不成熟的恋爱心理也会给恋爱带来一些负面影响，许多高校每年都会有因失恋等原因而做出极端行为的同学。所以，树立正确的爱情观已是刻不容缓的事。我认为作为当代大学生，在恋爱中应该注意以下几个问题：

（1）摆正爱情的位置，是树立正确爱情观的基础。正处于学习黄金阶段的大学生应该正确处理爱情与学业、事业、人生的关系，用爱情中的积极因素来鞭策学习，奠基事业，从而奔向美好人生。

（2）加强责任感和义务感，是树立正确爱情观的重要保障。当代大学生具有强烈的爱的欲求，但他们在对爱情与恋爱的认识上道德观念模糊，盲目性很大。很多人情感需要大于理智成分，不重视恋爱的前景和结局，只重视过程中的欢悦，这是缺乏责任感的表现。因此，必须从提高自我道德修养水平出发，培养大学生的责任感和义务感，使爱情不断地深化和升华。

（3）培养自制力和意志力，是树立正确爱情观的重要内容。校园中一些意志薄弱的学生思想盲目性大，在自我发展中没有明确的方向感，分辨是非能力差，很容易为感情挫折所打倒，或因不良外部诱惑而误入歧途。因此，要加强大学生的道德情操和意志力培养，培养他们自我判断、自我评价、自我监督、自我控制和自我教育的能力，使他们依靠自身的力量去克服挫折和抵制外部不良诱因。

(4) 促进大学生正常交往是树立正常爱情观的基本途径。大学生应广泛参加各种形式的健康、有利的社会实践活动，既丰富社会阅历，又使生活充实。同时，通过活动可以促进异性之间的交往，在交往中加深了解，逐步发展感情。

处于恋爱中的大学生要用意志控制自己的情感，培养高尚的情趣，自尊自重、相互鼓励。此外还要做到行为端正，举止得体。恋人间的亲昵，一定要掌握分寸，持之有度，要保持大学生良好的精神风貌。

古往今来，许多伟人在爱情遭受挫折以后，并没有被失恋的痛苦所压倒，而是化痛苦为动力，终于在事业上取得了非凡的成就。歌德失恋后没有陷入深深的痛苦之中，而是把自己破灭的爱情作为写作的素材，写成了《少年维特之烦恼》，以此成为事业成功的起点。年轻的居里夫人因失恋有过向尘世告别的念头，但她很快就从失恋的痛苦中崛起，投身于科学事业中，她在四年的大学生活中，把全部精力都用在学习上，最后以优异成绩获得了两个学位——物理学硕士与数学硕士。罗曼·罗兰也曾饱尝被心上人抛弃的痛苦，情场受挫后，他置一切于度外，集中精力奋发创作，经过 10 年构思，10 年写作，完成了轰动世界文坛的名著《约翰·克利斯朵夫》。法国著名作家雨果曾说过："人生有两次出生，头一次是在出生的那一天，第二次则是在萌发爱情的那一天。"爱情，踏着青春的脚步而来，是青春的象征，而青春，也以爱情增加其活力。

大学生要怀着健康的恋爱心态，使自己的情感更加的美好，从而更好更快地成长。正确对待失恋。失恋不是失去爱的权利，也不是被爱神永远抛弃。在人生的路途中不乏终身伴侣，在事业的奋斗中更不乏志同道合的战友，只要勇敢地扬起生活的风帆，投身于伟大的事业，就一定能够获得更加甜蜜、幸福的爱情。

(四) 学会自我管理

1. 学会财务管理

"财商"作为当代社会必备的技能之一，已经越来越受到大学生们的重视。如今在大学校园里，各类理财社团活动开展得如火如荼，反映了大学生们对理财知识的强烈渴求。然而理财是包括财务规划在内的综合课程，从初级阶段的财务规划意识到中级阶段的完善理财理论知识并初步实践，到高级阶段进行实战投资，大学生理财应逐步实现"三级跳"，做好财务规划。

钱怎么总是不够用

大多数在事业上有成就的企业家都对合理理财持支持和肯定的态度。"理财"这个字眼一时间成为众人瞩目的话题。然而对没有固定收入，"无财可理"的大学生来说，对"理财"的理解，不能局限在对已经拥有的资产的使用上，而应该包含获得资产的方法。理财是通过科学而合理的方法来获得财富，并通过对这些财富的正确使用以达到财富的增值。也就是说，大学生理财，既要“开源”，创造收入；也要“节流”，对收入加以恰当地使用。

(1) 适当“开源”，早做实战准备。毫无疑问，大学校园生活正是迈向社会生活的前沿阵地，为了工作后的理财着想，大学生也需要在毕业前为自己做好一些投资理财方面的准备。

在做好自己财务规划和人生设计的基础上，大学生可以适当找一些“开源”的方法，赚一点钱来补贴自己生活和学习。比如，奖学金，各个大学都有奖学金制度，这也是最受家长欢迎的“赚钱”方式；协助老师搞研究也是获得金钱的方式之一，这是名副其实的“助学”，可以利用自己的专业和专长来协助老师进行科学研究；同时，做家教、在假期中到企业或公司打工也是被大学生广泛采用的方式，有些大学生也在利用业余的时间做兼职工作，如导游、导购、餐厅服务、市场调查、商品直销等。近几年，教育部鼓励在校大学生创业，不少学校不仅开设了创业课程，而且还建立了创业园、创业孵化基地。比如，河南农业大学的大学生创业园中有宠物医院、花博士、家教中介机构等十余个创业团队，为学生的创业和理财学习提供了便利。

但有关专家提示，“开源”的同时要注意以下几点：一是不要太关注当前赚的一些小钱，重要的是学习和经验积累；二是赚了一些钱也不要都花掉，要有适当的积蓄，这样在关键时刻可以用上，或者为有机会的时候留一点本钱；三是由于现在赚钱主要靠出售自己的时间，很难用钱来赚钱(因为现在他们几乎都没有什么积蓄)，因此不要过度；四是大学生要根据自己的风险承受能力来适当投资，不要太关注一些投机工具，如炒股票、外汇、期货等。

从理财业务操作的角度，大学生毕业前，也可以适当做些准备。比如办理好证券账户和基金账户。通常情况下，大学生刚参加工作，压力都会比较大，提前办好这些账户，省去了工作后的来回奔波。

(2) 尽量“节流”，学会精打细算。大学生做好财务规划的另一个方面就是要花钱有度，合理消费。先请大家读一读下面的小故事：

案例

一名大学生说：“每个月的钱就是那么稀里糊涂花的，花没了才知道这个月还没过完。至于下个月，要不厚着脸向家里要，要不就先借着。”

某高校的方同学说，本学期他带了 3 500 元的生活费。到了学校后，租房子一次性支付了 1 400 元。他和女友一起逛街，并给女友买了一套衣服，自己买了一双运动鞋，晚上吃了一顿西餐，一天就花了 700 多元。这天就花了他一个月的生活费。现在，距离学期结束还有近两个月，口袋里没什么钱了。

专家分析

上面的例子是在校大学生缺乏理财意识、盲目消费的典型，他们也因此而常常感到苦恼。其实，如果能增强自己的理财意识，注意该花钱的时候花钱，不该花的时候不花，根据实际需要，把握消费的“度”，就不会出现上面所讲述的那种狼狈和尴尬了。

下面向大家介绍一些“节流”的原则和技巧：

掷地有声，钱要花在刀刃上。很多家庭条件优越的大学生早已不知“柴米”之不易，没有丝毫的节俭意识。家长的资助大多是他们的主要经济来源，家里“源头”的充足让他们的支出更为随意。盲目高额消费，追求名牌，一味攀比是很不好的消费现象。实用加实惠是生活消费中的合理原则。任何所谓的潮流都不会长久地把持整个社会，盲目追求的潮流消费品往往只不过是昙花一现。作为学生，应该把钱花在必须花的地方，把钱花在刀刃上才是理智的选择。吃要营养均衡，穿要耐穿耐看，住要简单实用，行要省钱方便。

有意识地控制自己的消费。有的学生会抱怨：不知道钱是怎么花光的，也不知道该如何控制支出。这个时候学会建立自己的“小账本”是个很好的办法。尝试记账和预算可以很有效地帮助你安排自己的收入和支出，也可以避免糊涂消费。

养成节俭的好习惯。生活中有很多小开支，这里几元，那里几块，看似不起眼，但积少成多就是一个大数目。要学会从小事做起，逐步养成节俭的习惯。勤俭节约似乎是老生常谈的话题，但是这个好的习惯会让我们终身受益。

把握消费时机。需要添置必需衣物的时候要学会稍稍“超前”准备。很多大商场在换季时衣服都会低折扣销售。所谓的新款在刚刚上市的时候往往标出高价，但是在季末销售时的价格会是先前的几分之一。所以，避开商家的销售高价期，学会“按时”消费，会给自己节约一笔不小的数目。

2. 学会时间管理

相信很多同学在高中时就已憧憬着美好的大学生活，幻想着那丰富多彩的自由空间，可是一旦进入其中，你将不得不常常在学习与参加校园活动的选择中左右为难。同是“宿舍—课室—食堂”三点一线的格局，为什么有人活得潇洒充实，津津有味，而有的人却疲惫空虚，百无聊赖？这就在于时间的安排是否得当。一个人可以做时间的主人，也可以做时间的奴仆。如果你想在事业上获得成功，那么必须学会安排好自己的时间，使时间得到最有效的利用。

(1) 学会挤时间。对大学生来说，三年的时间是短暂而宝贵的，要学的东西又太多。因此，如何在有限的时间内做更多的事，学会挤时间就是大学生时间规划的第一步。我们无法增加生命的长度，唯有增加生命的密度。

挤时间有各种各样的挤法。有些人是随挤随学，挤出一点就马上利用起来学一点；有些人是把挤出的时间累积到一起进行学习——下午放学途中抓紧处理日常琐事等，于是晚上学习的时间就挤出来了。这种把挤出来的时间累积到一起学习的做法是很好的。在所有的可积累起来的学习时间中，早晨和晚上的时间是最好的，因为这两段时间比校长，比较完整，环境比较安静，脑子又比较清醒，适于读书、思考、钻研问题。因此，有“一日之计在于晨”“闻鸡起舞”的佳话；也常有“灯下漫笔”“夜读拾零”之类的书文。

举一个挤时间的例子。比如要开始学习了，好不容易在书桌旁静下心来，不一会儿就发现一本重要的参考书不在手边，得回过头去找书；一会儿又发现做作业画图用的尺子、圆规不见了……这样零零碎碎地浪费了不少时间，有些比较善于挤时间的同学，在开始学习之前先把学习中要用的工具书、作业本、文具等准备得一应俱全，节约出更多的时间用以学习。

（2）要对学习和活动给予正确的定位。丰富多彩的校园文化活动是专业学习的有力补充，是课堂教学的延伸和扩充，也是锻炼和提升自我能力的重要方式，因而应摒除“象牙塔”中闭门谢客的观念，积极融入多姿多彩的校园文化氛围中，彰显个性，锻炼自我。但同时，又要看到学习是学生立身之本，首要之务，万不可因参加活动而将书本知识束之高阁，将“文化先锋”当作逃避学习的借口。否则，就会拣砖弃玉、丢西瓜拣芝麻，甚至顾此失彼，一无所获，到头来后悔莫及。

（3）要学会劳逸结合，提高效率。不会休息的人也不会生活。人的精力是有限的，已经精疲力竭了，还要继续干下去，不仅效率低，身体还会受影响。如果把身体搞垮了，还怎么能继续学呢？生活中应充满阳光与欢笑，而青春的日子更应该让歌声伴梦想飞翔。然而，有的学生整天埋头学习，常开夜车，很少参加课外活动，每天都生活在“宿舍—教室—食堂”三点式的单调格局中，花在学习上的时间很多，但是成绩却很一般，这种“疲劳战术”是不可取的。古人云：“文武之道，一张一弛”，在精疲力竭、昏昏欲睡之时，还来个“头悬梁锥刺股”，刻苦研读，这势必会事倍功半，与其这样，不如休息一下，放松自己绷紧的神经，然后再学，这样的效率反而会高些。学习如此，工作也是如此。玩的时候要玩得开心，娱乐虽花去一点时间，但却换来充沛的精力，提高了工作的效率，何乐而不为呢？

（4）要有一定的毅力。从心理上说，毅力属于意志的范畴，作为意志的一种基本品质，毅力也是人们为实现一定目的而去克服困难的心理过程及其行为表现。这里有两点应该明确：第一，毅力是在克服困难的心理过程中表现出来的；第二，克服困难又是为实现一定的目的。明确了这两点，对于我们锻炼毅力很有好处。

目前，网络、电视、游戏等等，诱惑我们的东西很多，社会活动和兼职也会分散我们的精力，如何在这些诱惑和课外活动的夹缝中，保持学习毅力是我们应当重视的事情。学习毅力是指学生自觉地确定学习目标，有意识地控制和调节自己的学习行为，克服困难，以实现预定学习目标的心理过程。顽强的学习毅力不但能促进学生智力的发展，而且有利于培养学生的创新人格和创造能力。

对于毅力不是很强的人，还需要其他辅助手段强化自己学习。比如，定期给自己下任务、定目标，如果在规定的时间段没有完成，或者超前完成，就惩罚，或者稍微奖赏自己。

3. 加强人脉建设

大学是人际关系走向社会化的一个重要转折时期。踏入大学，就会遇到各方面的人际关系：师生之间、同学之间、同乡之间以及个人与班级、学校之间的关系等。中国人最讲究的便是人和，人脉资源是最为重要的，如果你想获得事业的成功，就要尽早建立自己的人脉资源网，越早搭建人脉网，你就越早步入成功的殿堂。在你的人脉中，上可有达官贵人，下可有平民百姓，这样当你有喜乐尊荣时，会有人为你摇旗呐喊；当你有事需要帮忙时，会有人为你铺石开路，两肋插刀。人脉的力量往往就是在这个时候体现出来的。

人脉有多广，情报就有多广。在信息发达的时代，拥有无限多的信息，就拥有无限发展的可能性。信息来自你的情报网，情报网就是你的人脉网。人脉有多广，情报就有多广，这是你事业无限发展的平台。生意人最重要的情报来源是“人”。越是高端的经营人才，越重视这种“人脉情报”，越能为自己的发展带来方便。

人脉资源是一种潜在的无形资产，是一种潜在的财富。从表面上看，它既不能当饭吃，也不能当钱花，但是聪明的人却能够拨开它的“外皮”，袒露其内里，将之转化成现实的财富，看得见的金子。所以说人脉既有形也无形，它是有形还是无形要看是对哪一双眼睛来说。所以，我们一定要让自己做个眼睛明亮的人。

处于青年期的大学生，思想活跃，精力充沛，兴趣广泛，人际交往的需要极为强烈。他们力图通过人际交往去认识世界，获得友谊，满足自己物质上和精神上的各种需要。因此，大学生希望被人接受、理解的心情尤为迫切。然而对大学生而言，他们对人际关系的追求往往带有较多的理想化色彩，无论是对同龄朋友，还是对师长，往往是以理想色彩看待交往，希望交往不带任何杂质，同时他们也常常以理想的标准要求对方，一旦发现对方某些不好的品质就深感失望。从个人讲，大学生必须学会如何调节自己，改善人际关系。

小知识贴士

建立人脉圈的几个法则

(1) 大学生必须克服知觉中的偏差。第一印象对人们有很长久的影响。因此，每个同学都要时时注意自己的表现。比如，我们有时在入学之初对某个同学形成了不好的印象，往往在以后很久也不会改变，这样就会影响同学间的正常交往。其实说不定这个同学是一个很优秀的学生，只是由于开始时在某一点上引起你反感，故而形成了不好的印象。

有的同学机械地将所交往的对象归于某一类人，不管他是否表现出该类人的特征，都认为他有这类人的特征，总是把对这类人的评价强加到他身上。比如，通常的大学生都会认为家庭社会地位高的学生傲气、不好相处。但其实其中很多同学还是很友好，很好交往的。这种先入为主的想法常常妨碍大学生的正常人际交往。

还有的大学生往往会“以小人之心，度君子之腹”，就是在与人交往时，往往把自己具有的某些不讨人喜欢、不为人接受的观念、性格、态度或欲望转移到别人身上，认为别人也是如此。这样很容易产生误解，不利于大学生的人际关系，我们必须改变这种做法。

(2) 大学生要塑造良好的个人形象，培养良好的交往品质，增进个人的魅力。调查显示，大学生在交往中，往往会喜欢与有良好个人形象的人交往。首先我们要提高个人的综合素质，努力提升自己的外表形象。加强自我训练，提高自身的心理素质，以积极的态度进行交往。

小知识贴士

大学生还必须具备各种良好的交往品质，如真诚、信任、克制、自信、热情等。真诚的交往能使交往者的友谊地久天长；信任能够从积极的角度去理解他人的动机和言行；“克制”往往会“化干戈为玉帛”，使许多事情可以避免，也能以大局为重；自信在大学生的人际交往中总是给人不卑不亢、落落大方、谈吐从容的感觉，让人对你产生好感，便于人际交往；热情在大学生的人际交往中能给人以温暖，能促进人的相互理解，能融化冷漠的心灵，待人热情往往可以沟通人们之间的感情，促进人际关系的改善。因此，我们要努力培养各个方面的良好品质。

(3) 大学生必须学会交际的技巧。大学生要注意培养良好的交往技巧，在与人交谈时，语言表达要清楚、准确、简练、生动；要学会有效聆听，做到耐心、虚心、会心，把握交谈的技巧，吸引和抓住对方。

学会了解和沟通对于大学生建立良好的人际关系很重要。一般而言，善于交往的人，往往善于发现他人的价值，懂得欣赏他人，愿意信任他人，对人宽容，能容忍他人有不同的观点和行为，不斤斤计较他人的过失，在可能的范围内帮助他人而不是指责他人。与朋友相处应存大同，求小异。这样做可以得到很多的人真心相处。

大学生更应该学会赞扬。如果同学被你赞扬，他会觉得自己是很优秀的，自己被肯定，他也一定会对你产生好的印象。适时的赞扬可以增进彼此的吸引力。我们有必要学会赞扬，一般人都不喜欢被批评。批评是负性刺激，通常只有当用意善良、符合事实、方法得当时，才会产生效果，才能促进对方的进步。而且批评时要注意场合和环境，还应对事不对人，否则会挫伤对方的积极性与自尊心，措辞应该是友好的，真诚的。

沟通要注意语言的使用，说话不要太刻薄，也要注意技巧。对每一个风华正茂的大学生来说，都需要有丰富的人际关系世界，并在这个世界上帮助与被帮助、爱与被爱、共享欢乐与承受痛苦。在社会交往中，那些主动开始交往活动，主动去接纳别人的大学生，在人际关系上往往较为自信。对于在校的大学生，要从各个方面锻炼自己，克服各方面的心理问题，改善人际关系，使自己能够适应大学生活。

大家千万要注意一点，那就是，不要一听说人脉，就认为是走后门，一提建立人脉就是达官贵人、富家子弟的事。特别是普通家庭或农民家庭出身的同学，也没必要妄自菲薄，拒绝人脉的建立。人脉的建立完全取决于自己。每个人可以根据自己的特点选择自己的方法进行人脉的建设和管理。这里介绍一个真实的案例。

案例

扎布，内蒙古某大学的大三学生，来自内蒙古一个农民的家庭。从初中离开家乡到县城后，一直独自在外读书。这个完全没有家庭背景的同学，由于自己的努力，参加了内蒙古大学生生涯规划大赛，获得特等奖并被选派参加全国大学生职业生涯规划大赛。

在大赛中，结识了来自全国各地的其他学校的老师、同学和企业家，还有不少专家和领导。在大二暑期时，他被邀到某教育公司实习，实习期间他被获准进入教育部全国高校毕业生就业指导中心参观，并作为工作人员参加了全国大学生创业大赛。就这样，他一步步从内蒙古的农村走向了社会，进入了广阔的天地。他的人脉圈就是靠自己的努力而逐步建立的。这些人脉圈对他今后的就业会有很大帮助。

（五）培养良好的思维方式

思维方式是人们大脑活动的内在程式，它对人们的言行起决定性作用。思维方式也是影响一个人职业生涯发展的主要因素之一。东西方文化中显现出东方人和西方人在思维模式上存在极大的不同。

怎样做到不人云亦云

东西方思维方式的差异主要体现在辩证思维与逻辑思维上。学者们常常用辩证思维来描述东方人，尤其是中国人的思维方式；用逻辑思维或者分析思维来描述西方人，尤其是欧美人的思维方式。中国人的辩证思维包含着三个原理：变化论、矛盾论及中和论。

变化论认为世界永远处于变化之中，没有永恒的对与错；

矛盾论则认为万事万物都是由对立面构成的矛盾统一体，没有矛盾就没有事物本身；

中和论则体现在中庸之道上，认为任何事物都存在着适度的合理性。对中国人来说，“中庸之道”经过数千年的历史积淀，甚至内化成了自己的性格特征。

与中国人的辩证思维不同，西方人的思维是一种逻辑思维。这种思维强调世界的同一性、非矛盾性和排中性。

同一性认为事物的本质不会发生变化，一个事物永远是它自己；

非矛盾性相信一个命题不可能同时对或错；

排中性强调一个事物要么对，要么错，无中间性。

西方人的思维方式也称分析思维，他们在考虑问题的时候不像中国人那样追求折中与和谐，而是喜欢从一个整体中把事物分离出来，对事物的本质特性进行逻辑分析。

正是因为思维方式取向的不同，在不少情况下，东方人和西方人在对人的行为归因上往往正好相反：美国人强调个人的作用，而中国人强调环境和他人的作用。

中国人的认知以情境为中心，西方人则以个人为中心；中国人以被动的态度看待世界，西方人以主动的态度征服世界。

因此，年轻的大学生们在对待所接受的信息时，不能教条地相信，而要敢于破除迷信。

要敢于对一切理论、观点、概念，包括那些已成定论的、那些风行于世的、那些貌似高深的以及自我积累形成的信息，都抱着科学的怀疑精神，都要有一股冲破桎梏的锐劲。尤其对那种自己比较信服的理论，更要警惕被其束缚，注意经常拿实际情况去对照检查一下，自己的思考、说话、写作，也应尽量避免引用其现成的观点思想。要时时、事事、处处注意锻炼自己从实际中总结自己的观点，用实际来检验各种思想观点的能力，让思维方式逐步走上实事求是的正确轨道。下面主要介绍两种思维方法：

1. 培养形成大脑优势兴奋灶的能力

优势兴奋灶是医学上的一个术语，意思是在大脑的某个部位形成了一个兴奋点。当这个兴奋点建立之后，不管它接触到什么信息，大脑就会自动把这些信息加工整理成为与这个兴奋点有关的某一专题的有用信息。也就是说，这种优势兴奋灶形成之后，对我们专心致志地做某件事情有极大的帮助。在信息爆炸的时代，优势兴奋灶可以帮助我们甄别信息的真伪，帮助我们提炼有用的信息，提升我们的工作效率和能力，而优势兴奋灶是可以通过有目的训练形成的。

小知识贴士

培养和建立优势兴奋灶的方法

当确定一个我们希望关注的主题之后，要有意识地每天都想着它，不管是走路还是睡觉，也不管是看电视还是报纸，都尽量设想所接触的事件与主题有关。每天做一个笔记，记录和分析报纸上或者电视上某条新闻与某事件的关联性。连续一个月。就可以在你的大脑中形成对这一主题的优势兴奋灶。

比如，我想选择创业，但我不知道怎样在专业领域内创业，那么我就可以从头开始，思考我所学的专业（比如是临床医学），去思索我的专业中有哪些我感觉迷惑、不理解或者有哪些特别使自己自豪的地方，思索这些知识怎么才能够为更多的人服务，思索为什么医院那么多病人，这是医学的问题还是……这样的话，从自己的课本、从老师的讲课、从同学的讨论、从实习见习中的所见所闻、从与家人或病人的交流中、从新闻媒体的报道中，都可以关注到我所想得到的东西。经过大概一个月左右的训练，大脑优势兴奋灶就可能形成，这样的话，我每天看到的、闻到的、听到的、感觉到的所有一切信息，都会在优势兴奋灶中自动加工成我所需要的信息，为我的创新创业选择服务。

2. 思维导图法

思路决定出路。大学生的优点首先要体现在思维能力上。因此，思维模式是大学期间大学生们最应该培养的东西。思维导图法是近些年来比较受关注和被推荐的一种思维方法，下面做一介绍。

思维导图又称心智图，是由托尼·巴赞（Tony Buzan）创造性提出的。它是一种表达发射性思维的有效的图形思维工具，也可以说是一种革命性的思维工具，具有简单却又极其有效的特点。

思维导图是以放射性思考模式为基础的收放自如方式，除了提供一个正确而快速的学习方法与工具外，运用在创意的联想与收敛、项目企划、问题解决与分析、会议管理等方面，往往产生令人惊喜的效果。它是一种展现个人智力潜能极致的方法，可提升思考技巧，大幅增进记忆力、组织力与创造力。它与传统笔记法和学习法有量子跳跃式的差异，主要是因为它源自脑神经生理的学习互动模式，并且具有人人生而具有的放射性思考能力和多感官学习特性。

思维导图为人类提供一个有效思维图形工具，运用图文并重的技巧，开启人类大脑的无限潜能。思维导图充分运用左右脑的功能，协助人们在科学与艺术、逻辑与想象之间平衡发展。近年来思维导图完整的逻辑架构及全脑思考的方法在世界和中国更被广泛应用在学习及工作方面，大量降低所需耗费的时间以及物质资源，对于每个人或公司绩效的大幅提升，必然产生令人无法忽视的巨大功效。

（六）培养科学的世界观

我的梦与中国梦

最重要也是最关键的是我们要注重世界观的形成。在我们国家，我们弘扬马克思主义的辩证唯物观等价值观，推崇我国的传统文化精髓——忠、孝、礼、义、信、仁、耻，在加强法制的同时，我们也强调以德建国。我们的国家正处于社会主义初级阶段，所以我们还要用历史唯物观辩证地看待我国社会与发达资本主义社会存在的差距；同时，对西方的各种理论我们也要学会批判地吸收，不能盲目崇拜。特别是在全球一体化的过程中，要善于识别各种有害的思潮，把自己培养成合格的社会主义建设者。

梦想是激励人们发奋前行的精神动力。有梦想一个人才能成功；梦想有多大，成就才有多大；人类因梦想而伟大，人生因拼搏而精彩。

梦想实际上就是自己心中潜藏的欲望，逐渐发展成为理想。有了这个理想，你就会想到要去拥有它、实现它、战胜它。比尔·盖茨年幼时想把当时传说中的计算机带入每个人的家中，成为生活的一部分，在当时看来确实是个梦想，但结果显而易见不用多说，在计算机迅猛发展的今天，比尔·盖茨和微软创造了人类想都不敢想的奇迹。

理想是由梦想发展和成熟而来，梦想是理想最初的雏形。在世界不断发展的同时，在我们的思维日臻成熟和完善时，也就成就了由梦想到理想的蜕变。于是，我们不断付出，不断奋斗，有了这种信念和行动，我们最终能实现理想，那由梦想蜕变而来的理想。让我们的梦想，照进现实。因为这都是我们一路走来，无悔的抉择。

梦想，帮助人们跨越了一个又一个的困难，让人们实现了一个又一个的愿望！梦想，让人们能够生活在充满着进步的社会！因为有了梦想，所以人们会为实现自己的梦想而去努力！

小链接

中国梦

2012年11月29日，习近平总书记在国家博物馆参观“复兴之路”展览时，第一次阐释了“中国梦”的概念。他说：“大家都在讨论中国梦。我认为，实现中华民族伟大复兴，就是中华民族近代以来最伟大的梦想。”

中国梦的最大特点就是把国家、民族和个人作为一个命运的共同体，把国家利益、民族利益和每个人的具体利益都紧紧地联系在一起。“实现中国梦必须走中国道路，必须弘扬中国精神，必须凝聚中国力量”。

习近平总书记强调，“中国梦归根到底是人民的梦，必须紧紧依靠人民来实现，必须不断为人民造福。”“中国梦”关乎着中国未来的发展方向，凝聚了中国人民对中华民族伟大复兴的憧憬和期待；它是整个中华民族不断追求的梦想，是亿万人民世代相传的夙愿，每个中国人都是中国梦的参与者、创造者。

梦想源于现实，又高于现实，中国梦的实现，任重而道远。“有梦就有蓝天，相信就能看见。”

习近平总书记认为，实现中国梦必须弘扬中国精神。这就是以爱国主义为核心的民族精神，以改革创新为核心的时代精神。这种精神是凝心聚力的兴国之魂、强国之魂。

梦想是激励人们发奋前行的精神动力。当一种梦想能够将整个民族的期盼与追求都凝聚起来的时候，这种梦想就有了共同愿景的深刻内涵，就有了动员全民族为之坚毅持守、慷慨趋赴的强大感召力。实现中华民族伟大复兴，是全体中华儿女的伟大梦想和共同愿望，也是中国近现代史的主题。

“中国梦”的内涵，是实现国家富强、民族复兴、人民幸福、社会和谐。当代中国所处的发展阶段，决定了全面建成小康社会是“中国梦”的根本要求，相应地，“中国梦”也呈现出这个阶段的诸多重要时代特征。

中国梦是民族的梦，也是每个中国人的梦。

中国梦是追求和平的梦。中国梦需要和平，只有和平才能实现梦想。拿破仑说过，中国是一头沉睡的狮子，当这头睡狮醒来时，世界都会为之发抖。中国这头狮子已经醒了，但这是一只和平的、可亲的、文明的狮子。

中国梦是追求幸福的梦。

中国梦是奉献世界的梦。“穷则独善其身，达则兼济天下。”这是中华民族始终崇尚的品德和胸怀。中国一心一意办好自己的事情，既是对自己负责，也是为世界做贡献。

青年兴则国家兴，青年强则国家强。青年一代有理想、有本领、有担当，国家就有前途，民族就有希望。中国梦是历史的、现实的，也是未来的；是我们这一代的，更是青年一代的。中华民族伟大复兴的中国梦终将在一代代青年的接力奋斗中变为现实。

同学们，学会造梦吧！为实现自己的梦想，努力学习，勤奋刻苦，把自己培养成有益于社会的参天大树。

（七）学会明势

明势的含义分为两层：一是要明势；二是要明事。

1. 明势

势，就是趋向。比如，做期货的人都知道，要想赚钱，关键是要做对方向，这个方向就是势。势又分大势、中势和小势。

大势就是一种国家的政策性导向。我国的“十三五”规划纲要对我国的产业调整做了明确说明，比如，国内资源型产业向中西部转移的政策，东南沿海接轨外部资源的产业圈建立；沿边地区的产业布局，其中有云南面向西南边境的产业区、广西面向东盟的产业区、新疆面向中亚的产业区、内蒙古、东三省面向蒙古、俄罗斯的产业区等。这些产业转移以及产业区的建立给我们提供了无数就业和创业机会。抓住了这个机会，就可以满足我们职业发展的需要，让我们丰衣足食。我们的大学生要想在大学毕业后能够抓住创业、就业机会，一定要了解国家的发展趋势和大政方针。所以，学会明势是我们必须掌握的能力。

中势指的就是市场机会。对于大学生来说，中势就是当前的就业机会。比如，目前的热门行业是什么，行业中的稀缺专业是什么等。所以说，大学生要了解专业，还要了解行业发展趋势，才能顺势而为，顺利就业。

小势就是个人的性格、兴趣、能力和价值观。大学生在就业时，一定要找到那些适合自己能力、契合自己兴趣、符合自己价值观、可以发挥自己特长的工作，这样才能在工作中积极主动地投入，获得持续稳定的发展。

2. 明事

明事之道在于把握分寸，“害宜避，而有不能避之害；利可趋，而有不可趋之利。”凡事不可不求，亦不可强求。我们每个人都在谋事、做事、行事，然而每件事都蕴含着深刻的事理，若想把事情做好，我们首先要对事理有明确透彻的认识，做个明事之人。

坦诚做人，真诚做事。做事与做人是相辅相成的，真诚待人、恪守信义是赢得人心、产生吸引力的必要前提。待人真诚一点，守信一点，能更多地获得他人的信赖、理解，能得到更多的支持、合作，真诚的心，才能唤起真诚的共鸣。以诚待人，别人也一定会以诚相见。我们生活中要养成真诚待人的习惯，也只有这样，每个人的心灵才会美好而快乐，才会愉快地生活每一天。

为人处事，要小事糊涂，大事精明。自古成大事者，往往是不拘小节的人。这种人并非是不注重细节，不讲原则，也不可认为其是随波逐流，而是对不关大局的小事情，不过分地斤斤计较。

为人处事，善用方圆之道。“方”是做人之本，是堂堂正正做人的精神脊梁，这个世界上最受欢迎、最受爱戴的那些人物无不是具有“方”之灵魂。武打小说之所以备受欢迎，其中一个重要原因，也正在于它歌颂了一种侠义精神，大丈夫有所不为，有所必为。如果说“方”是品行端正，那么“圆”即为婉转机警。自古以来，软硬兼施、刚柔并济不仅仅是奸诈小人深谙之道，也是正人君子善用之方法。只不过二者各取其用，小人用之达到不可告人的目的，君子用之维护正义，捍卫尊严。我们既要以“方”为立身处事的根本，还要以“圆”来包裹自己，减少行事的阻力，二者相辅相成，才能营造出和谐的人际关系。

会说话的人好办事。说话是一门艺术，在人际关系中起着重大的作用。心里有好的思想，需要有好的说话技巧，才能合理地表达出自己的想法。我们在人际交往中必须要学会说话的种种方式和策略，才能达到事半功倍的有效沟通效果。会说话的人都具备以下的素质：首先是语言表达清楚，每个字和词都要说清楚，而且要语速适中，言辞合理，语言条理清晰，切不可口不择言，不知轻重地张口就说；其次，说话要言之有物，语言要有内容才有价值，有用的事说，知道的事才说，而且要实话实说；再次，语言要幽默有趣，有趣的话能引人入胜，在语言中要善用故事、名言警句和成语等来增加语言的趣味性。幽默的语言是智慧的体现，幽默的语言不仅能为谈话增加愉快轻松的气氛，而且能化解很多尴尬的局面。

小链接

用幽默语言化解尴尬的小故事

余光中是台湾著名的学者、诗人、散文家。有一次，在台湾一项文艺大赛中，获奖者大都是黑头发的晚辈，只有余光中年届花甲，白发染霜。相形之下，余光中颇不自在。在致辞中，余光中风趣地说：“一个人年轻时得奖，应该跟老头子一同得，表示他已经成名；但年老时得奖，就应该同小伙子一同得，表示他尚未落伍。”话音刚落，满堂喝彩。

花甲之年跟年轻人同台领奖，难免会尴尬，然而机敏的余光中用充满诗意的话语将尴尬消解。先是不动声色地称赞年轻人功成名就，而后恰到好处地表明自己宝刀未老。机灵的应变能力和谈吐的非凡魅力都表现得淋漓尽致，同时尽显豁达，尴尬气氛当然随之消失。

审时度势，理智面对事物的发展变化。世上有许多事，许多现象，从理论上是行得通的，但是时机未到，就不能图之，若要强求，硬攻、硬拼，反而会弄巧成拙，甚至功亏一篑；有时，时机虽未到火候，但是，经过巧妙的运作，促使其量变，促使其成熟，然后再图之。这就需要我们有审时度势的智慧。审时度势的能力，具体体现在人的洞察力、决策力、运筹力和前瞻性等方面。会审时度势的人做事能把握得住事物发展的本质联系，先想到事情的结局，然后着手去做，即“运筹于帷幄之中，决胜于千里之外。”这样的人在决策时能做到以下三点：能准确地把握客观形势；能依据主观具体条件制订相应的对策；能对决策的各种方案进行比较，择优而从。

小链接

老狮子与狐狸的故事

有一头年老的狮子，已不能凭借力量去抢夺食物了，心想只能用智取的办法才能获得更多的食物。于是，他钻进一个山洞里，躺在地上假装生病，等其他小动物走过来窥探，就把他们抓住吃了。这样，不少的动物都被狮子吃掉了。狐狸识破了狮子的诡计，远远地站在洞外，问狮子身体现在如何。狮子回答说："很不好。"反问狐狸为什么不进洞里来。狐狸说道："如果我没发现只有进去的脚印，没有一个出来的脚印，我也许会进洞去。"这是说，聪明的人常常能审时度势，根据迹象预见到危险，避免不幸。

审时度势在当今社会是非常重要的一种处世态度。

三、实践规划

医学是一门实践性极强的应用学科，临床上的大量经验和知识，必须靠高职高专医学生自身在临床实践中获得和掌握，因此，高职高专医学生必须参加大量的临床实践，在医疗工作实践中不断增长自己的才能，提高操作技能和临床诊治能力，特别是满足信息社会对创新医学人才的急切需求。

实践操作能力强的大学生无疑增加了找工作时的砝码。大学生的动手操作能力来自在校期间多方面的实践锻炼，尤其是社会活动实践。因此，大学生应该制订大学期间的社会活动规划，有效提升自己的动手操作能力。大学生参加社会活动的形式主要是社团、社会实践和实习。

（一）大学社团

每年 9 月中旬，随着大一新生军训的结束，各大高校的社团都开始如火如荼地进行着"招新大会"，而加入各种各样的社团组织也成为大一新生生活的第一课。大学生社团是大学生为了满足心理、文化、生活、社会需要而自发筹备并经学校有关部门批准成立的具有一定目标和活动规范的非社团性质的群众性业余团体组织。大学生社团是大学生培养能力、增长知识、提高素质的一条重要途径。大学社团种类有很多，一般分为理论研究类、学术研究类、公益类、文化艺术类、体育类和其他六类。

1. 理论研究类社团

以理论学习、宣传研究为主要内容和目的的社团，如理论学习社、科学发展观研究会等。

2. 学术研究类社团

以某一学术专题的研究、专业的学习为主要内容的社团，如红楼梦研究协会、英语沙龙、E 部落等。

3. 公益类社团

以服务社会、锻炼自我为宗旨的社团，如红十字会、爱心协会、志愿者服务队等。

4. 文化艺术类社团

依据学生的文艺特长和共同兴趣爱好组建而成的，以注重艺术享受、提高艺术素养为主要特征的社团，如电影协会、诗书画社、舞蹈协会等。

5. 体育类社团

依据学生的体育特长和共同兴趣爱好组建而成的社团，如乒乓球协会、网球协会、跆拳道社等。

6. 其他类社团

大学校园里还涌现了一些新兴的学生社团，如职业发展协会等。

（二）大学社团的选择

1. 选择社团的动机

每逢社团招新时，大一新生总是对参加社团普遍呈现很大的热情，有人甚至一下子报名参加好几个社团。可过了一年后，很多人退出了社团。由于各种各样的原因，大学生对社团褒贬不一，有的人觉得收获颇多，有的人却一肚子怨气。为何会出现这种“虎头蛇尾”的现象？我们不妨从加入社团的动机来看一下。

有调查表明，59.7%的大学生参加过校内社团，报名动机有：为了培养与发展兴趣、锻炼能力、扩大交际圈、心理寄托、打发日子等等，并美其名曰“大学入社团，天天有事干”。

大学生参加社团的动机大致可以归为社交的需要、尊重的需要和自我实现的需要。当需要得到满足时，他们就会觉得参加社团对自己是有帮助的；而需要没有得到满足时，他们就会觉得加入社团没有收获，只是白白浪费时间而已。

一个好的社团、一个优秀的社团领导者应该了解社团成员的需要层次，并按照层次逐步满足成员的需要。成员的归属感是决定他是否继续参加社团的关键，也就是说，一个社团应该首先满足成员的安全需要与社交需要，为成员提供安全的心理环境，让独在异乡的成员感觉到集体的温暖、朋友的关爱，以“情”牵动与吸引新成员。成员之间的平等、友爱与互相关照能够让成员感到自己是被尊重的。

社团满足了成员以上的两种需要后，就可以考虑如何满足成员的最高需要——自我实现的需要。有调查表明，学生加入社团的主要原因是培养和发展兴趣、锻炼能力，这些都应属于自我实现的需要。那么，社团就是要为成员提供发挥其特长、发展其能力的平台。在社团中获益的大学生多数就是在某方面获得了成长，得到了提高。一般来说，一个社团很难满足成员的所有心理需要，也很难满足所有成员的所有需要。因此，大学生在选择社团的时候，可以针对自己不同的需要来选择不同的社团，不要将所有需要的满足寄托于一个社团。

有些新生一入社团就想被器重、能够脱颖而出，单独策划和组织大型的活动，这种愿望多半难以实现。大部分的新生在社团工作方面是新手，缺乏经验，需要与部门的人分工协作，共同完成某项任务。有些大学生将其理解为“打杂”，认为学不到东西。事实上，没有基层工作的经验，没有对各项事务的熟悉，如何能够独力承担一项大型的活动呢？

真正善于学习的人懂得从小事中学习怎样为人处世，怎样综合考虑，怎样组织协调，能力也就在学习与实践中不断提高，最终实现了自我的发展，获得了他人的尊重。因此，我们不仅要找准自己的兴趣和特长所在，还要有从点滴做起的准备，有时候还要学会等待。

2. 以自身兴趣、特长作为选择社团的基础

社团的种类是多种多样的。目前来看，各高校都有几十个甚至上百个学生社团组织，这些学生社团是这个学校学生兴趣、爱好的一个标志，也是一个学校学生特点和大学精神的集中展现。如此多的社团，并非所有的都适合自己。选择社团时首先考虑的应该是自己的特长而且应该是感兴趣的。每个人的兴趣、爱好不同，选择的方向也理当不同。擅长文艺的同学可以重点关注乐器、舞蹈、曲艺、话剧等文艺社团；如果爱好运动，可以选择体育类社团；如果热心公益，以此为乐，可以选择红十字会、爱心社之类的志愿者协会等。只要是自己的特长或者是爱好，总会找到适合自己的一个社团。

案例

李楠，某名牌医科大学学生，在校期间曾留级一年。李楠高中时以学校高考理科状元的身份考入大学，当时很是风光了一阵。但是到了大学之后，他发现身边很多人的能力都很强，而且很多人都有艺术、体育等多方面的特长，觉得自己一无所长，所以感觉到比较自卑。于是有一段时间整天沉迷于游戏，导致挂科，结果留级了一年。这一年他好好反省了一下，觉得自己没有特长就更应该在专业学习上比别人努力。于是他根据自己计算机学习上的优势，参加了学校的网络协会。通过和社团里同学的交流、互相学习、共同工作，李楠的能力提高了，业务水平也有了很大发展，期末还被评为“三好学生”。

3. 理性安排参加社团的时间

倡导大学生参加社团组织，前提是不与正常的学习相冲突，而且社团的选择不在于多，而在于精。大学期间一般要加入两个以上的社团，才能使自己得到相对充分的锻炼。当前社会人才的需求是复合型的，仅具备单一能力的人很难在社会竞争中取胜，应该有多个社团经历，多种才能特长。但大学生也不能同时加入太多的社团，否则就会顾此失彼，从而耽误学业，甚至影响生活。一般来说，大学期间应该选择一个社团为重点，将自己发展成为社团核心成员，甚至是社团负责人。在不同年级、不同时间段，可以适当选择一两个社团，作为普通会员，开阔自己的视野，培养自己更为广泛的爱好，提升自己的全面素质。

参加了社团活动，势必与学业的精进存在一定的矛盾。那么如何解决这个矛盾，如何实现在学习工作上双丰收呢，这就涉及合理安排时间的问题。原则上要把握在确保成绩达到良好以上的前提下，让学习成绩因社团工作而受到的影响小于在社团工作中得到的综合素质的提高。首先是保证学业有成，这是基础。如果不能毕业，其能力很难弥补这一缺憾。处

理好这一关系的关键在于"勤"。时间对于大家来说都是一样的，除了上课，很多人把业余时间浪费在漫无目的的娱乐上，或者是给自己留出过多的休息时间，在大学里"休息"多了，自然就要在走向工作岗位后重新补课。

（三）社团成员的自我发展

1. 学会与别人的诚信沟通

人与人之间的关系，如同"作用力与反作用力"一样，你真诚热情待人，同样会受到别人给你的真诚回馈。社团是一个大家庭，无论你在社团中是什么地位，扮演什么角色，都要首先融入这个集体。坦诚与热情是让这个集体接纳自己的前提，同时更要学会替别人着想，多宽容体谅他人。作为社团的核心，沟通包括内部沟通和外部沟通。内部沟通除了让自己融入社团外，还要加强社团成员之间的沟通，要善于倾听成员的诉说，体谅他人的行为，真诚地帮助大家。外部沟通对于社团的生存和发展更为重要，社团要开展活动，就要与其他社团交往，要与学校交往，要与社会交往，这些沟通难度不同，内容不同，沟通的方式和方法也不同。在社团的舞台上，能够提前感受到社会与人之间沟通的要求；在社团中锻炼和成长，能够提前将自己打造成个性鲜明、适应社会的人。

封闭个体是难以获取信任的。中国心理网 CEO 陈伟回忆说，我在读大学的时候，身边就有高考成绩很好的同学，但却无法跟我们融为一体。他们不喜欢和我们打成一片，却总是希望从我们这里获得敬仰，这种矛盾很难解决。因为一个封闭的个体在没有向别人敞开心扉的时候往往无法获取别人的信任，因为他们不懂得与同学真诚沟通。真正让人佩服的是有人格魅力的人，希望所有在学习上有特长的大学生更能够重视人格的健全发展，在大学阶段，通过社团活动中与人的诚信沟通，使自己成长为真正的佼佼者。

2. 做个有毅力的社团成员

"千里之行，始于足下。"大学生参加社团活动时，应该具有脚踏实地的工作态度和坚定的信念。只有坚持，才能给成功奠定可靠的基础。

大学生一旦加入社团，就应该在各种社团活动中做些有意义的事，投入适当的时间和热情，与社团共同成长。学生社团不是官方组织，大部分面临着"活动经费"不足的困境。社团要开展活动，要建设和发展，都需要资金支持，不用说组织大型的活动，就是印海报、发通知、印宣传材料都需要经费。会费收入非常有限，因此，社团要开展活动会遇到很多的困难，受到很多限制，成员一定会觉得很辛苦。在困难面前，坚定的信念是必不可少的，否则有些同学就会打退堂鼓，坚持不下去。其实，要想在社团中成长，就一定要用心投入，要坚持与社团"共患难"，做个有毅力的社团成员，这样才能够在挫折和失败中寻找成功的捷径。

（四）社会实践的类型

大学生社会实践内容丰富、形式多样，总体上可将其分为研究型、养成型、服务型三类。

1. 研究型社会实践

所谓研究型社会实践，是指大学生从学校和社会选择和确定研究课题，主动地获取知识、解决问题的学习过程。研究型社会实践强调学生的研究能力，强调社会实践与学校的发展定位、专业特色相结合，与课程教学环节相结合，与学生兴趣爱好相结合，在“考察”“探究”“创作”等一系列活动中发现和解决问题，提高实践能力和创新能力。研究型社会实践一般包括教学实践、专业实习、科技服务(创新创业)等。

大学生通过社会实践，接触实际，增加感性认识，加强了对专业知识的了解，弥补了课堂教学的不足。加强专业实习是强化学生实践能力、培养创新能力的重要环节。“宽口径、厚基础、重实践、高素质”具有创新精神的复合型人才是当前高校学生的培养目标，而“重实践”的实现需要靠一定的专业实验、实习教学来保证。开展科技服务是大学生社会实践活动的一项重要内容。大学生利用假期，运用所学知识，从事一些技术服务工作，目的是在学习中形成热爱科学、相信科学、运用科学、勇于创新的学术氛围，锻炼学生的科学研究能力。开展科技服务，可以很好地体现“办实事、做贡献、受教育、长才干”的指导思想。

医学科学是一门实践性很强的应用科学，是以人体病理作为诊疗对象的特殊学科，“人命至重，有贵千金”。要提高自己的动手能力主要在于多看、多练。平时严格要求自己，重视临床实践，多参与操作，特别是病历书写、体格检查、常规化验、换药导尿、输液输血、无菌技术、手术操作等基本功，要稳扎稳打，认真练好。看得多、接触得多就可以掌握一些基本的操作程序和方法，练得多才能真正提高自己的操作技能。

2. 养成型社会实践

养成型社会实践是指有利于培育大学生整体素质，发挥教化功能的一类社会实践。养成型社会实践在内容上强调与思想政治教育相结合，与大学生基础文明教育相结合，与学生自立自强意识培养相结合，与提高学生整体能力素质相结合，旨在提高学生的政治理论素养、提高学生的基础文明和自立自强的意识。这类社会实践的形式主要有军政训练、勤工助学、生产劳动等。

大学生军政训练是对在校大学生进行有目的、有组织、有计划的国防形势政策教育和军事理论与军事技能教育的主要形式，是由学校和驻地部队共同完成的一项贯彻思想政治教育要求、培养大学生综合素质的实践性教育活动，是实现高等教育目标、培养社会主义合格建设者与接班人的重要载体。爱国主义精神是大学生国防教育的核心，军训是对大学生进行爱国主义教育，增强爱国主义思想的最好途径。

大学生勤工助学是指在校大学生利用课余或假期时间，在校内或校外参加的各种有偿实践活动。新时期的勤工助学与过去的勤工俭学相比，不仅在经济上发挥着帮困助学的作用，更重要的是通过勤工助学这样一种特殊的社会实践活动，对学生进行思想上的锤炼、知识上的补充和能力上的培养，促进学生综合素质的全面发展。目前这是大学生社会实践的主要形式。

3. 服务型社会实践

服务型社会实践是指高校学生立足于地方经济建设和社会发展，以服务求支持，以贡献求发展，为区域发展贡献力量的一类实践活动。它主要包括暑期“三下乡”“四进社区”、志愿服务和社会调查等形式。

志愿服务社会公益是高校开展社会实践活动的重要途径。公益活动是指涉及科学、教育、文化艺术、体育、医疗卫生、环保、社会福利、社区服务，以及其他一切关心社会的活动。通过志愿服务公益活动，教育大学生树立热心公益、自觉承担社会责任的观念，培育市场经济环境下的公益意识。社会调查是实现理论与实际相结合的重要途径，它有利于树立大学生正确的世界观、人生观和价值观，培养科学的思维方式，教会大学生正确做人、适应社会的本领，全面提高大学生的综合素质。同时，社会调查还具有很强的操作性，被实践证明是符合当前高校实际、行之有效的社会实践形式。

小链接

赚钱很重要，锻炼自己更重要

某医学院校校园超市由招生就业处接管下来，直接交由学生创业团队管理，从进货、管账、销售、市场分析等全部由学生完成。同学们不仅可以直接体验创业的艰辛和快乐，而且学会了管理模式和市场分析。比如，有一段时间，销售业绩下滑，他们想当然地认为是由于一个年级的学生离校去实习，减少了人群。后来在老师的指导下，团队对学生进行了调整，结果得知，是因为那段时间新闻中披露了许多食品店里的散装食品安全问题，学生提高了安全意识，原来本店销售的一种十分畅销的散装食品没人买了，直接造成销售业绩的下滑。于是，他们赶紧停止采购散装食品，改为采购安全性较好的真空包装食品，销售业绩很快回升。经过学生的打理，这样一个曾经亏损难以为继的校园超市，现在一个月的营业额超过原来一年的营业额，一年的利润接近一百万。学生在实践过程中，也把自己所学的知识进行了熟练运用。

通过经营超市这种实践模式，学生不仅可以体验到创业的辛苦和紧张，还可以从中学到真正的管理和运营知识。学生在实践过程中，不仅运用了自己所学的营销知识，而且在与社会打交道的过程中，学会了如何与人相处，学到了课堂上学不到的东西，大大提升了自己的综合能力。

大学生不管从事什么样的社会实践，都要认真对待，从中获取知识。赚钱很重要，锻炼自己更重要！

（五）重视实习

大学生实习是大学社会实践的一个重要环节，主要包括生产实习和毕业实习。实习期间，学生接触生产实际，经过现场观察、调查研究、实际操作，把所学的知识运用到实践中去，在实践中加速业务上的成熟，缩短学校教育和社会要求的距离，增强竞争力和适应能力。

实习还可能成为毕业后的主要就业方向。除了可以在实习单位就业之外，也给自己在相关单位求职提供便利。但目前大学生实习存在着很多的障碍，主要表现在以下几个方面。

寻找实习的渠道单一。现阶段大学生实习多通过熟人的介绍，因为很多公司的实习机会都不会公开招聘。所以大学生普遍通过老师、家长、亲朋好友等传达要寻找实习的信息。

实习工作不对口。很多学生反映在企业实习，没有做实质性的专业工作，只是做“最简单重复工作”，比如数据录入、资料整理、复印文件等。这也是现在企业排斥实习生的主要原因之一，认为很多实习生对企业了解少，并且眼高手低，不愿从一些基本的事情做起，企业和学生的这种博弈最终导致实习市场发展滞后和不完善。

学生对实习单位要求太高。部分学生对实习单位的要求太高，而实习单位目前较希望从实习的学生中选拔人才留用，所以对实习生的进入条件要求严格。一个某大学导播系毕业生，打算进入某电视台从事导播实习。但由于该电视台进行用人机制改革，对实习生的管理异常严格，结果该生就放弃实习机会，干脆在家休息。

鉴于以上问题，我们应做到以下两点：

职场知识六要点

1. 重新认识自己，做到有的放矢

在进入医院实习之前，同学们已在学校接受了正规的理论学习和短期的临床见习，知识的积累偏于理论，以纵向记忆为主。要想将理论转变为实际工作能力，必须将知识融会贯通，横向分析。这需要时间的积淀，既不能急于求成，也不能盲目乐观。实习医师的本质还是学生，甚至毕业后的最初几年也要像学生一样谦虚好学。

实习是桥梁，连接学生和医师、连接理论与实践、连接知识与能力。日后很多工作习惯、工作态度、观察能力、分析能力、应急处理能力、医德修养、处世态度等都将在这一年中初步形成，甚至一些不良习气也在这一时期形成。因此，必须重新认识自己，做到有的放矢。

概括起来，要处理好以下几个转化：理论学习向工作能力培养的转化；学习方式由课堂封闭式教学向医院开放式、随机式、纵横结合式的转化；单纯的校园生活向丰富甚至复杂的社会生活的转化；单向的知识输入向与患者、家属、老师、同行间的多向信息交流的转化。

2. 理论联系实际，掌握临床技术

理论与实际的结合强调从单科知识的孤立掌握向各科知识纵横贯通的转化。这里除了一般的要求外，我们强调“勤练、多学、博采、善思”。

（1）勤练。医学科学是一门实践性很强的应用科学，是以人体病理作为诊疗对象的特殊学科。临床上必须严格要求自己、重视临床实践、多参与操作。

（2）多学。首先强调基本理论的学习，要精读教科书，真正理解消化。只有这样才能在临床上发现问题，继而带着问题查找资料、请教老师。

（3）博采。实习生一定要养成随时随地记临床笔记的习惯，笔记本要随身携带，特别是上级医师查房时的重点讲解、病案讨论时的精辟发言、自己的点滴体会、瞬间的“灵感”，都要一一记录，定期归纳。这项看似简单而繁琐的工作非常有意义，因为它是难得而实用的临床

备忘录。此外,博采还包括自我总结、经常回顾。要养成好的习惯,搜集病史、分析病情,确定处理原则,与老师实际所定的诊断、治疗进行对照,检验和证实自己。

(4) 善思。我们在临床上常会发现,相同疾病在不同的个体身上虽有基本规律,但也会表现出差异。这就要求我们勤于思考,对疾病有自己的见解,有个体化的诊疗思路,善于同中求异。同时,要学会"逆向思维",学会通过搜集病史和检查资料,归纳分析、逻辑推理,进而诊断疾病。

(六) 高职高专医学生实习的注意事项

1. 选择实习时机

在以下几种情况下可以选择去实习:

(1) 当个人充分学习某一专业知识并掌握基本理论后,可以选择去实习,在实习中检验自己所学的知识;

(2) 当个人在不断学习的过程中仍然感到茫然或无从下手时,可以选择去实习,在实践中找出问题;

(3) 当想进一步了解工作时,可以选择去实习;

(4) 当你认定方向并认为自己可以大展拳脚时,都可以选择去实习。

2. 实习中的两大难题

(1) 不了解岗位与职场。企业的规模与声望是学生选择实习单位时最看重的。而在实习中,大学生对岗位和职场的认识就要提上日程了。岗位工作是你的本职,职场是你发挥自我的阵地,所以了解岗位和职场是大学生在实习中必须要学习的两个方面。

对岗位的不了解表现在大学生在实习前没有实习岗位的意识,导致对岗位没有调研,其实实习岗位才是大学生实习最有价值的地方;在实习中一些学生也不重视岗位的体验和学习,从而不能理解岗位的核心工作内容与职责,也就无法针对性培养岗位的核心能力。学校在岗位知识方面要开设专门的课程,一方面介绍社会各个岗位的知识,一方面也要传授调研、了解岗位的方法。一些企业对岗位还没有明确的岗位描述,所以企业要加强人力资源建设。学生自身在实习前要通过互联网或请教职业顾问来明确岗位描述,在实习中要特别留心岗位的核心工作以及自己与岗位之间的能力差距。

一些学生对职场也不了解,校园环境和职场环境是有很大不同的,你不能用校园里的那一套经验来应付职场,所以拿出一定时间专门了解职场规则是很有必要的,重点了解职场中的人际关系、工作伦理、工作规则等。学生自己可以多去职场类网站看看,或者买本职场图书,以便自己有准备地进入职场去实习。

(2) 个人素质与工作能力不匹配。因为对岗位和职场的不了解,所以会导致实习中大学生个人自身所具备的素质与职场所要求的工作能力不相匹配。如学生的办公软件操作能力不强,不懂得怎样汇报与执行工作,商业写作能力较差,人际沟通、团队协作等能力较差等,这些都是具体的表现。也就是说你不能用写论文的方式和心态来写一个商业策划案。

所以在深入了解职场后，针对性地培养相应的能力是实习的有效准备。

学校一定要开设职场素质、职业通用能力的课程，并且组织相应的校园活动。学生自身多和职场人交流，多看职场方面的书，多参加校园实践活动，个人要以工作要求为提升自己能力的参照。

3. 实习的注意事项

（1）有一定的专业能力与技巧，能达到所被要求的工作表现。不论你的岗位是总经理、业务员、秘书、甚至小助理或水电工人，达到所被要求的工作表现，是最起码的要求。但是很多人只关心自己的职责，以为把分内的事做完就好，却不明白自己和自己的工作表现与公司业绩息息相关，没看清楚自己与公司整体的关系，即使做好所谓的分内工作，仍然没有达到应该有的工作表现。

（2）以正面的态度接受工作的辛苦、压力、甚至枯燥乏味。如果你认为工作就是工作，每天做同样的事情，每天看同样的脸孔，每天听同样的抱怨……根本没有前途可言，所以对工作很失望，那你可能会决定开始混日子，只求多一事不如少一事，这样的结果对你和公司都不好。换一个角度想，没有人说工作一定非得有趣不可，它只是非做不可罢了，既然一定要做，当然有可能遇到瓶颈，如果你自己不愿意去做改善，成天混可以，但这并不会让工作变得更加有趣，反而只会让它更加乏味。

（3）通过学习不断自我成长，加强灵活度与弹性。个人也像产品一样，有所谓的产品生命周期——成长期、成熟期与衰退期。如果你太过沉浸于每天的例行工作中，而没有花时间与精力去学习，去改善自己的能力并提升价值，很快就会进入衰退期，然后被搬离货架——办公室不再需要你这个人。为什么要自我成长？第一，充满挑战的工作机会，不会平白无故从天上掉下来，如果你想脱离乏味的工作，就要增强自己的能力；第二，万一哪天公司有了变化，或许被其他公司购并，或许你的部门被裁撤，为了要继续在办公室里占有一席之地，你必须拥有其他才能。

（4）了解企业独特的文化与价值观，设法融入其中。每个组织都有自己独特的文化，这包括原则、信仰、目标、规矩、传统与做事的方法，即使是最民主或最不限形式的组织也不例外。如果你穿一身运动服走进大家都西装革履的办公室，或许同事会认为你勇于挑战，但他们不会视你为一分子；反之亦然。即使这样的规定只是大家心照不宣，并未成文，大家也会觉得你“怪怪的”，你也难以令所有人接受。企业文化不只反映在服装上，也会反映在用词遣字、待人接物、做事方法、思考方式、办公室环境上。

（5）做个“忠诚”的员工，尊重与关心公司及他人的利益。所谓的“忠诚”，并非指的是你要爱你的公司、遵守公司所有的规定、赞同公司的每一项政策，甚至把自己卖给公司，而是指你应该要“关心”公司，希望公司能成功，前景看好。这并非是缺乏个性与独立人格的表现，而是一种互利的表现。

（6）了解上司的管理风格，与上司相处有诀窍。上司是主掌你生杀大权的重要人物，造成你问题与困扰的机会也最大。在你的工作上，你可能遇到各式各样的上司，有的很好，有的不怎么样，有的甚至会毁了你。无论如何，你必须先了解上司的世界、他的价值观与想法，知道他会怎么看待你的工作表现，你才能更了解自己的工作，做事的效率会更高。

(7) 懂得“听话”的技巧，具备良好的沟通与协调能力。从事任何工作，学会听话很重要。你要事先对讨论主题做准备，并营造一个双方都能轻松谈话的气氛，对谈中要懂得撷取谈话内容的精华，接纳与自己不同的观点，容忍对方离题、紧张等各类状况，并重述自己所听到的以确定对方的意思，这些技巧都有助于你在办公室里处处受欢迎。

(8) 适度参与“办公室政治”，但也要懂得时时保护自己。一般人一想到“办公室政治”，就会马上与“争地盘”“故意中伤”等负面的事情联系起来。办公室政治的确可能会破坏企业的文化与员工的表现，但却因为资源有限，是免不了的运作方式，适度的参与其中，但不玩阴险狡诈的手段，将有助于你在办公室内推动公司事务，保住应有的资源与权利。

第二节　制订大学生生涯发展与职业准备规划的方法

一般说来，大学生毕业的去向主要分就业、创业和深造等几种类型，这也是我们读大学的主要目标，是我们学习的动力所在。大学生在基本确定好自己的毕业去向(生涯目标)之后，就应该根据这一目标，进行详细的规划。规划的主要方法可分为按内容规划和按时间(阶段)规划两种，即既可以以时间(阶段)为主线来制订规划，也可以以内容为主线来制订个人的生涯发展规划，到底选择哪种方法，可根据自己的具体情况而定。

一、确定职业生涯目标

(一) 生涯决策

生涯决策是针对个人职业生涯发展的问题，经过严谨地思考和慎重地分析，对个人职业生涯发展进行规划与设计的过程。生涯决策有助于大学生坚定自己的目标，让自己朝着目标不断努力前进。

(二) 确定职业生涯目标的意义

职业生涯目标是个人职业生涯规划的重要内容，是人生的指向标，如大海中的灯塔。没有目标的人如同航行在茫茫大海中的孤舟，没有方向，不知所终。

哈佛大学曾有一个关于目标的著名的跟踪调查，调查对象是一群条件相似的年轻人，调查结果如图 4-2 所示。

调查者得出的结论：目标对人生有巨大的导向性作用。对于职业生涯而言，最重要的就是目标。这也就是大学生制订自己的职业生涯与发展规划的目的所在。

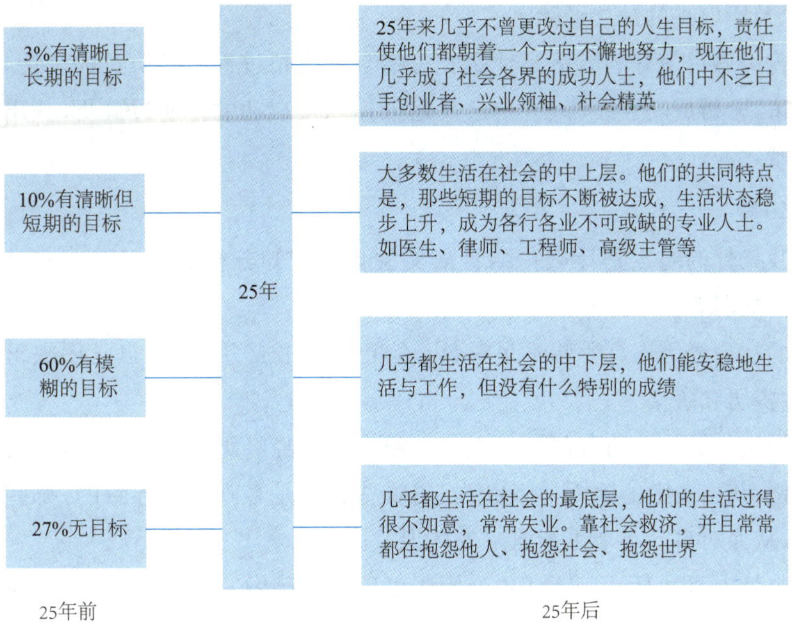

图 4-2　哈佛大学关于目标研究的跟踪调查

（三）运用 SWOT 分析法进行大学期间的生涯决策

SWOT 分析法又称为态势分析法，是一种能够较客观而准确地分析和研究一个单位或个体现实情况的方法。SWOT 四个英文字母分别代表：优势（Strength）、劣势（Weakness）、机会（Opportunity）、威胁（Threat）。从整体上可以分为两部分：第一部分为 SW，主要用来分析内部条件；第二部分为 OT，主要用来分析外部条件。内部条件分析参见图 4-3。

我们在生涯规划中也可以利用这种方法，充分做好自我认知和环境认知，从中找出对自己有益的、值得运用的因素，以及对自己不利的、需要避开的因素，找出解决的方法，在“知己”“知彼”的基础上确定自己的目标。

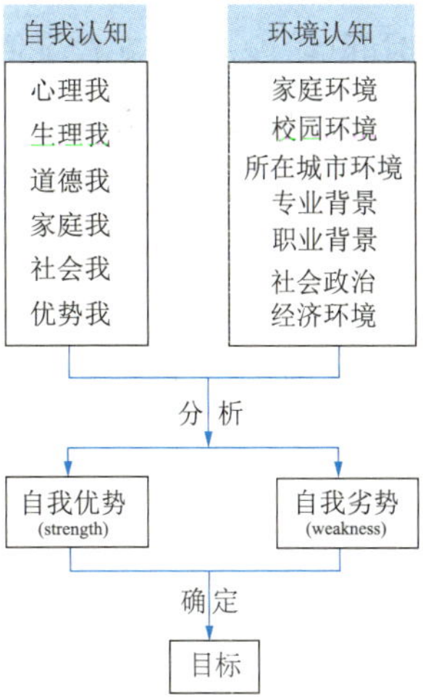

图 4-3　用于职业生涯规划的 SWOT 分析法的内部条件分析

1. 我的优势

（1）自我条件的优势是什么？结合前文的自我认知分析，给自己做一个详细的描述，找出自己的自我优势。

（2）我的专业特长有哪些？将自己在大学中所学的专业知识、专业技能和在大学所取得的各种资格证书做一个详细描述。

（3）我获得了哪些社会实践经验？列举自己在大学中加入过的各种社团，参加的各种实践活动，以及所取得的社会经验。

(4) 我曾经做得最好的事情是什么？总结自己成长过程中经历过的事情，找出自己做得最成功的事，分析成功点在哪里，自己又是如何取得成功的。通过分析，找出自己通往成功之路的智慧之源。

2. 我的劣势

(1) 自我条件的弱点是什么？结合前文的自我认知分析，给自己做一个详细的描述。找出自我条件的弱势。

(2) 我的社会经历还有哪些不足？盘点自己的成长经历，找出自己还缺乏哪些实践经验，缺少哪些资历和资格。

(3) 我做过的最失败的事情是什么？总结自己曾经经历的事件，找出自己最失败的经历。通过分析，找出失败的原因，并从中找出哪些方面是客观因素导致的，哪些方面是主观因素导致的，从而对自己有个更加清楚的认识。

在生涯决策中，我们运用STOW分析法可以给自己做一个客观的分析，找到自己生涯发展中的优势所在，本着充分发挥个人优势，避免个人弱点的原则，通过科学的分析，确定自己的合理目标。

确定自己的目标之后，我们可以按以下方法分阶段制订自己的生涯规划。

二、按时间制订在校期间的生涯发展与职业准备规划

按时间(阶段)制订在校期间的生涯发展与职业准备规划是以时间(阶段)为主线来规划大学生生涯发展的一种方法，可在分阶段自我认知和环境认知的基础上，分阶段制订自己的生涯目标规划，结合第二、第三章的相关内容，我们既可分为新生期规划、低年级规划、高年级和即将入职规划，也可以进一步分为大一、大二、大三的规划，还可以再细分为上学期、下学期，甚至月计划、周计划、日计划等。在时间(阶段)规划的基础上，再对内容(学业、成长和实践)进行规划，也可以称为以时间(阶段)为纲、内容为目的规划。

一般来说，规划者应首先进行自我评估，认清自己的优缺点；其次，确定短期和长期目标；然后开始制订行动计划，根据需要，采取相应的方式和途径，按时间进行。这里要特别指出两方面：一方面，所订的计划要切实可行；另一方面，在拟好了规划后，还需要提醒自己，在行动中具体实施目标时也会碰到困难，难以预料的或难以控制的事情可能发生，比如社会经济衰退、生病、生活环境突然发生变化等。在这种情况下，同学们调整自己的心态来适应社会需求，以社会的需要和发展变化为前提来实现个人的终极目标。

案例

王茜的目标

王茜是某大学预防医学专业的大一新生，为了避免大学毕业后就业走弯路，她根据自己所掌握的职业生涯规划知识为五年大学生活做了一个规划：

她根据大家的评价和各种测验，发现自己是一个较为外向开朗的人，对社会经济问题感兴趣，擅长分析，对数字很敏感。她的弱点是气势压人，难以与他人合作；考虑问题深度不够，文字表达能力欠佳。据此，她确定毕业目标：毕业后进入知名外企医药公司。而要达到这个目标，她必须提升文字表达和沟通能力，提高英语表达能力，并且在专业学习上有成果。然后，她制订了如下的计划：

一年级的目标：初步了解职业，提高人际沟通能力。主要内容：和学长们进行交流，询问就业情况；以学习为主，在学好基础知识的前提下，积极参加学校活动，增加交流技巧；了解一些管理方面的知识。

二年级的目标：对将来的职业要有一个定型的想法，提高自己的英语水平，扩大自己的交际范围。主要内容：仍然以学习为主，同时参加英语角或英语兴趣班，提高自身英语水平；逐渐开始对自己将来职业所涉及的领域进行探寻；参加一些社会公益活动，结识一些能对自己将来有帮助的人。

三年级的目标：继续参加社会活动，同时在假期做一些与自己专业相关的兼职，锻炼自己的能力。顺利毕业，并获得一份较满意的工作。主要内容：顺利完成自己的毕业设计；收集职业信息，选择就业单位和就业岗位；凭借前几年积累的人际关系和工作经验，找到一份令自己满意的工作。

当你的毕业去向已基本确定时，无论就业、创业、留学、专升本都可以根据表 4-1 内容对你的大学生涯进行规划。

表 4-1　以时间(阶段)为纲、内容为目制订的生涯发展与职业准备规划表

规划时段		规划内容	具体目标
大一	上学期	学业规划	
		成长规划	
		实践规划	
	下学期	学业规划	
		成长规划	
		实践规划	
大二	上学期	学业规划	
		成长规划	
		实践规划	
	下学期	学业规划	
		成长规划	
		实践规划	

（续表）

规划时段		规划内容	具体目标
大三	上学期	学业规划	
		成长规划	
		实践规划	
	下学期	学业规划	
		成长规划	
		实践规划	

三、按内容制订在校期间的生涯发展与职业准备规划

按内容制订自己在校期间的生涯规划是以内容为主线来规划大学生涯的一种方法，具体也可分为学业规划、成长规划和社会实践规划。内容又可以分段（年度、学期、月、周、日）进行规划。

学业规划主要是大学期间对学习方法、学习内容、学习成绩、学习进度、毕业去向等方面做出的生涯规划。

成长规划主要是对世界观形成、思维模式、身体健康、良好心态的养成、理财能力、时间管理、人际往来、交友恋爱等方面制订在校期间的生涯规划。

社会实践规划主要包括以参加校园社团、参加公益活动、见习实习、假期社会服务与兼职等内容为载体制订的在校期间的生涯规划。

大学期间，不同学年有着不同的学业内容、成长内容和社会实践内容，而且每个人的实际情况也不一样，所以每个人应该根据自己的实际情况确定符合自己的生涯规划目标，制订适合自己的生涯规划。

当你的毕业去向已定时，无论就业、创业，还是深造，都可以根据表 4-2 的内容对你的大学生涯进行规划。

表 4-2　以内容为纲、时间为目制订的生涯发展与职业准备规划表

规划主题	规划时段		具体目标
学业规划	大一	上学期	
		下学期	
	大二	上学期	
		下学期	
	大三	上学期	
		下学期	

（续表）

<table>
<tr><th>规划主题</th><th colspan="2">规划时段</th><th>具体目标</th></tr>
<tr><td rowspan="6">成长规划</td><td rowspan="2">大一</td><td>上学期</td><td></td></tr>
<tr><td>下学期</td><td></td></tr>
<tr><td rowspan="2">大二</td><td>上学期</td><td></td></tr>
<tr><td>下学期</td><td></td></tr>
<tr><td rowspan="2">大三</td><td>上学期</td><td></td></tr>
<tr><td>下学期</td><td></td></tr>
<tr><td rowspan="6">实践规划</td><td rowspan="2">大一</td><td>上学期</td><td></td></tr>
<tr><td>下学期</td><td></td></tr>
<tr><td rowspan="2">大二</td><td>上学期</td><td></td></tr>
<tr><td>下学期</td><td></td></tr>
<tr><td rowspan="2">大三</td><td>上学期</td><td></td></tr>
<tr><td>下学期</td><td></td></tr>
</table>

学生生涯发展与职业准备规划的方法很多，我们这里介绍的是在学生确定毕业去向（即毕业的生涯目标）以后，为了实现生涯目标而从时间（阶段）和内容两个方面进行的规划。目标规划有长期目标规划、中期目标规划和短期目标规划，比如几年规划、学年规划、学期规划、季度规划、月规划、周规划或日规划等。实际上，在某阶段要做某项目时，也可按此方法进行短期的项目规划。

第三节　大学生生涯发展与职业准备规划的阶段性

应该怎样规划大学生活才能达到读大学的预期目的呢？我们认为还是要分新生期、低年级、高年级、即将入职四个阶段，一步步地规划，一步步地成长，避免茫然和苦闷伴随我们的大学生活。这里我们根据各个阶段的规划重点给出一些参考内容，具体规划要由同学们根据自身的特点，结合我们前面介绍的规划方法做出合理的规划。

一、新生期大学生生涯发展与职业准备规划

大学生要尽快适应大学的生活和学习，要完成未成年人向成年人的角色转换；完成由依

赖到独立生活的转换；完成被动学习到主动学习的转变。重点是加强对专业学习、成长、实践的规划，参见表4-3。

表4-3 新生期大学生生涯发展与职业准备规划

<table>
<tr><td rowspan="8">规划目标</td><td>学业规划</td><td>学会自主学习</td><td></td></tr>
<tr><td rowspan="6">成长规划</td><td>学会与人相处</td><td></td></tr>
<tr><td>学会自我管理</td><td></td></tr>
<tr><td>学会成人思维</td><td></td></tr>
<tr><td>学会独立生活</td><td></td></tr>
<tr><td>熟悉校园</td><td></td></tr>
<tr><td colspan="2">学会感恩</td><td>给父母写一份感恩信
给中学老师写一封感恩信
计算大学学习成本</td></tr>
</table>

（一）新生期大学生学业规划

大学新生在经历过严酷的高考之后，如愿迈入大学的门槛。然而，大学生活不是高中生活的简单延续。面对大学这一新环境，大一新生需要调整心态，顺利实现角色转换，达成与新环境的平衡。

新生期大学生学业规划的主要内容就是尽快适应大学学习方式的转变。大学的学习方式是自主性学习，从学习时间、教授方法、作息时间等都需要个人有高度的自制力，需要自己去上课、去图书馆查资料、讨论等，这与中学时期不一样。因此，新生要尽快适应大学的学习方式，尽早步入学习的正轨。

（二）新生期大学生成长规划

（1）通过军训，摆脱依赖，学会独立生活，结识新友，学会自我管理；

（2）熟悉校园：熟悉寝室、教室、实验室、机房、图书馆、运动场、食堂、超市、浴室、开水房、报告厅、就业服务指导中心等环境；

（3）熟悉室友、班友：与室友、班友结成好伙伴；

（4）自主生活规划：能按时起床，不迟到早退；能自己洗衣，不乱丢脏物；能按时作息；能保证饮食、睡眠规律；能坚持每天锻炼，保证身体健康；

（5）结识几个老乡或学长：在本校和本市其他外校寻找几个老乡或学长。

二、低年级大学生生涯发展与职业准备规划

低年级大学生的生涯发展与职业准备规划则应重点做好学业、成长和实践规划，使自己在德智体各方面全面发展。同时，对所学专业、所学专业与行业的关系、本专业可以就业的职业及其准入标准等进行了解，为职业生涯发展做好能力和技能准备，参见表 4-4。

表 4-4 低年级大学生生涯发展与职业准备规划

规划目标	学业规划	通识能力学习规划	
		专业基础学习规划	
		初步了解专业网站、杂志	
	成长规划	养成良好的生活习惯	
		培养健康的兴趣和良好的心态	
		树立正确的恋爱观	
		学会自我管理	
		培养良好的思维方式	
		培养科学的世界观	
		拥有梦想	
		学会明势	
	实践规划	参加几个社团	
		做几次义工	
		参加几次见习	
		参加几次院级活动	
		访谈几个生涯人物	
		参加几次职业体验活动	
		写出几篇实践论文	

（一）低年级大学生学业规划

在低年级（主要指大一新生期后和大二），我们的学业规划以通识能力及专业基础课学习为主。

1. 大一上学期学业规划

从各学期的课程来看，一年级上学期以大学公共基础课为主，主要有思想品德修养、英语、计算机等，一般会有 2～3 门医学基础课，如组织胚胎学和解剖学等。

大一上学期的专业学习任务不重，多为基础课程或人文、通识课程。因此，作为大一学生，要尽量把更多时间放到图书馆去博览群书，充实自己，更多地去思考，更多地去成长，拉

长生命的宽度。要尽早把外语、计算机、生涯规划等方法类课程上好，熟练掌握这些方法后，对自己的生涯发展极有帮助。学习之余，要了解本专业的就业情况，给自己增加一些忧患意识，早做准备。跑在理想的前面，把握自己的命运。

这一阶段大学生的主要学习任务：

（1）了解专业课程学习的教学培养计划和目标，明确学习方向；

（2）了解大学阶段学习方式和途径，充分利用学校学习资源；

（3）树立以学习为主的中心观念，努力学好专业基础知识；

（4）初步了解所学专业就业、专升本情况，初步探索与专业关联度较高的职业发展情况。

2. 大一下学期学业规划

大一下学期的课程主要有马克思主义基本原理、毛泽东思想概论等，英语、体育等公共课也继续开设，医学基础课程将集中开始授课，主要是生理学、生物化学、微生物和免疫学、病理学、病理生理学等课程。

大一下学期处于生涯发展中的定向期。这一阶段，角色转换已经顺利完成，对大学生活也已经基本适应，因此这一阶段的学业规划重在学好所学专业的专业基础课程，并结合本专业所对应行业的要求，多了解相关专业人士、企业、学者，浏览相关杂志和网站，完成相关专业知识的储备，提高综合素质，初步明确大学毕业后的基本去向，尽量明确自己的生涯发展方向。

这一阶段的主要学习任务：

（1）继续深入学好专业知识；

（2）争取通过全国英语应用能力考试和计算机等级考试，熟练操作计算机；

（3）向老师、学长虚心请教，请他们给自己的学业规划提出宝贵意见；

（4）充分利用图书馆、电子阅览室、学术报告会等形式进行知识积累，丰富知识结构；

（5）积极参加学术科技竞赛活动，提升自己专业研究水平；

（6）加强了解与自己职业方向相关的情况，通过与专业相关的杂志、网站等媒体了解更多专业知识，选修相关课程，增加知识积累。

科学合理的知识结构是从事现代社会职业的必要条件，是综合素质、能力培养和人才成长的基础，所以大学生在校期间一定要形成科学合理的知识结构。

3. 大二上学期学业规划

大二上学期的专业课程更加集中，无论课程数还是课时数都比前一年要多。临床医学专业中，医学基础占了最大的比重，主要有药理学、生物化学、微生物与寄生虫学等，免疫学、诊断学等；护理专业则更多地介绍基础护理技术、护理药理、护理伦理及专业护理等（说明：此处是举例说明，每个学校每个专业的课程安排是不一样的，同学们要从本校教务处取了解相关信息）。

这一阶段的专业学习任务很重，要合理安排好时间，学好专业知识。

（二）低年级大学生成长规划

低年级大学生成长规划的主要内容以养成良好的生活习惯、培养健康的兴趣和良好的心态、树立正确的恋爱观、学会良好的思维方式、形成科学的世界观、拥有梦想以及掌握正确的财务规划、时间规划、人脉规划方法为主。

（三）低年级大学生实践规划

低年级大学生社会实践规划以选择社团进行活动为主，也有部分学生从大一开始就兼职或者创业。

大学生社团与大学生素质拓展活动有着十分密切的关系。大学生社团是大学生素质拓展的重要载体和主要阵地，社团活动是大学生素质拓展计划的重要内容，社团发展与素质拓展密切相关。在大学生素质拓展计划中，社团活动被列为其中一项重要内容。通过考察高校大学生素质拓展计划的实施情况可以发现，凡是社团活动比较活跃的高校，大学生素质拓展计划实施的成效就比较突出，大学生的整体素质也比较高。

三、高年级大学生生涯发展与职业准备规划

高年级大学生的生涯发展与职业准备规划则应按照行业、职业的用人标准，以做好就业或毕业后去向的充分准备为主。也就是说，应以毕业后的去向作为规划目标，参见表 4-5。

表 4-5　高年级大学生生涯发展与职业准备规划表

<table>
<tr><td rowspan="4">决策</td><td colspan="3">毕业目标</td><td></td></tr>
<tr><td colspan="2" rowspan="3">SWOT 分析</td><td>优势</td><td></td></tr>
<tr><td>劣势</td><td></td></tr>
<tr><td>差距</td><td></td></tr>
<tr><td rowspan="12">规划目标</td><td rowspan="5">学业规划</td><td colspan="2">专业学习规划</td><td></td></tr>
<tr><td rowspan="2">职业素养提升规划</td><td>职业技能提升</td><td rowspan="2"></td></tr>
<tr><td>职业思想、道德、行为提升</td></tr>
<tr><td colspan="2">准备毕业论文</td><td></td></tr>
<tr><td colspan="2">准备毕业考试</td><td></td></tr>
<tr><td rowspan="7">成长规划</td><td colspan="2">辩证看社会</td><td></td></tr>
<tr><td colspan="2">学会专注性思维</td><td></td></tr>
<tr><td colspan="2">努力向职业人转变</td><td></td></tr>
<tr><td colspan="2">努力向社会人转变</td><td></td></tr>
<tr><td colspan="2">进一步学会时间管理和财务管理</td><td></td></tr>
<tr><td colspan="2">构建职业人脉圈</td><td></td></tr>
<tr><td colspan="2">慎选恋爱对象</td><td></td></tr>
</table>

（续表）

规划目标	实践规划	参加几次大型专业性全国大会	
		选择几家相关企业实习	
		参加几场招聘会	
		准备几份简历和求职信	

（一）高年级大学生学业规划

对高职高专院校来说，大二下学期就应该算高年级了，所以高年级规划一般从大学二年级下学期开始。

1. 大二下学期学业规划

大二下学期的课程更加集中，主要是专业课程，而且还要为实习做准备。所以这一阶段的专业学习任务更重。除此之外，还要考虑实习，考虑自己的毕业去向，所以这一时期学业规划的重点是要确立初步的选择和毕业去向，完善提高各项实践能力，提升自我素养，提高求职技能，搜集公司信息。总体上，大二下学期学生应该规划以下内容：

（1）专业学习规划：继续深入学习本专业的专业知识；撰写专业文章，熟悉自己的专业领域；

（2）个人素养提升规划（包含职业技能、职业道德、思想和行为方面）：①在加强专业知识学习的同时，考取与目标职业相关的职业资格证书（如国家执业医师资格证书、全国执业护士资格证书、国际护士资格证书）；②参加相关的职业培训，有针对性地提升职业能力；③参加和专业有关的暑期工作，和同学交流求职心得体会；④根据自己的发展规划，完成专升本、出国、创业需要的相关准备，如语言能力证明等；⑤学习写简历、求职信；⑥了解、搜集工作信息的渠道，并积极尝试；⑦加强职业道德理论的学习，提升思想道德修养；⑧学会自觉自省，通过学习，善于认识自己、客观地看待自己，规范自己的行为举止。

小链接

按毕业目标进行规划。由于大学生各自的专业、志向和发展方向不同，因此每个人的发展道路也不尽相同。

① 准备专升本的同学：开始努力“备战”，如选择专业、学校、复习以及政治与英语复习等。

② 想出国留学的同学：要向不同的留学机构咨询有关留学信息，准备各种资格考试，向相关教育部门索取招生简章作为参考等。

③ 想毕业后立即工作的大学生：应积极地投入到各种社会实践活动和社团活动之中，培养自己的各种能力和团队合作精神，提高自己的综合素质，考取与就业相关的职业资格证书等。

小链接

④ 准备创业的同学：更要积极参加各种创业大赛和创业实践活动，提高创业素质，积累经验，了解创业相关政策与法律法规，明确创业方向等。

⑤ 准备参军的同学：要了解国家的相关要求，包括对接受范围的要求，以及对学习成绩的要求和对身体素质等的限制。

⑥ 准备考公务员的同学：应该早做准备。提前了解考试的范围、科目，确定自己的报考职位。去图书馆借阅相关书籍，同时也要进行相关的面试训练。

2. 大三学业规划

高职高专医学生在经历两年的学习和锻炼之后，不仅掌握了扎实的专业知识和技能，而且在组织协调能力、语言文字表达能力、分析解决问题能力等各方面有了质的飞跃。在大学即将结束的最后阶段，大三学生的学业规划方面需要做好以下两方面的工作：

（1）完成学业。大三学生要准备毕业论文，准备毕业考试，实现顺利毕业。

（2）根据毕业去向做好相关知识的准备：①选择就业的同学要制作简历、撰写求职信，学习和了解面试求职技巧和流程，进行面试预演；②选择专升本的同学要做好面试的相关知识准备；③选择创业的同学要了解学习相关就业创业知识、政策；④选择出国同学要学习了解出国相关知识、政策以及各个国家和学校的最新留学政策。

大学三年级的结束意味着大学生活的结束和职业生涯的正式开始。因此，这一时期学业规划任务围绕顺利毕业、实现大学生涯目标来开展，或者成功就业，或者专升本成功，或者顺利出国，或者开始创业的最后准备等。

（二）高年级大学生成长规划

高年级的成长规划是在低年级成长规划的基础上进一步学会时间管理和财务管理，扩大人际交往圈，学会专注性思维，学会辩证地看社会，学会审时度势，开始将梦想转化为现实的行动，更加慎重地选择恋爱对象，努力实现从学生到社会人的转变和从学生到职业人的转变。

（三）高年级大学生的实践规划

高年级社会实践规划以参加实习、见习为主。

大二的学生开始见习，以临床各专科为主，如内科学、外科学、妇产科学、儿科学、传染病学、口腔科学、眼科学、耳鼻咽喉科学、皮肤性病学、神经病学、精神病学、医学心理学、医患沟通学等。

大三是高职高专医学生全面展开实习、掌握临床各项操作规程、了解和熟悉临床常规流程、不断训练正确诊疗思维的黄金时期。此阶段的规划重点是积极参加临床实践，勤学苦练，在医疗工作实践中不断增长自己的才能，提高操作技能和临床诊治能力。

大学生社会实践活动是解决理论脱离实际、知识远离生活等问题的有效途径，它可以帮助大学生实现理论和实践的结合，可以提高高校人才培养与社会实际需求的契合度，努力培养适应时代需求的高素质创新型人才。因此，大学生通过参加社会实践活动，拥有体验的机会，是自主获取知识的过程，而不是由权威从外部来灌输知识的过程。

高年级学生实践内容应该包含：参加大型专业性全国大会的活动，在相关医院、诊所或大健康领域的企业参与实习的社会经历，准备简历和求职信的经历，参加过几场社会招聘会等。

四、即将入职大学生生涯发展与职业准备规划

在毕业前选择了就业的学生应该做好“即将入职大学生的规划”。规划的目标：转变角色，适应社会及用人单位需要。

学校与社会是两种不同的环境。在高校中，学生的时间相对放松自由，尤其是高年级，有时候处于一种放养状态；同时，学校的人文环境是自己生活多年的环境，自己较为熟悉；学校的学习压力在高年级时基本不存在，唯一愁的是毕业之后怎么办？但社会就不同，就业后要受单位规章制度的约束，早九晚五成为每天必须遵守的纪律；新的单位面对的是新的面孔，这些面孔有的还不那么友善，有的还带有敌视的眼光，时刻审视着你；新的单位还有工作业绩压力，做不出成绩自己心中也着急……

许多同学在入职后，由于角色的转变做的不是太理想，就会出现频繁跳槽的现象，对自己对用人单位都不好。因此，对选择入职的高年级大学生，我们建议做一个“即将入职大学生的规划”（表 4-6）。

表 4-6　即将入职大学生生涯发展与职业准备规划

规划目标	生活规划	作息时间调整目标	
		交通环境了解规划	
		健康饮食规划	
		身体锻炼规划	
	工作规划	熟悉了解单位制度	
		熟悉了解单位环境	
		熟悉了解工作流程	
		熟悉了解业务知识	
		少提建议	
		熟悉单位各部门	
	人脉建立规划	了解单位领导	
		熟悉部门领导	
		熟悉部门同事	

（续表）

规划目标	人脉建立规划	结识几个部门内的哥们	
		结识几个其他部门的哥们	
		找几个老乡（同城、同单位的）	
	感恩	给父母写一封感恩信	
		给大学辅导员写一封感恩信	
		给录用单位的领导写一封感恩信	

（一）即将入职大学生的生活规划

（1）作息时间调整规划。对一个习惯了散漫生活的大学生来说，入职后第一个不习惯的就是每天的早九晚五。过去那种不到中午不起床、不到半夜不睡觉的生活习惯必须改变。

（2）交通环境了解规划。就是要了解自己的住所到单位的交通状况。寻找一条最快捷、最经济的交通路线也是特别重要的，尤其是在大城市，这样可以避免因交通问题导致的迟到等事情的发生。

（3）健康饮食规划。民以食为天，要干好工作，首先就要保证合理的饮食。改变在学校时期不吃早餐、三餐不准时的坏习惯。

（4）身体锻炼规划。身体是革命的本钱，为了更好地工作，也要做好锻炼身体的规划。

（二）即将入职大学生的工作规划

（1）熟悉了解单位制度。要尽早了解即将入职单位的规章制度，这有利于入职后迅速投身工作。

（2）熟悉了解单位环境。单位的环境包括硬件设施环境和人文环境，尽量不要陷入别人的矛盾之中。

（3）熟悉了解工作流程。工作流程涉及你能否顺利完成任务，能否与其他同事进行更好地配合，所以是应该尽早熟悉的。

（4）熟悉了解业务知识。业务知识尤其是一些常识性的知识应该尽快熟悉，否则容易引起别人的误解和瞧不起。自己只有尽快熟悉业务，能够为单位做出业绩贡献，才能有话语权。

（5）少提建议。不少同学刚毕业时满怀热情，希望为单位做点事。一到单位就会发现这种错误、那种问题，喜欢挑刺，有的还会写上洋洋万言建议书。这种热情虽好，但是，这是有问题的！第一，我们看到的可能只是问题的表面，实质是什么自己并不了解；第二，自己的解决方案可能只是解决了技术问题，而技术背后的问题根本无法解决；第三，问题的存在一定有它的原因，只有在自己沉下心做好完整的了解后，才可以去提些合理化建议，否则是不恰当的；第四，这也会让大家觉得你不靠谱，太自以为是，这是很可怕的。

（6）熟悉单位各部门。这一点看起来不重要，但它对自己能否快速融入单位这个小集体显得特别有价值。

（三）人脉建立规划

（1）了解单位领导。多接触领导，可以了解领导的工作意图和设想，有助于自己更好地熟悉本单位。

（2）熟悉部门领导。县官不如现管。本部门的领导是不能得罪的，否则会给你小鞋穿，所以要熟悉他。

（3）熟悉部门同事。部门的同事天天在一起工作，应该都和睦相处。

（4）结识几个部门内的哥们。铁哥们也是应该有的，首先就要在部门内找铁哥。

（5）结识几个其他部门的哥们。除了部门内的铁哥，也要在单位其他部门结识一些铁哥。

（6）找几个老乡（同城、同单位的）。来到一个新的环境，有时候会很寂寞。这时，找几个老乡还是挺有意义的。

（四）感恩信

写几封感恩信，对过往对自己的成长有帮助的人表示感谢，这很有意义。

（1）给自己的父母写一封感恩信。感谢他们养育你多年，让你今天能够独立工作，写好你准备给他们的回报。

（2）给自己的辅导员写一封感恩信。感谢辅导员大学期间对你的照顾和引导。

（3）给录用自己到本单位工作的领导写一封感恩信。感谢他给你提供这个难得的机会，表一个决心。

新入职员工应该怎么办

第四节　大学生生涯发展与职业准备规划案例

在大学期间，大学生应该根据自己确定的职业发展目标，结合自己的实际情况，合理规划自己的大学生涯。为了更好地使同学们了解和掌握大学生生涯发展与职业准备规划的依据、内容、方法，能制订出适合自身特点的生涯发展与职业准备规划，我们在这里通过案例的形式向同学们介绍如何制订自己的生涯发展与职业准备规划书。下面几个例子仅供参考。

一、就业规划

案例

我选择就业！这不仅是家庭的需求，也是我大学三年读书期间的强烈感受。

（一）自我认知

1. 生理我

我是男生，身高 1.78 米，体重 68 千克，五官端正，视力良好，身体健康。

2. 心理我

我的性格很复杂，具有综合性，内向和外向兼备，但仿佛是外向稍占上风。我喜欢结交新朋友，而且一旦与人建立朋友关系，便会用心去经营友谊，所以在朋友中有着较好的评价。我一直都不甘于落后，有较强的上进心。

3. 社会我

我是一个满腔热血的爱国青年，在国家需要的时候，我会义不容辞地上前。在汶川地震时，我就曾经作为志愿者第一时间赶赴现场，参与救助。

作为一名大学生，我也非常关心时代的发展，关注国家的发展政策，善于分析形势，在社会大背景下寻找适合自己的发展机遇。

4. 道德我

我是一个品行良好的学生，喜欢伸张正义。我会认真对待每一次的考试，从不作弊，在各种“诱惑”面前，我始终坚守我的道德准则。

5. 家庭我

我家的经济条件很一般，为了让我受到良好的教育，父母生活一直非常节俭，为了报答父母，我需要尽快独立，在经济上减轻父母的压力，作为家庭中的重要一员，要努力承担自己的责任，不辜负父母对我的期望。

6. 优势我

我喜欢博览群书，知识面较广，喜欢关注热点事件，善于发现焦点问题，并有良好的写作能力。

（二）环境认知

1. 家庭环境

我的父母都是普通的劳动工人，我的亲友也都是普通的老百姓。我的父母无论对待工作还是生活，都非常的积极乐观，勤勤恳恳，顽强进取，他们的这种精神一直鼓舞着我积极向上。父亲豁达开朗，喜欢读书看报，他教会了我不怕困难，让我成了坚强勇敢的男子汉，并养成了良好的阅读习惯。母亲勤俭持家，让我从小就养成了节俭的习惯，培养了理财的意识。我生活在一个融洽的大家庭里，整个家族中的人都和睦相处，让我懂得了爱和感恩。在未来的发展方面需要靠我自己努力拼搏，自食其力，回报家庭。

2. 校园环境

学校配套设施非常完善，有各种方便我们学习和生活的公共场所。图书馆的藏书足够满足我强烈的求知欲。同学们虽然来自五湖四海，但是大家的关系很融洽，有很多学长和老乡，对自己也是很帮忙的。

3. 所在城市的环境

学校所在的是一个快速发展中的二线城市，有很多社会实践的机会。这是一座历史文化古城，有浓厚的人文气息。城市在大力发展旅游业和服务业。

4. 专业背景

我学的是医学影像专业，主干课程有人体解剖与组织胚胎学、断层解剖学、医用物理学、诊断学、内科学、外科学、妇产科学、儿科学等。本专业的培养目标是培养德才兼备、掌握现代医学影像技术、具备职业素养的高层次医学影像诊断专门人才。

虽然我校医学影像专业不是国内最领先的专业，但却是我省最优秀的专业。我们实习的附属医院是目前国内极少拥有64层螺旋CT的医院之一。我院影像系主任是本省学科带头人。

5. 职业背景

与医学影像专业所对应的职业：在临床医院任放射科医生，或者在医学院校担任影像系老师，或者去医学影像设备生产厂或销售公司从事产品宣传或销售工作。

到医院当大夫的标准：大学英语六级；品行良好，身体健康，专业能力强，主干课程成绩在85分以上；具有良好的团队合作精神。

6. 社会环境

在"十三五"期间，我国的卫生事业蓬勃发展，特别是县级及以下基层卫生院是发展的重中之重。近几年，我国卫生经费的投入一直向基层医院倾斜，各地基层医院的硬件建设已经提高了许多，而各种专业人员却十分缺乏。

卫生事业发展的核心是让全民享有同样的医疗服务。作为一名大学生，我觉得自己有责任为国家的卫生事业做出自己应有的贡献，满足社会的需求。

（三）自我优势

能结交各类朋友且会维持牢固的关系是我的一大优势，毕竟人脉关系在如今这个社会上还是有着举足轻重的作用的。喜欢读书不断追求新奇事物和知识的思想会促使我不断地补充和提高自己以更好地适应现代社会的需求。我的适应能力很强，不论什么样的陌生环境，我都会在短时间内适应。

（四）自我劣势

我是一个来自普通家庭的大学生，就业要靠自己的能力，而我缺乏社会实践经验，我需要在以后的实践活动中不断丰富自己的人脉关系。

（五）确定目标

由于我的家庭经济状况一般，我决定毕业后立即就业。

我渴望一种比较丰富多彩的生活，渴望能用自己所学的专业知识和技能来为更多的普通民众的健康服务。医学影像专业近几十年来发展迅猛，这对一直追求新奇的我来说是一种诱惑，而且，如今医院的待遇和社会地位也不错，符合我的需求和父母的期望，也是当初我选择学医的原因之一。

（六）制订规划

我不会如同新生期的时候一样迷茫，让没有目标的日子随新生期而逝去。我首先要努力学好专业知识，打好牢固的基础。设定清晰且现实的年、月、周、日的行动目标，每天为之而努力。

1. 低年级规划

（1）学业规划

在学习专业课的同时，多读有关本专业的书籍，以补充课上知识的不足，扩展自己的视野。通过相关的网站和杂志，获取更多的专业信息。每天认真做好预习和复习工作，有序地安排每日的学习内容。

在学习专业知识的同时，还要加倍努力学习英语，在大一的时候通过英语四级考试，在大二的时候通过英语六级的考试。

为便于运用计算机技术为将来的事业发展服务，我决定在大二要通过计算机二级考试。

（2）成长规划

在低年级要养成良好的生活习惯，培养健康的兴趣和良好的心态，树立正确的恋爱观，学会自我管理（时间管理和财务管理），培养良好的思维方式，培养科学的世界观，放飞梦想并学会明势。做好自己的个人生活成长规划，全面提高自身的素质。

（3）实践规划

加强实践能力的锻炼。积极参加各种社团组织和社会实践活动，在实践中锻炼自己的组织能力和表达能力。在闲暇时间，找机会去一家医院进行职业体验，寻找自己的生涯人物，在适当时候做几个生涯人物访谈，以深入了解未来工作的能力需求和工作流程。

2. 高年级规划

（1）学业规划

我除了做好毕业论文和毕业考试的准备外，要将精力放在就业的准备上。进一步提升就业能力和职业素养，以便于更好地开始自己的职业生涯。

（2）成长规划

在个人成长规划方面，要学会辩证地看社会，学会专注性地思维，努力向职业人和社会人的角色转变，进一步加强自己的时间管理和财务管理，构建自己的职业人脉圈，谨慎选择恋爱对象。

(3) 实践规划

争取参加几次全国的大型专业会议，找机会到医院或医疗影像设备生产厂商或公司、市级电台或其他正规的新闻单位去实习，增强自己的实际工作能力。准备好自己的求职信和求职简历，多方面多渠道地去搜集就业信息，最终找到适合自己并能发挥个人能力的工作。

以上是我在大学期间的生涯规划，我认为想通过这样的计划达到一个非常成功的境界是不容易的。但计划的目的是为了使我自己每天都有事情去完成，每天都会有新的收获和发现，每天都会有比前一天更大的进步。抓住每一天，充实度过每一天。我要抓住梦的翅膀，让梦想启航！

二、考公务员规划

案例

我选择回家乡考公务员！孝敬父母。

(一) 自我认知

1. 生理我

我是男生，身高1.75米，体重65千克，五官端正，视力良好，身体健康。

2. 心理我

(1) 兴趣

我的兴趣爱好比较广泛。我喜欢看小说、爬山、打球、旅游、唱歌、跳舞，喜欢演奏箫笛等乐器。

(2) 性格

我觉得我的性格不算太活泼，也不算太内向。由于我来自偏远山区，经历过一些困难，所以遇事能够沉着冷静，与人相处也很融洽。

(3) 能力

我从小就一直担任学生干部，有较强的组织能力和感召力。有很强的空间感，识图能力强。我从小就有较强的驾驭语言的能力，我能很自信地在大庭广众之下演讲。

(4) 价值观

我从小接受现代科学教育，接受马列主义的教育，是无神论者和唯物主义者。能够帮助他人，帮助集体，帮助社会，奉献自己的微薄之力是我最大的心愿。

3. 社会我

我是来自偏远山区的大学生，我深感到我国的经济发展水平还很不均衡，还有许多贫困地区和艰苦行业，特别在西部地区有着广阔的就业空间，尤其是山村地区还需要大批的专业人才，光辉的事业在等待我们去开拓振兴。伟大的时代在呼唤青年人艰苦创业，这是我们当代大学生的历史责任和理性选择。为了家乡父老乡亲的卫生事业，我立志努力掌握科学文化知识和各种专业技能，努力提高自身的综合素质，使自己成为一个有本领、有责任、有实干精神的人。

4. 道德我

我一直是个品行良好的人，尊老爱幼，与邻里和睦相处，是大家眼中的好孩子。当今社会充满了诱惑，在各种利益面前，违反道德准则的事件屡见不鲜，我很痛斥这样的事件。

5. 家庭我

我的家庭条件并不好，父母靠自己勤劳的双手来供我读大学，我需要尽快丰满自己的羽翼，回报自己的父母，让他们不再操劳，享受幸福的晚年。

6. 优势我

我的政治敏感度较高，有较强的组织能力和领导能力。

（二）环境认知

1. 家庭环境

我家虽然家庭经济条件不好，但是个充满爱，充满幸福的家。父母亲都是普通农民，亲戚朋友中除一两个在当地比较显赫外，大多是普通的工人。总体上，社会资源很有限。

2. 校园环境

学校配套设施非常完善，有各种方便我们学习和生活的公共场所。同学们虽然来自五湖四海，但是大家的关系很融洽，有很多学长和老乡，对自己也很有帮助。

3. 所在城市的环境

学校所在的城市为发展中的沿海城市，科教、文化、卫生事业都得到了全面快速的发展。这个城市有很多机会，也到处充满了诱惑。

4. 专业背景

医学信息专业培养掌握信息科学的基本理论与基本方法，具备运用信息技术解决医院管理实际问题的能力，受到科学研究的初步训练，能在医学科研等部门从事研究、教学工作或在医院管理部门从事实际应用、开发研究和管理工作的高级专门人才。

本专业的主干课程：计算机技术、管理学、数学模型、数学实验、数值方法等。

5. 社会环境

在日常生活中，从天气预报到股票涨落，到处充斥着信息的描述和分析方法。随着经济和社会的发展，卫生系统对信息管理专业人才的需求将会越来越多，其就业前景比较广阔。

（三）自我优势

我对生活充满热情，有很强的进取心；我有较好的观察力，意志坚强，自我调节能力强，领悟力、学习接受能力较强；有一定的组织管理能力，有强烈的责任感，勇于担当。

（四）自我劣势

我有些时候比较固执、太自信，行事谨慎，不喜欢冒险，不愿意也不敢承担风险；没有强有力的家庭条件做背景，没有雄厚的人脉关系和经济基础，凡事都要靠自己奋斗。

（五）确定目标

我一直将大学毕业后回报社会，建设自己的家乡作为自己的使命。综合以上分析，我将大学毕业考家乡卫生系统的公务员作为我的第一目标。

（六）制订规划

我的综合素质有待加强，这对一个人的发展影响很大。我现在的组织和管理能力都很有限，语言表达能力、概括能力、逻辑分析能力、解决问题的能力等都有待提高。

我以后的职业选择主要就放在公务员上，我的行动计划主要也是培养自己的通用技能。不管今后考公务员，还是找其他工作，我相信有能力的人总能找到工作。

1. 低年级规划

（1）学业规划

要学好专业基础知识，学好本专业是毕业的前提条件，也是今后学习、工作所需要的。计算机技能是今后工作中的通用技能，因此我要在大二下学期考计算机四级。

要学好英语，英语过级不仅是毕业的必备条件，而且也是社会的要求。学好一门外语对我今后的工作、学习都是很有帮助的。这样也符合 T 字型人才的要求。我的英语基础并不好，但我还是在坚持每天记十个单词，练听力，读英语文章。在大二上学期通过英语应用能力考试。

在大一期间选修经济、管理方面的课程。除了选修有关课程外，我也多读管理类的书。

提高自己的口语表达能力和书面写作能力。

（2）成长规划

在低年级阶段，我要养成良好的生活习惯，培养健康的兴趣和良好的心态，树立正确的恋爱观，学会自我管理（时间管理和财务管理），培养良好的思维方式，培养科学的世界观，放飞梦想并学会明势。做好自己的个人生活成长规划，全面提高自身的素质。

（3）实践规划

寻找一些在校外当家教的兼职，这样既能锻炼表达能力，也能赚取生活费。再找一些促销工作并且尽量多地参加寒暑假的实践活动、志愿者活动等。这样不仅能丰富自己的档案履历，而且更为重要的是丰富自己的社会实践经验，提高自己的组织管理能力。

2. 高年级规划

(1) 学业规划

① 准备毕业论文；②积极准备《申论》的写作练习，准备公务员考试；③关注公务员考试的相关政策，选择自己要报考的职位；④做好笔试和面试的各项准备。

(2) 成长规划

调整好心态，安排好学习和实践的时间，做好从学生到社会人转换的准备。

(3) 实践规划

考试结束后，参加一些医学信息管理学术会议，参加一些社会实践活动，提高自己的职业适应能力。

除了上述计划外，我会不断关注社会就业情况，关注公务员考试录用条件及政策，必要时调整行动计划。

三、创业规划

案例

我们是20世纪"九零后"的一代，我们生长的时期处于社会发展的过渡阶段，既幸运又无奈。幸运的是我们的国家一天比一天强大，生活水平不断提高；无奈的是，理想与社会的残酷现实有着明显的落差。纷繁错杂、变幻莫测的就业形势让当代大学生手足无措，"毕业等于失业"已是广为流传的经典模式，这应该归咎于社会的发展不平衡还是自身的就业理念与社会不适应呢？

我认为，当代大学生所经历的，是社会主义市场经济高速发展的必然阶段。物竞天择、适者生存，只要及时转变观念，我们的未来一样精彩。

我是河南中医学院中西医临床医学专业的一名大一学生。我选择的毕业出路：结合专业知识，发挥祖国医学特色，与现代医学相结合，自主创业，从走社区医疗路线的小规模诊所开始经营，逐渐发展，在其他社区设立分站，积累技术经验和资金，最后成立以中医特色为主的关节炎治疗康复中心。

孙子兵法曰："知己知彼，胜乃不殆；知天知地，胜乃可全。"当今社会竞争之激烈绝不亚于古战场，虽然没有刀光剑影，却要求我们更谨慎地观察环境，知己知彼、知天知地。

(一) 自我认知

1. 生理我认知

我是男生，23岁，黑龙江省哈尔滨市人，团员，身体健康，任院(系)学生会主席、年级长，就读学校和专业为某医学高等专科学校中西医结合临床医学专业。

2. 心理我认知

我是一个有领导能力的人，管理协调能力较强，有创新能力，热衷祖国医学，但对科研兴趣不大；不习惯“朝九晚五”的工作模式和保守的管理制度；敢于冒险，不怕失败。

总体看来，我是一个不甘于平凡的人，按传统方式就业并不是我的最佳选择，适合向自主创业方向发展。

3. 社会我认知

首先，“十三五”期间，现代卫生服务形式为高职高专医学生就业提供了广阔的舞台。随着社会的进步，人民生活水平的提高，医疗服务的价值将进一步突显，社区服务、全科医生、家庭护理、计划生育以及临终关怀等现代卫生服务形式将随之出现。

其次，随着社会主义市场经济的深入发展，许多与人的生命、健康、康复有关的预防、保健、咨询、经营、推销等单位将蓬勃兴起。

最后，医学模式的转变，医疗保健、人文学科等需要医学人才参与学科建设。

总之，整个社会对医疗、保健医学社会学、医学法学、医学经济学、医学美学、医学心理学和医学伦理学等学科的人才需求量将大大增加，这给我们提供了机会。同时，我所学的专业可以为社会解决这些需求。

4. 道德我认知

我喜欢公平公正的原则。我尊崇忠孝礼义信的传统道德，有“国家有难，匹夫有责”的担当，我愿意在国家就业岗位绝对不足的年代里，放弃就业机会，而努力创业，为自己也为同学提供就业岗位。我也热衷为别人服务，把自己所学的中西医知识用于解除病人的痛苦，造福于民众。

5. 家庭我认知

家庭无经济负担，不需要我为生存投入工作。在我创业时，家庭可以在启动资金方面给我提供帮助。

6. 优势我的认知

我有较强组织领导能力，沟通协调能力，能处理好各方面人际关系；非常热爱自己的专业，自信，年轻，敢作敢为、不拘小节，遇事果断、能吃苦；有强烈的学习欲望和创新能力，并具备竞争意识；有明确的目标，原则性和执行力均较强；具有一定的职业意识和团队意识；心理承受能力强，不惧风险，往往压力越大，发挥越好。

（二）环境认知

1. 家庭环境

我是独生子，母亲在医院工作，父亲开了一家公司，家庭经济条件较好。家人比较支持我创业。

2. 校园环境

我校地处郑州市中心，中西医结合临川医学专业是我校的特色专业之一。学校的附属医院给我们提供了较好的实习场所。学校的师资也能满足我们的专业学习需求。

3. 所在城市环境

郑州是京广、陇海两条主要干线的交汇点，是国内主要交通枢纽。在“十三五”期间，处于东西部产业调整的关键点上，东部沿海传统产业向西部转移，给河南的经济发展带来巨大商机。同时，河南也是全国人口第二大省，居民的健康需求不断增长提供了巨大的医疗市场。

4. 专业背景

我所学的是中西医临床医学专业。这是一个融合中医和西医两门医学科学的新学科。我们的主干课程不仅包括现代医学的解剖、生理、生化、诊断、内外妇儿等临床学科，还包括中医基础、中药、方剂、中医内外妇儿等课程。

5. 职业背景

我们所学的专业所对应的职业：临床大夫、药厂市场推广人员或研发人员、医药公司医药代表，政府相关医疗管理部门的工作人员。

临床大夫：需全日制高等医学院校毕业，具有助理以上执业医生资格证书，遵守医务人员的职业道德，热爱本职工作。

政府相关部门工作人员：主要是指卫生系统公务员，要按国家规定进行考试、筛选。

6. 社会环境

近几年来，随着外界环境的变化和观念的转变，很多大学生的择业观发生了变化，选择范围日益扩大。据浙江省某高校的调查结果显示，28.38%的大学生选择外企作为就业首选；20.96%的人选择私营企业；19.34%的人选择了事业单位；选择国有企业的有16.2%；而仅有15.12%的人选择政府部门，居于末位。

政府倡导实施培养名医、创建名科、建设名院和中医药服务进乡村、进社区、进家庭的中医“三名三进”工程，实施生产名药、创办名店、建设名厂和保证中药材、中药饮片和炮制、中药制剂和产品质量的中药“三名三保”工程。大力提升中药产业发展水平，积极推动中医药医疗、保健、教育、科研、产业、文化“六位一体”全面发展。

目前大中城市的医疗卫生岗位日趋饱和，各级医院的发展重点基本上从扩大规模转变为内涵建设，医学类毕业生就业主渠道的吸纳能力下降，用人单位对人才质量、学历层次的要求明显提高。

总之，“就业难”不能单纯归咎于社会发展不平衡，它与大学生就业观念和应对态度有密切关系，一些高职高专医学生的就业目标依然集中在大城市，而且就业观念保守，只限制在面向医院就业，不注意发挥自身特色，进行自主创业，造成了人才资源的浪费。国家对医疗事业发展十分重视，特别是对中医药事业的发展尤为关注，并为大学生创业、择业提供了优越条件。

中西医结合是我国医学发展的客观趋势，在我国农村的基层医务人员约80%采用中西医结合防治疾病。中医院及西医院中医科大半采用中西医结合治疗。

据《中国青年报》最新的民意调查结果显示：最喜欢西医治疗者276人，最喜欢中医治疗者515人，而最喜欢中西医结合治疗方法者1 957人；最喜欢中医医生者有741人，最喜欢西医医生者有426人，最喜欢中西医结合医生者有2 580人。中西医结合充满活力，近年来，中医以其独特的治疗优势，受到世界的关注，西医随科技的不断发展也步入了新的时代，中西医结合的呼声越来越高。中西医结合的疗效也被医学界及患者所肯定。

（三）自我优势

（1）有较强组织领导能力，沟通协调能力，能处理好各方面人际关系；

（2）热爱自己的专业，对其有信心，年轻敢为、不拘小节，遇事果断、能吃苦；

（3）有学习欲和创新能力、竞争意识；

（4）有明确目标，原则性强，较为理性；

（5）有职业意识、团队意识；

（6）心理承受能力强，不惧风险，往往压力越大，发挥越好；

（7）家庭经济条件适合创业。

（四）自我劣势

（1）有惰性，有时较固执；

（2）对于新事物的出现不够敏感；

（3）探索研究能力不强；

（4）对细小问题容易放松；

（5）遇事主动性不够强；

（6）缺少创业启动资金；

（7）自由性强，不喜欢受到约束；

（8）专业知识水平、学历低，社会经验、临床经验不足；

（9）人际关系网不够发达。

（五）确定目标

我是一个有领导能力的人，管理协调能力较强，有创新能力，热衷祖国医学，但对科研兴趣不大，不习惯“早九晚五”工作模式和保守的管理制度。家庭也无经济负担，不需要我立即投入工作。

在校学习期间，我担任过院（系）学生会主席、年级长、班长。不同层次的工作经历中，积累了一定的组织管理经验，锻炼了人际交往能力，提升了各方面素质。但进入社会后，还需要继续学习专业知识、投身于社会锻炼，完善自我。

总体看来，我是一个不甘于平淡的人，按传统方式就业并不是我的最佳选择。我的最佳毕业选择：自主创业，创办一个中西医结合的专科小诊所，以后再逐渐发展为连锁医院。

（六）制订规划

1. 低年级规划

（1）学业规划

学好基础课和专业基础课，学好计算机、英语、生涯规划等方法学课程，通过英语应用能力考试和计算机二级考试。订阅一本《中西医结合杂志》。

（2）成长规划

学会思维能力对我来说最为重要，要善于用辩证法来指导自己的思想；要学会把握大势，增强审时度势的能力；要学会财务管理办法，量入为出；还要注意锻炼身体，保证自己拥有一个创业必需的健康体魄。

（3）实践规划

参加校园创业社团，参加学校组织的创业大赛，学习和积累创业经验；暑假期间去母亲医院进行职业体验，并争取去一家私人诊所见习；两周去一次福利院、去一次康复中心，体验老年社会对医学保健的需求；做一次关节炎发病率的调查，写一份调查报告。

2. 高年级规划

（1）学业规划

认真学好专业课，特别是加强对骨关节疾病的了解，确保专业骨干课程的成绩在85分以上；在国家级正式刊物上发表一篇关于骨关节疾病的论文；参加一次以上相关学术会议；顺利通过毕业考试，并完成毕业论文答辩。

（2）成长规划

运用在校期间学到的思维方法，观察社会、分析问题、把握机遇。在实习、实践和各种活动中建立自己的专业人脉，提高自己的社交能力，多方面成长。

（3）实践规划

进入专科医院或者三甲医院的骨关节科实习，尽量掌握最新的关节病诊疗技术；业余时间，选择一至两家福利院，为老年关节疾病患者提供义务服务。后期，我计划选择一家私人诊所实习三个月，争取开设老年关节疾病诊疗专科，进一步锻炼自己的专业能力，并学习私人诊所的管理办法。

以上是我大学期间的基本规划，我也会根据实际情况及时做出调整。在时机成熟时，我毕业后会选择开办一个私人中西医结合的关节疾病专科诊所。

四、即将入职大学生的规划

案例

（一）自我认知

1. 生理我

我是女生，身高1.60米，体重48千克，五官端正，身体健康。

2. 心理我

（1）兴趣

我喜欢中西古典音乐；古代军事、战争、历史方面的书籍和诗词；喜欢参与团队意识较强的活动，比如，拔河和打篮球；喜欢摄影；对慈善事业较为感兴趣。

（2）性格

我的性格活泼开朗大方，能够连续地工作，有耐性与韧性；有较强的责任意识；能够得到别人的信任，对承诺的事情一定会努力去实现；尊重别人的地位和能力；通情达理，看问题现实、理智、客观、公正，认为通情达理比坦率更重要；不轻易言败，对生活充满信心。

（3）能力

从小学到大学，我一直担任学生干部，具备了一定的组织管理能力、处事能力和交际能力，自控能力和适应能力较强；对数学比较感兴趣，思辨能力较好；语言表达能力好；实践操作能力强。

（4）价值观

必先给予才会得到；己所不欲，勿施于人；与人方便，自己方便；人，应该有一种信仰去支配自身的活动。

3. 社会我

我一直有强烈的社会责任感，一直想成为像研制"两弹一星"的老一辈知识分子那样有社会担当的人物。我一直关注社会大环境的发展，希望在大背景下寻找适合自己发展的机遇。我愿意用自己所学的眼科知识，给更多的患者带来光明。

4. 道德我

"做事先做人"是我为人处事和工作生活中的一条金科玉律。我一直注重修炼内功，提高自己的品德修养。

我非常崇拜那些职业道德高尚的人。医生有良好的医德才能为病人做好诊治，教师有良好的师德，才能培养出好的学生。我最痛恨那种缺乏职业道德，渎职舞弊的人。

5. 家庭我

我生活在经济条件良好的家庭里，有殷实的经济基础，较高的生活品质，较好的人脉关系网。

6. 优势我

兴趣广泛，思维敏捷，逻辑思维能力强。有同情心和爱心，并具备奉献精神。

（二）环境认知

1. 家庭环境

我的父母都是企业的管理工作者，他们严谨的工作态度，善于解决问题，善于处理各种事件的能力深深影响着我。我的家族中也有众多的企业管理工作者，我从小就成长在这样一个领导力氛围比较浓厚的大家庭中。我从小就很有主见，喜欢做同伴中的领导者，一直希望自己能在某个领域有很好的发展。

2. 校园环境

我的学校是一所国家重点院校，有很好的校园配套设施，有很好的实验室和资料室，方便学习和查找各种资料。我们学校虽然是重点高校，但是我所学的眼科专业并不是本校的专长，可喜的是，学校正在大力发展眼科专业，院方为我们配备了眼科领域的权威专家团队，作为我们的专业课老师。而且，父亲的同学是我校眼科专业的专家级教授。

学校给我们提供了很好的硬件设施和软件条件，使我们能够有机会参与一些课题研究，学以致用，也可以积累更多的实践经验，同时有很多的机会与行业内人士接触、交流和学习，提高自身素质。

3. 所在城市环境

学校所在的城市是个一线城市。城市的产业结构定位：走新型工业化道路，加快形成以高新技术产业和现代制造业为主体，以优化改造后的传统优势产业为基础，以都市型工业为重要补充的新型工业结构。

4. 专业背景

眼科学是医学领域中的一个非常好的专业，有“金眼科银外科之称”。本专业的主干课程：人体解剖学（尤其是局部解剖学）、眼科学、眼科手术学、眼部构造学、内科学、外科学、眼视光技术、诊断学、药理学等。

眼科学是临床医学领域的一个分支。它所培养的人才是眼科专业医生、眼保健工作者、眼科专业教师、眼科科研人员等眼科专业高技术人才。

5. 职业背景

就业方向：大健康领域知名企业做眼保健产品的市场销售。

职业准入资格：全日制高等医学院校毕业；获得助理执业医生以上资格；具备一定的眼科专业能力；身体健康；动手能力强；学习能力强。

6. 社会环境

眼科疾患一直是严重影响人们生活质量的疾病。虽然一般的眼科疾病不会引起生命问题，但眼睛是心灵的窗口，眼睛的疾病却会导致人们生活质量的下降。轻者如近视眼、白内障，重者如青光眼、病毒性角膜炎、眼底病等。由于眼部疾病会导致失明，所以其对人们生活的影响是巨大的。

据统计，在我国有500万白内障患者，每年新增患者近100万，有近40万人最终失明。从近年的流行病学调查数据可以看出：白内障发病有“年轻化”倾向。白内障是世界首位致盲眼病，多见于50岁以后的中老年人。在全球4 000万～4 500万盲人中，因白内障致盲者占46%。全球每年有100万儿童致盲，中国占近三成。造成我国眼病患儿失明的主要原因是先天性白内障、外伤性白内障和先天性青光眼等。

近视是眼科的最常见问题，在发展中国家十分突出，亚洲国家近视发生率在70%～90%；美国和欧洲近视发生率在30%～40%。全世界几乎所有的人群都存在近视，亚洲人比欧洲人更为常见，女人比男人常见(女性是男性的两倍)。

随着现代生活节奏的加快，电脑、电视越来越多地介入人们的生活，人们的眼睛更容易疲劳受损，因此，近几年来青光眼的发病率也有上升的趋势。资料显示，中国的青光眼发病率在一般人群中是0.68%，随着年龄的增长，发病率逐渐增高，40岁以上人群发病率超过2%，而65岁以上则达4%～7%。大部分患者初期并无症状，只是视野逐渐收窄，如果未能及时就医，患者的视神经会进一步受损，而且这种损伤不可逆转，严重时会导致人失明。青光眼是一种终身进展、不可逆性的致盲性眼病，初期往往没有明显症状，很多人只是开始有一些眼胀的感觉，等到影响到生活需要就医时，往往就已经是比较严重的患者了。青光眼的病因很复杂，但对大部分人而言，眼压过高是引起青光眼的高危因素。有资料显示，目前国际上青光眼的未诊断率为50%，而中国达90%。也就是说，中国有高达90%的青光眼患者并不知道自己患有青光眼。

可见，眼科医生的职业是很有市场需求的。我所学的专业很有用武之地。

（三）自我优势

①生活态度比较积极乐观、抗压能力和抗挫折能力极强；②喜欢思考问题，有一定的分析能力，并有寻根究底的习惯，一定要将事情想清楚；③做事认真、踏实，有浓厚的学习兴趣和一定的实力，心思细腻，考虑问题比较细致；④逻辑性和条理性较好，有一定的书面表达能力；⑤专业基础扎实，动手能力强；⑥有爱心和责任心，善于与人交往，有家族人脉圈；⑦求知欲强。

（四）自我劣势

①竞争意识不强，对环境资源的利用不够主动，也就是与环境的交互能力不够；②工作、学习有些保守，冒险精神不够，没有结合长远目标，并且创新能力有待提高。

（六）制订规划

1. 生活规划

(1) 作息时间调整

我的大学生活虽然时间管理还比较紧凑，但也时常会和室友们通宵畅聊，抑或是看通宵电影。入职后要每天早起上班，所以要尽快改变熬夜消遣的习惯，养成良好规律的作息时间。早睡早起，从现在做起。

(2) 交通环境了解规划

了解自己的住所到单位的交通状况，寻找一条最快捷、最经济的交通路线，这样可以避免因交通问题导致的迟到等事情发生。

(3) 健康饮食规划

民以食为天，要干好工作，首先就要保证合理的饮食。改变在学校时期不吃早餐、三餐不准时的坏习惯。

(4) 身体锻炼规划

身体是革命的本钱，为了更好地工作，要继续好好锻炼身体。

2. 工作规划

(1) 了解单位制度

要尽早了解即将入职单位的规章制度，这有利于入职后迅速投身工作。

(2) 了解单位环境

单位的环境包括硬件设施环境和人文环境，尽量不要陷入别人的矛盾之中。

(3) 了解工作流程

工作流程涉及能否顺利完成任务，能否与其他同事进行更好地配合，所以应该尽早熟悉。

(4) 了解业务知识

业务知识尤其是一些常识性的知识应该尽快熟悉，否则容易引起别人的误解和瞧不起。自己只有尽快熟悉业务，能够为单位做出业绩贡献，才能有话语权。

(5) 少提建议

刚入职场要多观察，少说话，多学习了解专业知识技能，专心做好自己分内的工作。只有在自己沉下心对工作的发现的问题具备完整的了解后，才去提些合理化建议。

(6) 熟悉单位各部门

尽快熟悉各个部门，让自己能否快速融入单位这个小集体当中。

3. 人脉建立规划

(1) 了解单位领导

多接触领导，可以了解领导的工作意图和设想，有助于自己更好地熟悉本单位。

(2) 了解部门领导

县官不如现管。本部门的领导是不能得罪，所以要熟悉他，尽快得到他的认可。

(3) 熟悉部门同事

部门的同事天天在一起工作，应该都和睦相处。

(4) 结识几个部门内的哥们

铁哥们也是应该有的,首先就要在部门内找铁哥。

(5) 结识几个其他部门的哥们

除了部门内的铁哥,也要在单位其他部门结识一些铁哥。

(6) 找几个老乡(同城、同单位的)

来到一个新的环境,找几个老乡互帮互助,既能排解寂寞,又能相互学习,相互帮助。

【拓展练习】

1. 你现在要解决的问题是什么?

你现在读________年级,你现在面临的学业/就业问题是________________

你觉得产生问题的内部原因和外部原因是________________

针对这个问题,你打算怎样解决________________

老师、朋友或职业生涯顾问给你的建议是________________

你的具体计划和保证措施是________________

2. 你的大学时期要实现的愿望是什么?

在大学期间你要实现的三个目标是________________

这三个目标的阶段性目标是________________

为完成目标,需要提升的知识有________________

需要提升的能力、技能有________________

为实现阶段性目标而设计的可量化、可操作的计划有________________

第五章

实施方案的制订、评估与修正

学习目标

1. 掌握制订生涯发展与职业准备规划实施方案的方法。
2. 掌握生涯发展与职业准备规划评估与修正的方法。
3. 制订自己完整的生涯发展与职业准备规划书。

- 实施方案的制订、评估与修正
  - 制订大学生生涯发展与职业准备规划实施方案
    - 大学三年的行动计划
    - 年度（或学期）行动计划
    - 月度行动计划
    - 周行动计划
    - 日行动计划
  - 大学生生涯发展与职业准备规划方案的评估与修正
    - 大学生生涯发展与职业准备规划实施方案的评估与修正
    - 大学生生涯发展与职业准备规划方案实施案例
  - 大学生生涯发展与职业准备规划实施案例

案例

为梦想行动

医学系小沙小时候，看电视中的外科医生总是能凭借敏锐的观察和机智的反应去医治各种病人时，很是羡慕。可以说，“外科医生”这几个字早就埋藏于她的心中。高考后，她毅然选择了一所医学高等专科学校。大学期间，她极尽所能寻找医院的实习机会。在实习中，她既锻炼了外科手术的实践能力，同时，也认识到自己的不足。因此，在后期的学习中，更加努力储备专业知识，锻炼外科手术的实践能力。毕业后，她顺利进入了一家三甲医院，实现了外科医生梦。

专家分析

小沙对职业从小就有朦胧的感知，在学习成长过程中不断探索验证自己的职业选择。她的职业决策科学合理，水到渠成。难能可贵的是，随着年龄的增长，她的职业目标越来越聚焦，不断增加匹配职业目标的相关知识与实践，职业准备恰当而充分。心动不如行动，同学们做出职业决策后，要积极行动起来，为实现自己的梦想而奋斗。

法国著名军事家拿破仑有句名言，非常明了地概况了凡事抓落实的重要性，这就是：“想得好是聪明，计划得好更聪明，做得好是最聪明。”做，即是行动，“立即行动”是一个成功者必须具备的基本素质。唯有行动才能决定你的价值。行动可以让你的梦想和目标从思想领域步入现实。不论是朝向自己心中的圣地，还是那使命的征途，抑或那平凡的不朽，这一切都需要我们现在就迈出行动的步伐，一步一步踏踏实实地走下去。

再伟大的目标，不去执行，也是徒有虚名。大学生生涯目标规划制订好之后，下一步的关键是根据这一规划制订配套的实施方案，并依据实施方案来行动。如果说目标是结果，那么实施方案就是过程，是根据目标所制订的为了达到目标而必须采取的行动措施。

实施方案必须具体，可以分为年度实施方案（年计划）、月实施方案（月计划）、周实施方案（周计划）和日实施方案（日计划），相对应地规定了不同实施阶段的行动计划：年度计划从宏观上规定你一年要做的事，所以可以以总体或每月要干什么来计划；而月计划则应以每周要干什么来计划，四周完成则月度计划完成；周计划则以日为单位来计划，即每天要完成多少事；日计划则必须以小时来计划，从而指导自己一天之中，什么时间应该干什么。

在现实生活中，经常有人做事半途而废。究其原因，有很多是因为目标难度过大，觉得成功离自己很远，没有对目标进行阶段性分解并制订科学、可行的实施方案。因此，我们制订大学生涯目标实施方案时，应该把大学三年的最终目标，分解成一个个阶段性目标，相应地制订出一个个阶段性实施方案。这样的话，只要坚持实施这些阶段性方案，完成这些阶段性目标，自己大学三年的生涯目标就一定能实现。

在制订实施方案时，我们还必须了解的是生涯发展与职业准备规划是一个动态变化过程，规划方案的超前性包含了方案实施过程中的诸多不确定因素。因此，我们在制订生涯发展与职业准备规划实施方案的时候，手里同时要备好一块“橡皮”，也就是说，必须要重视规划方案实施过程中的行动和结果反馈，如可能出现目标制订过高或过低的情况；或者实施方案与目标吻合度偏低；或者尽管方案与目标吻合，而自己在执行中不坚定、放松要求等，这些因素都有可能导致目标与结果之间出现差距。这时，我们就要对出现的差距进行分析，找出原因，重新调整自己的目标，或者修改自己的实施方案，或者改变自己执行不力的习惯。这些内容，将在本章的大学生生涯发展与职业准备规划方案的评估与修正中进行介绍。

第一节 制订大学生生涯发展与职业准备规划实施方案

进入大学校门，就如同站在了一条从未走过的路上，前方有诸多出口，有不同路面，有上坡下坡，但无论我们选择哪个出口，都要详细地了解出路，制订科学的实施方案，并坚决地执行下去。所谓“知易行难”，在确定了职业生涯目标后，行动便成了关键的环节。没有达成目标的行动，目标就难以实现，也就谈不上事业的成功。制订实施方案应注意以下几个问题：为什么这个目标对我而言是最可能的？我将如何达成这一目标？我将分别在何时进行上述每一项计划？有哪些人将会或应该帮助我共同进行此项计划？目前对我而言还有哪些不能解决的问题？

实施方案不等于分目标

制订与大学生生涯发展与职业准备规划配套的具体行动计划，应与大学生涯的目标一致，如生涯目标有大学三年的去向目标，有在去向目标下制订的学业目标、生活成长目标和社会实践目标等内容目标，也有以年度、学期、月、周、日为规划单位的阶段性目标。根据这些目标，分别定出三年、二年、一年计划，一学期以及一月、一周、一日的计划。计划定好后，再从一日、一周、一月计划实行下去，直至实现自己的一年、二年、三年目标，让自己的大学生活始终在“有目标、有方案”的“可控、可测、可调”状态下进行。

一、大学三年的行动计划

大学三年的整体规划是根据你的毕业去向总目标制订的行动方案，它可以按照年度为单位来制订行动计划。比如我的毕业去向是毕业后出国留学，那我在学业上就要在高质量完成本专业要求的理论和实践课程基础上，特别加强留学要求的外语水平提升：第一年先完成大学四级英语考试；第二年开始准备雅思考试；第三年完成相关考试，具体联系相关学校。

制订实施方案要注意的问题

为了联系一个好学校，从第一学年开始，我就要努力学习以确保我的每门功课成绩都在A或B+，我还要尽可能地参加社会实践和公益活动；要广泛汲取国外历史人文知识，了解国外的文化和风土人情；要锻炼和培养自己的交际和沟通能力……大学三年的行动计划见

表5-1。

表5-1 大学三年的行动计划表

实施时间		学业方面		成长方面		实践方面	
		目标	方案	目标	方案	目标	方案
第一学年	上学期						
	下学期						
第二学年	上学期						
	下学期						
第三学年	上学期						
	下学期						

二、年度(或学期)行动计划

年度(或学期)计划是为了完成年度任务而制订的配套实施方案。比如我第一年要考试通过英语四级,那我每月要完成多少单词,或者在考前三个月内分配时间与规划学习进度,完成单词准备、语法提升以及阅读听说能力提高等,考前一个月做模拟考试和考试技巧的培训等。年度(或学期)行动计划见表5-2。

表5-2 年度(或学期)行动计划表

实施时间	学业方面		成长方面		实践方面	
	目标	方案	目标	方案	目标	方案
1月						
2月						
3月						
4月						
5月						
6月						
7月						
8月						
9月						
10月						
11月						
12月						

三、月度行动计划

月度计划围绕月度目标来制订，它应以每周为单位来制订。如我计划本月完成3 000个单词的学习，那前两周每周安排1 000个单词的学习，后两周每周安排500个单词的学习等。这些计划包括对要做的工作、应完成的任务、质和量方面的要求等。月度行动计划见表5-3。

表5-3 月度行动计划表

实施时间	学业方面		成长方面		实践方面	
	目标	方案	目标	方案	目标	方案
第1周						
第2周						
第3周						
第4周						

四、周行动计划

周计划围绕周目标来制订，但应以每天的行动方案为单位来制订。还是以英语学习为例，比如，一周要完成1 000个单词的学习，那我每天至少要完成150～200个单词的学习。周行动计划见表5-4。

表5-4 周行动计划表

实施时间	学业方面		成长方面		实践方面	
	目标	方案	目标	方案	目标	方案
星期一						
星期二						
星期三						
星期四						
星期五						
星期六						
星期天						

五、日行动计划

日计划是计划中最小的单位，它围绕每天的目标来制订，一般计划到每小时的工作安排，非常具体。比如，我每天安排早上 6：00—7：00 的一个小时、晚上 9：00—10：00 的一个小时学习英语等，每天晚上进行当日总结和制订明天的计划。但特别提醒的是，大学生同时也要给年轻的自己留出足够的休息和休闲时间。日行动计划见表 5-5。

表 5-5　日行动计划表

实施时间	学业方面		成长方面		实践方面	
	目标	方案	目标	方案	目标	方案
6：00～7：00						
7：00～8：00						
8：00～12：00						
12：00～14：00						
14：00～17：00						
17：00～18：00						
18：00～19：00						
19：00～21：00						
21：00～22：00						
22：00～6：00						

总之，有了科学合理的大学期间生涯发展与职业准备规划和与之配套的实施方案，就必须根据该方案严格实行，才能使自己的生涯规划目标向着既定目标迈进。

在许多情况下，大学生活中可能出现许多意外或紧急的工作或事情，干扰你的计划，打乱你的安排，这时你就应该加倍地珍惜时间，把耽误的时间抢回来。同时，在制订具体方案时，要留有一定的机动时间处理这些特殊事件。为了保证自己的行动能与努力的目标一致，就需要最大限度地根据所确定的生涯发展与职业准备规划，约束自己的行为。

这里提出几项建议，帮助大学生们更好地实施自己的大学生生涯发展与职业准备规划实施方案。

保证经常回顾构想和行动规划，保持积极心态和主观努力方向。有些人有计划，但总是不将计划放在心上，只要有事做，就不知道自己努力的方向在哪里，缺乏时间观念，结果贻误职业生涯发展机会。

如果自己的理想蓝图发生变化，生涯发展构想和行动规划也要做出相应的变动，从而目标和策略也应随之改变。计划毕竟是计划，往往需要和现实结合起来，实施动态管理，否则，缺乏灵活性，也会导致计划无法执行。

把学业构想和任务方案存入电脑文件或贴在床头等可经常看见的地方。为了避免自己忘记重要的学习目标和时间表，最好将这些内容放在自己经常能看得见的地方，如写在日历上，时刻提醒自己。

当做出一个对学习和生活极其重要的决定时，请考虑一下生涯发展构想和行动规划，并确保正在仔细考虑的决策与自己的本意相符。有的情况下，可能有一些重要的诱因，能获得短期内的收获，但从长期考虑是有损失的。比如，很多大学生在对待毕业后是专升本还是就业的问题上犹豫不决，这时就应拿出自己的规划表好好看一下，明确自己的本意和设想，这样可避免出现随波逐流的盲目行为。

与亲朋好友讨论自己的生涯发展构想和行动方案，并询问实现该构想的途径。向亲朋好友公开自己的生涯发展与职业准备规划，往往能督促自己行动。如果计划只是自己知道，往往在遇到困难时容易退步，而且心理上没有压力。反之，如果事先将自己的设想告诉家人和朋友，先征求别人的意见和建议，再采取行动，一方面可以集中集体的智慧，帮助自己设计最优的策略和方案；另一方面，可对自己进行约束，增强责任心及激励力量。

保证至少每三个月检查一次自己的学习进度。过程监督十分重要，监督可以发现生涯发展与职业准备规划中存在的问题，可以考察计划的落实情况，可以有针对性地提出解决方案。如果感到生活过于忙乱，那就意味着目标不合理，需要进行调整。适时适当地调高目标，可以使自己的目标难度更合理，使成就水平更高。如果感到自己的生活节奏很慢，效率很低，没有实现原生涯规划的目标，首先要考虑自己的动机水平是否足够高。

要有毅力。在大学里，可能朋友会比较多，有时很多人都在娱乐，自己也有兴趣参加，如果没有生涯规划观念和自觉性，通常会使计划流产。一旦开始的生涯规划落空，以后也容易被放弃，这是大学生一定要注意的地方。

第二节　大学生生涯发展与职业准备规划实施方案的评估与修正

影响生涯发展的因素有很多，有的因素是可以预测的，而有的因素则是难以预测的。在此情况下，要使生涯实施方案行之有效，就需要不断地对生涯发展与职业准备规划进行评估与修正。

一、大学生生涯发展与职业准备规划实施方案的评估

生涯规划评估主要是对各阶段的预定目标和实际的结果之间的差距进行对比分析，找出差距产生的原因。任何一个行动计划在实施之后都可能出现以下几种情况：第一，目标基本完成；第二，目标轻松完成；第三，目标不能完成。基本完成说明目标设定合理、实施方案合适，行动适当。目标轻松完成说明目标设定太低。目标不能完成则可能有以下原因：目标

设定太高；目标合适但行动方案不吻合；目标和行动方案都合适，但行动不力。

（一）差距产生的原因

目标和结果出现差距的原因主要有以下几方面：

1. 目标定得过高或过低

（1）目标过高超过个人能力，再努力也没有用，这时要适当调低自己的目标，否则会打击自己的自信心；

（2）目标过低自己不需要花费很大的精力就可以达成，这种目标也没有什么价值。这种情况你就要及时调高自己的预期目标，使自己的能力能够充分发挥出来。

2. 目标合适但行动方案不吻合

当目标合适而行动方案与之不吻合，会导致目标无法实现。如大一的学业规划目标有考英语四级，但却在实施方案中没有安排足够的英语学习时间。

3. 目标和行动方案都合适，但执行不力

比如，目标是考大学英语四级，实施方案中安排了英语学习的具体时间，但由于有其他许多事情耽误了英语学习，导致目标无法实现。这是执行过程中存在的问题。

（二）生涯规划评估的要点

一般来说，生涯发展规划的评估都可以归结为个人素质和行为对现实环境的适应性判断，分析自己的现状，特别是针对变化的环境，找出偏差所在，并做出修正。

1. 抓住最重要的内容

猎人如果同时瞄准几只兔子，那么他可能一只兔子也打不到。同样，在大学生的生涯规划的评估中也不必面面俱到，而是抓住一两个关键的目标和最主要的策略方案进行追踪。在大学生生涯的某一阶段，1～2 年内，或者 2～3 年内，总有一个最重要的目标，其他目标都是指向这个核心的，你完全可以通过优先排序，重点评估那些可能达到这个核心目标的主要方案执行。

2. 分离出最新的需求

针对变化的内外环境，要善于发现最新的趋势。俗话说“跟上形势”，对于新的变化和需求，怎样的策略才是最有效而且最有新意的。大学生生涯发展与职业准备规划过程中，要善于抓住外部环境的最新变化而给出适当的策略，使自己的生涯规划不落伍。

3. 找到突破方向

有时候，在某一点上取得突破性的进展将使整个局面发生意想不到的改变。想一想，你先前规划中的方案，哪一条对于目标的达成应该有突破性的影响？达到了吗？如何寻求新的突破？

4. 突出“优势我”

检查目标设定时，是否考虑了你的优势。或者，经过学习和培训，你的优势是否更加突

出，突出后则需要重新进行自我认知和职业定位。

小链接

测测你工作效率的高低（仅供参考）

周末了，你邀请三五好友来家里吃饭，最可能出以下哪种状况？

A. 忘记煮米饭，只好出去买面食

B. 为了精益求精地做道你最拿手的菜，误了开饭时间

C. 很快地烧煮一些做法简单的菜，以节省时间

D. 胡萝卜用完了，让第一个到来的客人去买

解释：

选 A

迷糊型。从来搞不清做一件事要花多少时间，经常不能有始有终地完成计划。

温馨建议：买两本台历，一本用于工作，一本用于日常生活，放在显眼处，给每件事订个计划。

选 B

完美主义者。追求尽善尽美，没有时间观念，把大量的时间花在细枝末节上。

温馨建议：按照每件事的重要性程度来分配时间，这是你节省时间，提高工作效率的关键。

选 C

把握时间型。你做得不错。

温馨建议：工作之余尽情放松自己，不要苛求别人同自己一样的高效率。

选 D

紧张刺激型。做事总是慌慌张张，丢三落四。

温馨建议：做每件事都比计划提前一点开始行动，才能从容应对。

（三）生涯评估的方法

1. 反馈法

许多高校建立了严格的学生活动情况登记制度，班级团支部定期填写活动记录本，团小组活动登记有团小组活动手册，团员个人参与活动登记有大学生素质拓展卡。如果没有活动登记制度，大学生本人可以自己建立自己的活动档案。活动记录本要从思想道德素质、智育素质、体育素质、文化素质和心理素质等方面记录，形成一个综合素质评价值，并定期检查督促，及时反馈，这样可以使大学生了解自己的哪些能力需要发展提高，从而改进其学习、工作的表现和行为。

2. 分析、调查、总结法

每个月或每个学期结束后，要认真总结一下自己这段时间的收获有哪些，这些收获对到

达最高目标有无帮助。

有的大学生把专升本当作自己近期最主要的目标；有的大学生想节省时间，学习第二学位课程成了他们的最好选择；还有的大学生准备毕业后踏入社会，因此为了给自己积累资本，各种职业证书就成了他们要攻克的难关，如英语四级和六级、国家计算机二级等专业证书；有的大学生选择加入学生会，并把学生会锻炼当作大学阶段必不可少的一门实践课。大学生可以根据自己的阶段成果获得情况，提供正确的信息反馈，发现合格的大学生标准和条件。

大学生生涯发展与职业准备规划在每一个近期目标实现后，对下一步的主(客)观环境和条件要重新进行调查、分析，检查条件是否变化，哪些变好，哪些变坏，总体如何，要心中有数，然后，根据变化了的情况，恰如其分地修改下一步拟订的计划。

3. 对比法

每个人都有自己不同的方法，所以在制订生涯发展与职业准备规划时应多比、多思、多学，学习别人科学的方法。对他人生涯发展与职业准备规划的分析，往往有助于自己对生涯发展与职业准备规划进行修改。

4. 交流法

这种方式非常简单，就是大学生在日常学习、工作交流中互相提供反馈信息。大学生首先要把自己的生涯发展与职业准备规划告诉知己学友，让他们关注自己，由老师或同学(朋友)对自己的缺点或错误提出意见。其次要虚心、主动、积极、经常地征求别人对自己计划的看法及修改意见，这往往会使你受益匪浅。

5. 反思法

对生涯发展与职业准备规划实践的回顾，生涯发展与职业准备规划中计划的学习时间达到了没有，学习效率如何，学习有什么收获，还有哪些问题，方法上有何体会等等。

6. 评价法

全方位反馈，也称 360 度反馈。在 360 度评价法中，评价者不仅是被评价者的上级主管，还包括其他与之密切接触的人员(如同事、下属、客户等)，同时也包括自评。可以说，这是一种基于上级、同事、下级和客户等收集信息、评价绩效并提供反馈的方法。

大学生生涯发展与职业准备规划全方位反馈评价应包含学校领导、老师、学生和被评价者自身等主体。实施大学生生涯发展与职业准备规划全方位反馈评价要重点做好以下三个环节：①做好同学间评议。同学间提供评价意见可以借助同学们的智慧与经验，使被评价的学生更清醒地认识到自身的优势和不足，明确努力方向。②做深自我评价。自我评价更便于大学生进行自我反思，由被动接受评价转变为主动反省和总结学习工作的得失，同时可以要求大学生用学习成绩作为核心创新点，使大学生评估成为自我认识、自我改进、自我管理、自我完善的有效途径，使评价成为大学生专业发展的“助推器”。③做实评价反馈。大学生全方位反馈评估最后能否改善生涯发展与职业准备规划状况，在很大程度上取决于评价结果的反馈。因而应通过选择合适的时间、地点和反馈途径，综合各方面的评估信息经过实际分析反馈给自己，并帮助我们评价和调整生涯发展与职业准备规划的发展和行动计划，从而增强反馈的效能。

评估可以参照各类短期、中期预定目标和实际结果比照而行。一般来说，任何形式的评估都可以归结为自我素质和行为对现实环境的适应性判断，分析自己现状，特别是针对变化的环境，找出偏差所在，并做出修正。

了解生涯规划评估

案例

有个毕业后进入普通外科做护理工作的同学，职业目标是成为护理界的南丁格尔，能够对一些手术后的护理技术提出改良意见，因此很关注自己护理技能的提高。她总是希望能够尽量多地随主任上台做手术，有时候为了观摩一些大型的手术，放弃休息的时间，但是她却不喜欢做一些接诊、术前术后护理等基础性工作，甚至把住院护理病程记录都写得很粗略。如此工作三年后，她对自己的进一步发展感到了迷茫，不知道应该如何努力了。

专家分析

其实原因在于，她在考虑自己的护理技能培养上，更多地关注于自己护理了多少病人，参与了多少台手术等情况，但是缺乏以职业发展目标为指向的定向反馈，使得自己只知道干和看，但是真正做的是什么、看的是什么并不清晰，以手术后护理为目标自然是多看手术，但是如果是以成为外科护理权威为目标，就需要综合的发展。如果该同学能够对三年的手术护理病例进行汇总分析，对自己的护理操作结果依技能、要求不同进行分类整理，更加注重术前术后的观察和看护，就很容易找出自己近三年的进步在哪里，问题在哪里，努力的方向在哪里。这说明以职业规划目标为指向，是提升反馈信息质量的前提。

二、大学生生涯发展与职业准备规划实施方案的修正

人生目标往往是基于特定社会环境和条件而制订或实现的，这样的环境和条件总是在变化的，即使确定了目标也应该及时进行修改和更新。对大学生来说，就业环境的不断变化，使我们必须不断修正和更新自己的生涯发展与职业准备规划。

在我们对生涯规划实施结果进行阶段性评估之后，就要根据评估的结果进行目标和实施方案的修正。所谓修正是改正、修改使其正确、优化的意思。职业生涯与发展规划修正的内容包括：职业目标的重新选择、职业生涯路线的重新设定、阶段目标的修正、实施措施与行动计划的变更等等。

（一）生涯目标实施方案修正的目的

通过评估和修正，应该达到下列目的：

（1）决定放弃或者坚持自己的目标，并进行必要的调整；

(2) 明确影响实施效果的关键因素，对实施方案的合理性加以认识；

(3) 对需要改进之处制订调整计划，以确定修订后的实施方案能帮自己达成生涯目标。

(二) 生涯目标实施方案修正的内容

以上问题的答案将作为修正新的生涯发展与职业准备规划的参考依据，对生涯发展与职业准备规划进行修正的内容包括：

(1) 生涯目标的重新选择；

(2) 生涯发展路线的重新确定；

(3) 阶段性生涯目标的调整；

(4) 生涯发展目标的调整；

(5) 生涯目标实施方案的变更；等等。

在此过程中，应注意回答以下问题：

(1) 你的人生价值是什么？

(2) 你有哪些知识、技能和条件？

(3) 你最感兴趣的事情是什么？

(4) 你的人格特质是什么？

(5) 你是否好高骛远？

(6) 你建立了自己的就业信息网络吗？

总之，生涯规划完成并实施后，我们必须对阶段性的结果进行评估，根据评估的结果找出规划与结果之间的差距，分析差距产生的原因，并针对性地对计划进行调整，并按新调整的方案有效地围绕目标行动。

(三) 修正行动计划

实施生涯规划时，必须为日后可能的计划修改预留余地，修正的依据是每次评估后反馈的信息。至于计划修正的时机，必须考虑下列四点：

(1) 以周、月或学期为单位，定期检查预定目标的达成进度及取得的效果；

(2) 每一阶段目标达成之时，要依据实际效果，修订未来阶段目标可采用的策略；

(3) 主观因素、客观环境改变影响到计划的执行；

(4) 有效的生涯计划还要不断地反省修正，反省策略方案是否恰当，能否适应环境的改变。

(四) 修正应考虑的因素

1. 环境因素

环境因素包括社会环境、政治环境、经济环境、科技环境、自然环境、法律环境等。从宏观层面认识到生涯发展的局限和可能，个人只能适应而不可改变。

2. 组织因素

组织因素包括组织规模、组织结构、组织文化、组织发展状况、人力资源规划、人力资源管理系统类型、晋升政策、人际关系等等，一切与职业生涯发展有关的组织因素。要改变组织因素非常困难，但个人可以选择到最适合自己发展的组织中工作。

3. 个人因素

个人因素包括年龄、性别、学历、工作经历、家庭背景、人格等等。一方面要正确认识自己，另一方面要不断完善自己。组织和个人只能适应第一因素，正确认识和分析第二、第三因素，寻求个人发展和组织发展的最佳匹配。

总之，生涯目标实施方案的评估和修正可以按以下模式进行，见表 5-6。

表 5-6 评估和修正表

阶段目标	
实施结果	
存在的差距	
差距产生的原因	
修正措施	

第三节 大学生生涯发展与职业准备规划实施案例

案例

小林的志向

某护理院校大学一年级学生小林的志向是在国内读完大学后就出国读护理学士。经过访谈，小林了解到，出国留学（特别是要申请好学校）要注意在大学期间完成以下几项重要工作：第一，必须保证 GPA 成绩（大学平均成绩）较高；第二，必须获得大学毕业证；第三，外语成绩要好（雅思 6.0 以上）。而进一步了解的情况是：大学毕业必须通过英语应用能力考试；出国读护理学士一般需要完成雅思考试。为此，小林计划大学第一年尽快通过大学英语应用能力考试，保证拿到大学毕业证；然后在大二时，完成雅思考试。

大学英语教学的目的是培养学生较强的阅读能力、一定的听的能力（理工科适用的大纲还规定一定的译的能力）以及初步的写和说的能力，使学生能以英语为工具，获取专业所需要的信息，并为进一步提高英语水平打下较好的基础。为此，本考试主要考核学生运用语言的能力，同时也考核学生对语法结构和词语用法的掌握程度。考试范围主要是教学大纲所规定的应用能力考试的全部内容（说与译的内容除外）。

本考试于每学期结束前后举行，由应用能力考试设计组负责和实施。每年举行两次。

以下是小林大一期间英语学习计划（英语学习实施方案）。

实施时间	英语学习				
	词汇(4 000)	阅读	听力	语法	写作
10月	1 000	10篇文章	听英语短句	按书本安排控制语法学习进度	写日记
11月	800	20篇文章	听 special english		写日记
12月	700	30篇文章	听中级美国英语		写日记加评语
1月	600	30篇文章	听中级美国英语		写短文
2月	500	30篇文章	听中级美国英语		写短文
3月	400	30篇文章	听中级美国英语		对时事加评语

为此，我每天的英语学习时间安排如下：

实施时间	词汇	阅读	听力	写作
6：30—7：00	背词汇			
7：00—7：30			练听力	
21：00—21：40		阅读课文		
21：40—22：00				写英语日记

三个月后，我对这一学习方案实施结果进行了总结和评估，找到了存在的差距，分析了差距产生的原因，并针对此原因对原实施方案进行了修正。

阶段目标	词汇	阅读	听力	语法	写作
	2 500	60	能听中级美国英语		写日记加评语
实施结果	3 000	40	能		还不能做到每天写日记
存在的差距	+500	−20	基本达到		未达到
差距产生的原因	用的时间多	时间不够	基本做到		时间安排不够
修正措施	每天缩短10分钟	每天增加阅读时间	维持原计划	适当减少语法练习时间	每天增加10分钟

实施后，我如期完成第一学年英语学习实施方案，顺利通过大学英语应用能力考试，学习计划让我轻松跨过了第一道门槛。

【拓展练习】

评估你的行动计划。

你当前要实现的目标是________________________

这个月的行动计划是________________________

根据事件的轻重缓急具体安排是________________________________

你在实施中发现的问题是________________________________

你的修正计划是________________________________

迄今为止，你实现的阶段目标是________________________________

这次反馈、调整的总结是________________________________

附　录

附录一　气质类型测试

一、气质类型测试

下面 60 道题，可以帮助你大致确定自己的气质类型，请根据自己的情况在“很符合、比较符合、介于符合与不符合之间、比较不符、完全不符合”五个选项中选择一个适合自己的。很符合 2 分，比较符合 1 分，介于符合与不符合之间 0 分，比较不符合 −1 分，完全不符合 −2 分。

1. 做事力求稳妥，一般不做无把握的事。
2. 遇到可气的事就怒不可遏，想把心里话全说出来才痛快。
3. 宁可一个人干事，不愿很多人在一起。
4. 到一个新环境很快就能适应。
5. 厌恶那些强烈的刺激，如尖叫、噪音、危险镜头。
6. 和人争吵时总是先发制人，喜欢挑衅。
7. 喜欢安静的环境。
8. 善于和人交往。
9. 羡慕那种善于克制自己感情的人。
10. 生活有规律，很少违反作息制度。
11. 在多数情况下情绪是乐观的。
12. 碰到陌生人觉得很拘束。
13. 遇到令人气愤的事，能很好地克制自我。
14. 做事总是有旺盛的精力。
15. 遇到问题总是举棋不定，优柔寡断。
16. 在人群中从不觉得过分拘束。
17. 情绪高昂时，觉得干什么都有趣；情绪低落时，又觉得什么都没意思。
18. 当注意力集中于某事物时，别的事很难使我分心。
19. 理解问题总比别人快。

20. 碰到危险情境，常有一种极度恐怖感。
21. 对学习、工作、事业怀有很高的热情。
22. 能够长时间做枯燥，单调的工作。
23. 符合兴趣的事情，干起来劲头十足，否则就不想干。
24. 一点小事就能引起情绪波动。
25. 讨厌做那种需要耐心、细致的工作。
26. 与人交往不卑不亢。
27. 喜欢参加热烈的活动。
28. 爱看感情细腻.描写人物内心活动的文学作品。
29. 工作学习时间长了，常感到厌倦。
30. 不喜欢长时间谈论一个问题，愿意实际动手干。
31. 宁愿侃侃而谈，不愿窃窃私语。
32. 别人总是说我闷闷不乐。
33. 理解问题常比别人慢些。
34. 疲倦时只要短暂的休息就能精神抖擞，重新投入工作。
35. 心理有话宁愿自己想，不愿说出来。
36. 认准一个目标就希望尽快实现，不达目的，誓不罢休。
37. 学习、工作一段时间后，常比别人更疲倦。
38. 做事有些莽撞，常常不考虑后果。
39. 老师讲授新知识时，总希望他讲得慢些，多重复几遍。
40. 能够很快地忘记那些不愉快的事情。
41. 做作业或完成一件工作总比别人花的时间多。
42. 喜欢运动量大的剧烈体育运动或参加各种文艺活动。
43. 不能很快地把注意力从一件事转移到另一件事上去。
44. 接受一个任务后，就希望能把它迅速解决。
45. 认为墨守成规比冒风险强些。
46. 能够同时注意几件事物。
47. 当我烦闷的时候，别人很难使我高兴起来。
48. 爱看情节起伏跌宕激动人心的小说。
49. 对工作抱认真严谨、始终一贯的态度。
50. 和周围人的关系总相处不好。
51. 喜欢复习学过的知识，重复做能熟练做的工作。
52. 希望做变化大、花样多的工作。
53. 小时候会背的诗歌，我似乎比别人记得清楚。
54. 别人说我“出语伤人”，可我并不觉得这样。

55. 在体育活动中，常因反应慢而落后。
56. 反应敏捷、头脑机智。
57. 喜欢有条理而不甚麻烦的工作。
58. 兴奋的事情常使我失眠。
59. 老师讲新概念，常常听不懂，但是弄懂了以后很难忘记。
60. 假如工作枯燥无味，马上就会情绪低落。

记分：

胆汁质型得分：2,6,9,14,17,21,27,31,36,38,42,48,50,54,58 的得分之和。
多血质型得分：4,8,11,16,19,23,25,29,34,40,44,46,52,56,60 的得分之和。
黏液质型得分：1,7,10,13,18,22,26,30,33,39,43,45,49,55,57 的得分之和。
抑郁质型得分：为 3,5,12,15,20,24,28,32,35,37,41,47,51,53,59 的得分之和。

确定气质类型的标准：

1. 如果某类气质得分明显高出其他三种，均高出 4 分以上，则可定为该类气质。如果该类气质得分超过 20 分，则为典型；如果该类得分在 10～20 分，则为一般型。

2. 两种气质类型得分接近，其差异低于 3 分，而且又明显高于其他两种，高出 4 分以上，则可定为这两种气质的混合型。

3. 三种气质得分均高于第四种，而且接近，则为三种气质的混合型，如多血～胆汁～黏液质混合型或黏液～多血～抑郁质混合型。

胆汁质类型特点：精力充沛、情绪发生快而强、言语动作急速而难于控制；热情、显得直爽或胆大、易怒、急躁等。

多血质类型特点：活泼好动、敏感、情绪发生快而多变、注意和兴趣容易转移、思维言语动作敏捷、善于交际、亲切、有生气，但也往往表现出轻率、不真挚等。

黏液质类型特点：安静、沉稳、情绪发生慢而弱、言语动作和思维比较迟缓、注意稳定、显得庄重、坚忍，但也往往表现出执拗、淡漠。

抑郁质类型特点：柔弱易倦、情绪发生慢而强、体验深沉、言行迟缓无力、胆小、忸怩，善于觉察到别人不易觉察到的细小事物，容易变得孤僻。

附录二 职业能力自测

请您根据自己的实际情况，回答下列问题，第一个括号填(强) 第二个括号填(弱)。

第一组

1. 善于表达自己的观点 ( )( )
2. 阅读速度快，并能抓住中心内容 ( )( )
3. 清楚地向别人解释难懂的概念 ( )( )
4. 对文章的字、词、段落的理解、分析和综合的能力 ( )( )
5. 掌握词汇量的程度 ( )( )
6. 您读书期间的语文成绩 ( )( )

总计次数 ( )( )

第二组

1. 目测能力(如测量长、宽、高等) ( )( )
2. 解应用题的速度 ( )( )
3. 笔算能力 ( )( )
4. 心算能力 ( )( )
5. 使用工具(如计算器、算盘等)的计算能力 ( )( )
6. 您读书期间的数学成绩 ( )( )

总计次数 ( )( )

第三组

1. 作图能力 ( )( )
2. 画三维度的立体图形 ( )( )
3. 看几何图形的立体感 ( )( )
4. 想象盒子展开后的平面形状 ( )( )
5. 想象立体物体的能力 ( )( )
6. 玩拼板游戏 ( )( )

总计次数 ( )( )

第四组

1. 发现相似图形中的细微差异 ( )( )
2. 识别物体的形状差异 ( )( )
3. 注意到多数人所忽视的物体的细节部分 ( )( )
4. 检查物体的细节 ( )( )

5. 观察图案是否正确 （ ）（ ）
6. 善于改正计算中的错误 （ ）（ ）
总计次数 （ ）（ ）

第五组
1. 快速而正确地抄写资料（诸如姓名、日期、电话号码等） （ ）（ ）
2. 发现错别字 （ ）（ ）
3. 发现计算错误 （ ）（ ）
4. 发现图表中的细小错误 （ ）（ ）
5. 在图书馆很快地查找编码卡片 （ ）（ ）
6. 持久工作的能力（如较长时间地进行抄写资料） （ ）（ ）
总计次数 （ ）（ ）

第六组
1. 操作机器的能力 （ ）（ ）
2. 玩电子游戏或瞄准打靶 （ ）（ ）
3. 运动中身体的协调和灵活性 （ ）（ ）
4. 打球（如篮球、排球、乒乓球、羽毛球等）的姿势与水平 （ ）（ ）
5. 手指的协调性（如打字、珠算等） （ ）（ ）
6. 身体平衡的能力（如走平衡木等） （ ）（ ）
总计次数 （ ）（ ）

第七组
1. 灵巧地使用手工工具（如榔头、锤子等） （ ）（ ）
2. 灵巧地使用很小的工具（如镊子、缝衣针等） （ ）（ ）
3. 弹乐器时手指的灵活度 （ ）（ ）
4. 动手做一件小手工艺品 （ ）（ ）
5. 很快地削水果（如苹果、梨子） （ ）（ ）
6. 修理、装配、拆卸、编织、缝补一类活动 （ ）（ ）
总计次数 （ ）（ ）

第八组
1. 善于在陌生的场合发表自己的意见 （ ）（ ）
2. 去新场所并结交新朋友 （ ）（ ）
3. 您的口头表达能力 （ ）（ ）
4. 善于与人友好交往并协同工作 （ ）（ ）
5. 善于帮助别人 （ ）（ ）
6. 擅长做别人的思想工作 （ ）（ ）
总计次数 （ ）（ ）

第九组

1. 善于组织集体活动	（ ）（ ）
2. 在集体活动或学习中，经常关心他人的情况	（ ）（ ）
3. 在日常生活中能经常动脑筋，出点子	（ ）（ ）
4. 冷静地、果断地处理突然发生的事情	（ ）（ ）
5. 在工作中您认为自己的工作能力	（ ）（ ）
6. 善于解决朋友与同事之间的矛盾	（ ）（ ）
总计次数	（ ）（ ）

统计

请根据每组回答的“强”“弱”的总次数，填入括号中：

组	相应的职业能力	强（次数）	弱（次数）
第一组	言语能力	（ ）	（ ）
第二组	数理能力	（ ）	（ ）
第三组	空间判断能力	（ ）	（ ）
第四组	察觉细节能力	（ ）	（ ）
第五组	书写能力	（ ）	（ ）
第六组	运动协调	（ ）	（ ）
第七组	动手能力	（ ）	（ ）
第八组	社会交往能力	（ ）	（ ）
第九组	组织管理能力	（ ）	（ ）

职业能力自测结果

在强（次数）栏中找出两个数字最大的组，这两个组所表示的能力就是您在职业能力上最强的两个方面，然后您可以对照下面的分析，看到您做适宜从事的职业有哪些；反之您也可在弱（次数）栏找出两个数字最大的组，这两组所反映的职业能力对您来说最弱，您不应该从事要求这两方面职业能力强的职业。

第一组：言语能力。您具有对词、句子、段落、篇章的理解能力，以及善于清楚而正确地表达自己的观念和向别人介绍信息的能力。您最适宜从事的职业：外销员、商务师、导游、演员、导演、编辑、播音员、节目主持人、教师、律师、审判员等。

第二组：数理能力。您能迅速而准确地运算，并具有在快速准确地进行计算的同时，进行推理、解决应用问题的能力。您最适宜从事的职业：会计、银行职员、保险公司职员、税务员、审计员、统计员、自然科学家、计算机工程师等。

第三组：空间判断能力。您具有对立体图形以及平面图形与立体图形之间关系的理解能力，包括能看懂几何图形、对立体图形的三个面的理解力，识别物体在空间运动中的联系，解决几何问题。您最适宜从事的职业：技术员、工程师、服装设计师、艺术家、家具设计师、建筑师、摄影师、家电维修专家、自然科学家、军官、司机等。

第四组：察觉细节能力。您对物体或图形的有关细节具有正确的知觉能力，对于图形的明暗、线的宽度和长度能做出区别和比较，可以看出其细微的差别。您最适宜从事的职业：技术员、工程师、电工、房管员、咨询师、运动员、教练员、导演、图书馆员、会计、银行职员、保险公司职员、审计员、统计员、编辑、播音员、自然科学家、计算机工程师等。

第五组：书写能力。您具有对词、印刷品、账目、表格等细微部分正确知觉的能力，善于发现错字和正确地校对数字的能力。您最适宜从事的职业：教师、公务员、社会科学家、秘书、打字员、编辑、银行职员、咨询师、经理、记者、作家等。

第六组：运动协调。您的眼、手、脚、身体能够迅速准确和协调地做出准确的动作和运动反应，手能跟随眼所看到的东西迅速行动，具有正确控制的能力。您最适宜从事的职业：运动员、教练员、演员、工人、农民、服装设计师、家具设计师、美容师、电工、司机、服务员、导游、医生、护士、药剂士、导演、警察、战士等。

第七组：动手能力。您的手、手指、手腕能迅速而准确地活动和操作小的物体，在拿取、放置、调换、翻转物体时手，能做出精巧运动、腕能自由运动。您最适宜从事的职业：医生、护士、药剂士、运动员、教练员、自然科学家、工人、农民、技术员、工程师、服装设计师、家具设计师、艺术家、美容师、售货员、服务员、保育员、摄影师、演员、导演、战士等。

第八组：社会交往能力。您善于进行人与人之间的相互交往、相互联系、相互帮助、相互作用和影响，具有协同工作或建立良好的人际关系的能力。您最适宜从事的职业：采购员、推销员、公共关系人员、外销员、商务师、编辑、调度员、经理、服务员、房管员、导游、咨询师、银行信贷员、税务员、审计员、保险公司职员、演员、导演、教师、社会科学家、公务员、秘书、警察、律师等。

第九组：组织管理能力。您擅长于组织和安排各种活动，具有协调人际关系的能力。您最适宜从事的职业：调度员、导游、教练员、导演、教师、经理、公务员、商务师、保育员、咨询师、税务员、秘书、律师、警察等。

附录二 职业锚测试

职业锚是个体对自己在成长过程中慢慢形成的态度、价值观与天赋的自我认知，它体现了个体“真实的自我”。一个人不得不做出选择的时候，他无论如何都不会放弃的职业中的那种至关重要的东西和价值观。

测试评分标准：

确定最符合你自身情况的选项，并将该选项填写在每道题目右边的括号内。

1. 从不 2. 偶尔 3. 有时 4. 经常 5. 频繁 6. 总是

1. 我希望做我擅长的工作，这样我的内行建议可以不断被采纳。（ ）
2. 当我整合并管理其他人的工作时，使我非常有成就感。（ ）
3. 我希望我的工作能让我用自己的方式，按自己的计划去开展。（ ）
4. 对我而言，安定与稳定比自由和自主更重要。（ ）
5. 我一直在寻找可以让我创立自己事业（公司）的创意（点子）。（ ）
6. 我认为只有对社会做出真正贡献的职业才算成功的职业。（ ）
7. 在工作中，我希望去解决那些挑战性的问题，并且胜出。（ ）
8. 我宁愿离开公司，也不愿从事需要个人和家庭做出一定牺牲的工作。（ ）
9. 将我的技术和专业水平发展到一个更具有竞争力的层次是成功职业的必要条件。（ ）
10. 我希望能够管理一个大的公司，我的决策将会影响许多人。（ ）
11. 如果职业允许自由的决定我自己的工作内容，计划，过程时，我会非常满意。（ ）
12. 如果工作的结果使我丧失了自己在组织中的安全稳定感，我宁愿离开这个工作岗位。（ ）
13. 对我而言，创办自己的公司比在其他的公司中争取一个高的管理位置更有意义。（ ）
14. 我的职业满足来自我可以用自己的才能去为他人提供服务。（ ）
15. 我认为职业的成就感来自克服自己面临的非常有挑战性的困难。（ ）
16. 我希望我的职业能够兼顾个人、家庭和工作的需要。（ ）
17. 对我而言，在我喜欢的专业领域内做资深专家比总经理更有吸引力。（ ）
18. 只有在我成为公司的总经理后，我才认为我的职业人生是成功的。（ ）
19. 成功的职业应该允许我有完全的自主与自由。（ ）

20. 我愿意在给我安全感、稳定感的公司中工作。（ ）
21. 当我通过自己的努力或想法完成工作时，我的工作成就感最强。（ ）
22. 对我而言，利用自己的才能使这个世界变得更加适合生活或居住，比争取一个高的管理职位更重要。（ ）
23. 当我解决了看上去不可能解决的问题，或者在必输无疑的竞赛中胜出，我会非常有成就感。（ ）
24. 我认为只有很好地平衡了个人、家庭、职业三者的关系，生活才能算是成功的。（ ）
25. 我宁愿离开公司，也不愿频繁接受那些不属于我专业领域的工作。（ ）
26. 对我而言，做一个全面的管理者比在我喜欢的领域内做资深专家更具有吸引力。（ ）
27. 对我而言，用我自己的方式不受约束地完成工作，比安全、稳定更重要。（ ）
28. 只有当我的收入和工作有保障时，我才会对工作感到满意。（ ）
29. 在我的职业生涯中，如果我能成功地创造或实现完全属于自己的产品或点子，我会感到非常成功。（ ）
30. 我希望从事对人类和社会真正有贡献的工作。（ ）
31. 我希望工作中有很多的机会，可以不断挑战我解决问题的能力。（ ）
32. 能很好地平衡个人生活和工作，比达到一个很高的管理职位更重要。（ ）
33. 如果工作中经常用到我特别的技巧和才能，我会感到特别满意。（ ）
34. 我宁愿离开公司，也不愿意接受让我离开全面管理的工作。（ ）
35. 我宁愿离开公司，也不愿意接受约束我自由和自主控制权的工作。（ ）
36. 我希望有一份让我有安全感和稳定感的工作。（ ）
37. 我梦想着创建属于自己的事业。（ ）
38. 如果工作限制了我为他人提供帮助或服务，我宁愿离开公司。（ ）
39. 去解决那些几乎无法解决的问题，比获得一个高的管理职位更有意义。（ ）
40. 我一直在寻找一份最小化个人和家庭之间冲突的工作。（ ）

将得分最高的3个题各加4分。请根据以下类型/题号累计你的各方向职业锚得分，得分最高的就是您的职业锚。

类型/题号

技术职能型(TF)1，9，17，25，33

管理能力型(GM)2，10，18，26，34

自主独立型(AU)3，11，19，27，35

安全稳定型(SE)4，12，20，28，36

创造型(EC)5，13，21，29，37
服务型(SV)6，14，22，30，38
挑战型(CH)7，15，23，31，39
生活型(LS)8，16，24，32，40

附录四 价值观倾向测试

本测试主要通过以下 52 道题目的选择，帮助大家进行价值观倾向测评。以下每个题目都有 5 个备选答案，请根据自己的实际情况或想法，在题目后面圈出相应字母，每题只能选择一个答案。通过测验，你可以大致了解自己的职业价值观倾向。

A 非常重要 B 比较重要 C 一般 D 较不重要 E 很不重要

1. 你的工作必须经常解决新的问题。 A B C D E
2. 你的工作能为社会福利带来看得见的效果。 A B C D E
3. 你的工作奖金很高。 A B C D E
4. 你的工作内容经常变换。 A B C D E
5. 你能在你的工作范围内自由发挥。 A B C D E
6. 工作能使你的同学、朋友非常羡慕你。 A B C D E
7. 工作带有艺术性。 A B C D E
8. 你的工作能使人感觉到你是团体中的一分子。 A B C D E
9. 不论你怎么干，你总能和大多数人一样晋级和涨工资。 A B C D E
10. 你的工作使你有可能经常变换工作地点、场所或方式。 A B C D E
11. 在工作中你能接触到各种不同的人。 A B C D E
12. 你的工作上下班时间比较随便，自由。 A B C D E
13. 你的工作使你不断获得成功的感觉。 A B C D E
14. 你的工作赋予你高于别人的权力。 A B C D E
15. 在工作中，你能试行一些自己的新想法。 A B C D E
16. 在工作中你不会因为身体或能力等因素，被人瞧不起。 A B C D E
17. 你能从工作的成果中，知道自己做得不错。 A B C D E
18. 你的工作经常要外出.参加各种集会和活动。 A B C D E
19. 只要你干上这份工作，就不再被调到其他意想不到的单位和工种上去。 A B C D E
20. 你的工作能使世界更美丽。 A B C D E
21. 在你的工作中，不会有人常来打扰你。 A B C D E
22. 只要努力，你的工资会高于其他同年龄的人，升级或涨工资的可能性比干其他工作大得多。 A B C D E
23. 你的工作是一项对智力的挑战。 A B C D E

24. 你的工作要求你把一些事物管理得井井有条。 A B C D E
25. 你的工作单位有舒适的休息室、更衣室、浴室及其他设备。 A B C D E
26. 你的工作有可能结识各行各业的知名人物。 A B C D E
27. 在你的工作中,能和同事建立良好的关系。 A B C D E
28. 在别人眼中,你的工作是很重要的。 A B C D E
29. 在工作中你经常接触到新鲜的事物。 A B C D E
30. 你的工作使你能常常帮助别人。 A B C D E
31. 你在工作单位中,有可能经常变换工作。 A B C D E
32. 你的作风使你被别人尊重。 A B C D E
33. 同事和领导人品较好,相处比较随便。 A B C D E
34. 你的工作会使许多人认识你。 A B C D E
35. 你的工作场所很好,比如有适度的灯光,安静、清洁的工作环境,甚至恒温、恒湿等优越的条件。 A B C D E
36. 在工作中,你为他人服务,使他人感到很满意,你自己也很高兴。 A B C D E
37. 你的工作需要计划和组织别人的工作。 A B C D E
38. 你的工作需要敏锐的思考。 A B C D E
39. 你的工作可以使你获得较多的额外收入,比如:常发实物、常购买打折扣的商品、常发商品的提货券、有机会购买进口物品等。 A B C D E
40. 在工作中你是不受别人差遣的。 A B C D E
41. 你的工作结果应该是一种艺术而不是一般的产品。 A B C D E
42. 在工作中不必担心会因为所做的事情领导不满意,而受到训斥或经济惩罚。 A B C D E
43. 在你的工作中能和领导保持融洽的关系。 A B C D E
44. 你可以看见你努力工作的成果。 A B C D E
45. 在工作中你常常要提出许多新的想法。 A B C D E
46. 由于你的工作,经常有许多人来感谢你。 A B C D E
47. 你的工作成果常常能得到上级、同事或社会的肯定。 A B C D E
48. 在工作中,你可能做一个负责人,虽然可能只领导很少几个人,但你信奉“宁做兵头,不做将尾”的俗语。 A B C D E
49. 你从事的工作,经常在报刊、电视中被提到,因而在人们的心目中很有地位。 A B C D E
50. 你的工作有数量可观的夜班费、加班费、保健费或营养费。 A B C D E
51. 你的工作比较轻松,精神上也不紧张。 A B C D E
52. 你的工作需要和影视、戏剧、音乐、美术、文学等艺术打交道。 A B C D E

评分与评价:

上面的52道题分别代表十三项工作价值观。A: 5分,B: 4分, C: 3分, D: 2分, E: 1分。请你根据下面评价表中每一项前面的题号,计算每一项的得分总数,填入每一项的得分栏上,然后在表格下面依次列出得分最高和最低的三项。

得分最高的三项是:1.___________; 2. ___________; 3. ___________。

得分最低的三项是:1.___________; 2. ___________; 3. ___________。

从得分最高和最低的三项中,可以大致看出你的价值倾向,在选择职业时就可以进行参考。

评价表得分题号价值观说明:

1. 利他主义 2,30,36,46
2. 美感 7,20,41,52
3. 智力刺激 1,23,38,45
4. 成就感 13,17,44,47
5. 独立性 5,15,21,40
6. 社会地位 6,28,32,49
7. 管理 14,24,37,48
8. 经济报酬 3,22,39,50
9. 社会交际 11,18,26,34
10. 安全感 9,16,19,42
11. 舒适 12,25,35,51
12. 人际关系 8,27,33,43
13. 变异性或追求新意 4,10,29,3

附录五 新生期大学生生涯发展与职业准备规划表

<table>
<tr><td rowspan="5">一般情况</td><td>姓名</td><td></td><td>性别</td><td></td><td>年龄</td><td></td><td>身高</td><td></td></tr>
<tr><td>就读学校</td><td colspan="3"></td><td colspan="2">院、系</td><td colspan="2"></td></tr>
<tr><td>所学专业</td><td colspan="3"></td><td colspan="2">感兴趣的专业</td><td colspan="2"></td></tr>
<tr><td>起止时间</td><td colspan="7"></td></tr>
<tr><td>年龄跨度</td><td colspan="7"></td></tr>
<tr><td rowspan="5">自我认知</td><td colspan="2">自我认知的项目</td><td colspan="2">大学生应具备的能力</td><td colspan="2">认知结果</td><td colspan="2">差距</td></tr>
<tr><td colspan="2">生活自理能力</td><td colspan="2">自己管理生活</td><td colspan="2"></td><td colspan="2"></td></tr>
<tr><td colspan="2">学习方式</td><td colspan="2">自主学习能力</td><td colspan="2"></td><td colspan="2"></td></tr>
<tr><td colspan="2">自律能力</td><td colspan="2">要求高度自律</td><td colspan="2"></td><td colspan="2"></td></tr>
<tr><td colspan="2">思维模式</td><td colspan="2">成人思维</td><td colspan="2"></td><td colspan="2"></td></tr>
<tr><td rowspan="13">环境认知</td><td colspan="3" rowspan="2">环境认知的内容</td><td colspan="5">记录</td></tr>
<tr><td>位置</td><td>开放时间</td><td>使用条件</td><td>联系人</td><td>注意事项</td></tr>
<tr><td rowspan="11">校园硬件</td><td colspan="2">图书馆</td><td></td><td></td><td></td><td></td><td></td></tr>
<tr><td colspan="2">教室</td><td></td><td></td><td></td><td></td><td></td></tr>
<tr><td colspan="2">实验室</td><td></td><td></td><td></td><td></td><td></td></tr>
<tr><td colspan="2">机房</td><td></td><td></td><td></td><td></td><td></td></tr>
<tr><td colspan="2">运动场</td><td></td><td></td><td></td><td></td><td></td></tr>
<tr><td colspan="2">超市</td><td></td><td></td><td></td><td></td><td></td></tr>
<tr><td colspan="2">食堂</td><td></td><td></td><td></td><td></td><td></td></tr>
<tr><td colspan="2">浴室</td><td></td><td></td><td></td><td></td><td></td></tr>
<tr><td colspan="2">开水房</td><td></td><td></td><td></td><td></td><td></td></tr>
<tr><td colspan="2">报告厅</td><td></td><td></td><td></td><td></td><td></td></tr>
<tr><td colspan="2">就业指导中心</td><td></td><td></td><td></td><td></td><td></td></tr>
</table>

（续表）

<table>
<tr><td rowspan="18">环境认知</td><td colspan="2" rowspan="2">认知的内容</td><td colspan="6">记录</td></tr>
<tr><td>姓名</td><td>家乡</td><td>兴趣爱好</td><td>联系方式</td><td>职务</td><td>其他</td></tr>
<tr><td rowspan="6">人脉圈</td><td>室友</td><td></td><td></td><td></td><td></td><td></td><td></td></tr>
<tr><td>班友</td><td></td><td></td><td></td><td></td><td></td><td></td></tr>
<tr><td>老乡</td><td></td><td></td><td></td><td></td><td></td><td></td></tr>
<tr><td>校友</td><td></td><td></td><td></td><td></td><td></td><td></td></tr>
<tr><td>老师</td><td></td><td></td><td></td><td></td><td></td><td></td></tr>
<tr><td>领导</td><td></td><td></td><td></td><td></td><td></td><td></td></tr>
<tr><td colspan="2" rowspan="2">认知的内容</td><td colspan="6">记录</td></tr>
<tr><td>组织的主要职责</td><td>负责人</td><td>部门分配</td><td>部门负责人</td><td>部门职责</td><td>加入条件</td></tr>
<tr><td rowspan="6">社团、学生会等组织</td><td>国旗班</td><td></td><td></td><td></td><td></td><td></td><td></td></tr>
<tr><td>社团联合会</td><td></td><td></td><td></td><td></td><td></td><td></td></tr>
<tr><td>社团</td><td></td><td></td><td></td><td></td><td></td><td></td></tr>
<tr><td>学校学生会</td><td></td><td></td><td></td><td></td><td></td><td></td></tr>
<tr><td>院系学生会</td><td></td><td></td><td></td><td></td><td></td><td></td></tr>
<tr><td>各类协会</td><td></td><td></td><td></td><td></td><td></td><td></td></tr>
<tr><td rowspan="7">规划目标</td><td>学业规划</td><td>学会自主学习</td><td colspan="6"></td></tr>
<tr><td rowspan="5">成长规划</td><td>学会与人相处</td><td colspan="6"></td></tr>
<tr><td>学会自我管理</td><td colspan="6"></td></tr>
<tr><td>学会成人思维</td><td colspan="6"></td></tr>
<tr><td>学会独立生活</td><td colspan="6"></td></tr>
<tr><td>熟悉校园</td><td colspan="6"></td></tr>
<tr><td colspan="2">学会感恩</td><td colspan="6">给父母写一份感恩信
给中学老师写一封感恩信
计算大学学习成本</td></tr>
</table>

附录六　低年级大学生生涯发展与职业准备规划表

<table>
<tr><td rowspan="5">一般情况</td><td>姓名</td><td></td><td>性别</td><td></td><td>年龄</td><td></td><td>身高</td><td></td></tr>
<tr><td>就读学校</td><td colspan="3"></td><td colspan="2">院、系</td><td colspan="2"></td></tr>
<tr><td>所学专业</td><td colspan="3"></td><td colspan="2">感兴趣的专业</td><td colspan="2"></td></tr>
<tr><td>起止时间</td><td colspan="7"></td></tr>
<tr><td>年龄跨度</td><td colspan="7"></td></tr>
<tr><td rowspan="7">自我认知</td><td colspan="2">生理我小结</td><td colspan="6"></td></tr>
<tr><td colspan="2">心理我小结</td><td colspan="6"></td></tr>
<tr><td colspan="2">社会我小结</td><td colspan="6"></td></tr>
<tr><td colspan="2">道德我小结</td><td colspan="6"></td></tr>
<tr><td colspan="2">家庭我小结</td><td colspan="6"></td></tr>
<tr><td colspan="2">优势我小结</td><td colspan="6"></td></tr>
<tr><td colspan="2">完整我总结</td><td colspan="6"></td></tr>
<tr><td rowspan="16">环境认知</td><td colspan="4">了解的项目</td><td colspan="4">记录</td></tr>
<tr><td rowspan="11">城市环境</td><td colspan="3">市情概况</td><td colspan="4"></td></tr>
<tr><td colspan="3">行政区域</td><td colspan="4"></td></tr>
<tr><td colspan="3">历史沿革</td><td colspan="4"></td></tr>
<tr><td colspan="3">地理环境</td><td colspan="4"></td></tr>
<tr><td colspan="3">地方特产</td><td colspan="4"></td></tr>
<tr><td colspan="3">经济发展</td><td colspan="4"></td></tr>
<tr><td colspan="3">交通建设</td><td colspan="4"></td></tr>
<tr><td colspan="3">对外交流</td><td colspan="4"></td></tr>
<tr><td colspan="3">文化事业</td><td colspan="4"></td></tr>
<tr><td colspan="3">教育事业</td><td colspan="4"></td></tr>
<tr><td colspan="3">著名景点</td><td colspan="4"></td></tr>
<tr><td rowspan="4">所学专业</td><td colspan="3">专业教师</td><td colspan="4"></td></tr>
<tr><td colspan="3">本专业学术带头人(本校、本市、本领域)</td><td colspan="4"></td></tr>
<tr><td colspan="3">本专业主干课程</td><td colspan="4"></td></tr>
<tr><td colspan="3">本专业发展现状和就业前景</td><td colspan="4"></td></tr>
</table>

（续表）

环境认知	所学专业	专业培养目标	
		本专业的基本要求	
		与专业有关的学术机构	
		与专业有关的杂志	
		与专业有关的网站	
	相关行业信息	行业的定义与范围	
		行业的意义与前景	
		行业内的标杆企业	
		行业准入资格	
		行业标杆人物	
规划目标	学业规划	通识能力学习规划	
		专业基础学习规划	
		初步了解专业网站、杂志	
	成长规划	养成良好的生活习惯	
		培养健康的兴趣和良好的心态	
		树立正确的恋爱观	
		学会自我管理	
		培养良好的思维方式	
		培养科学的世界观	
		拥有梦想	
		学会明势	
	实践规划	参加几个社团	
		做几次义工	
		参加几次见习	
		参加几次院级活动	
		访谈几个生涯人物	
		参加几次职业体验活动	
		写出几篇实践论文	

附录七　高年级大学生生涯发展与职业准备规划表

<table>
<tr><td rowspan="5">一般情况</td><td colspan="2">姓名</td><td></td><td>性别</td><td></td><td>年龄</td><td></td><td>身高</td><td></td></tr>
<tr><td colspan="2">就读学校</td><td colspan="3"></td><td colspan="2">院系</td><td colspan="2"></td></tr>
<tr><td colspan="2">所学专业</td><td colspan="3"></td><td colspan="2">感兴趣的专业</td><td colspan="2"></td></tr>
<tr><td colspan="2">起止时间</td><td colspan="7">大二下学期—大三</td></tr>
<tr><td colspan="2">年龄跨度</td><td colspan="7"></td></tr>
<tr><td rowspan="7">自我认知</td><td colspan="2">生理我小结</td><td colspan="7"></td></tr>
<tr><td colspan="2">心理我小结</td><td colspan="7"></td></tr>
<tr><td colspan="2">社会我小结</td><td colspan="7"></td></tr>
<tr><td colspan="2">道德我小结</td><td colspan="7"></td></tr>
<tr><td colspan="2">家庭我小结</td><td colspan="7"></td></tr>
<tr><td colspan="2">优势我小结</td><td colspan="7"></td></tr>
<tr><td colspan="2">完整我总结</td><td colspan="7"></td></tr>
<tr><td rowspan="13">环境认知</td><td colspan="2">认知内容</td><td colspan="7">记录</td></tr>
<tr><td rowspan="4">毕业要求</td><td>学业成绩</td><td colspan="7"></td></tr>
<tr><td>毕业论文</td><td colspan="7"></td></tr>
<tr><td>职业证书</td><td colspan="7"></td></tr>
<tr><td>其他</td><td colspan="7"></td></tr>
<tr><td rowspan="4">相关政策</td><td>求职政策</td><td colspan="7"></td></tr>
<tr><td>创业政策</td><td colspan="7"></td></tr>
<tr><td>考研政策</td><td colspan="7"></td></tr>
<tr><td>留学政策</td><td colspan="7"></td></tr>
<tr><td rowspan="4">毕业出路</td><td>求职</td><td colspan="7"></td></tr>
<tr><td>创新创业</td><td colspan="7"></td></tr>
<tr><td>专升本</td><td colspan="7"></td></tr>
<tr><td>留学</td><td colspan="7"></td></tr>
<tr><td rowspan="4">目标决策</td><td rowspan="4">SWOT分析</td><td>自我优势</td><td colspan="7"></td></tr>
<tr><td>自我劣势</td><td colspan="7"></td></tr>
<tr><td>机会</td><td colspan="7"></td></tr>
<tr><td>差距</td><td colspan="7"></td></tr>
</table>

（续表）

规划目标	顺利毕业	学科成绩达标	
		毕业论文合格	
	选择毕业目标	确定一个毕业目标	
		选择一个备选目标	
	完成毕业准备	准备几本证书	
		提升一些技能	

附录八 即将入职大学生生涯发展与职业准备规划表

<table>
<tr><td rowspan="4">一般情况</td><td colspan="2">姓名</td><td></td><td>性别</td><td></td><td>年龄</td><td></td><td>身高</td><td></td></tr>
<tr><td colspan="2">毕业学校</td><td colspan="3"></td><td colspan="2">院系</td><td colspan="2"></td></tr>
<tr><td colspan="2">所学专业</td><td colspan="3"></td><td colspan="2">感兴趣的专业</td><td colspan="2"></td></tr>
<tr><td colspan="2">即将入职的单位</td><td colspan="3"></td><td colspan="2">即将任职的部门</td><td colspan="2"></td></tr>
<tr><td rowspan="7">自我认知</td><td colspan="2">生理我小结</td><td colspan="7"></td></tr>
<tr><td colspan="2">心理我小结</td><td colspan="7"></td></tr>
<tr><td colspan="2">社会我小结</td><td colspan="7"></td></tr>
<tr><td colspan="2">道德我小结</td><td colspan="7"></td></tr>
<tr><td colspan="2">家庭我小结</td><td colspan="7"></td></tr>
<tr><td colspan="2">优势我小结</td><td colspan="7"></td></tr>
<tr><td colspan="2">完整我总结</td><td colspan="7"></td></tr>
<tr><td rowspan="16">环境认知</td><td colspan="2">认知内容</td><td colspan="7">记录</td></tr>
<tr><td rowspan="4">岗位要求</td><td></td><td colspan="7"></td></tr>
<tr><td></td><td colspan="7"></td></tr>
<tr><td></td><td colspan="7"></td></tr>
<tr><td></td><td colspan="7"></td></tr>
<tr><td rowspan="4">单位规章制度</td><td></td><td colspan="7"></td></tr>
<tr><td></td><td colspan="7"></td></tr>
<tr><td></td><td colspan="7"></td></tr>
<tr><td></td><td colspan="7"></td></tr>
<tr><td rowspan="4">单位人文环境</td><td></td><td colspan="7"></td></tr>
<tr><td></td><td colspan="7"></td></tr>
<tr><td></td><td colspan="7"></td></tr>
<tr><td></td><td colspan="7"></td></tr>
<tr><td rowspan="3">单位人脉</td><td></td><td colspan="7"></td></tr>
<tr><td></td><td colspan="7"></td></tr>
<tr><td></td><td colspan="7"></td></tr>
</table>

（续表）

目标决策	SWOT分析	自我优势	
		自我劣势	
		机会	
		差距	
规划目标	生活作息时间改变目标	起居时间	
		膳食时间	
		运动时间	
		了解城市时间	
	工作能力提升目标	了解核心规章制度	
		了解主要业务知识	
		了解主要客户信息	
	人脉建立目标	部门同事	
		单位同事	
		单位老乡	
		本城市老乡	
		单位学长	
		本城市学长	

附录九　大学期间生涯发展与职业准备规划实施方案

（一）大学三年行动计划

实施时间		学业方面		生活成长方面		社会实践方面	
		目标	方案	目标	方案	目标	方案
第一学年	上学期						
	下学期						
第二学年	上学期						
	下学期						
第三学年	上学期						
	下学期						

（二）年度（或学期）行动计划

实施时间	学业方面		生活成长方面		社会实践方面	
	目标	方案	目标	方案	目标	方案
1 月						
2 月						
3 月						
4 月						
5 月						
6 月						
7 月						
8 月						
9 月						
10 月						
11 月						
12 月						

（三）月行动计划

实施时间	学业方面		生活成长方面		社会实践方面	
	目标	方案	目标	方案	目标	方案
第 1 周						
第 2 周						
第 3 周						
第 4 周						

（四）周行动计划

实施时间	学业方面		生活成长方面		社会实践方面	
	目标	方案	目标	方案	目标	方案
星期一						
星期二						
星期三						
星期四						
星期五						
星期六						
星期天						

（五）日行动计划

实施时间	学业方面		生活成长方面		社会实践方面	
	目标	方案	目标	方案	目标	方案
6：00—7：00						
7：00—8：00						
8：00—12：00						
12：00—14：00						
14：00—17：00						
17：00—18：00						
18：00—19：00						
19：00—21：00						
21：00—22：00						
22：00—6：00						

附录十 大学期间生涯发展与职业准备规划实施结果评估修正表

（一）新生期生涯发展与职业准备规划实施结果评估修正表

规划目标		实施时间	实施后的结果	评估发现的差距	差距产生的原因	修正措施
学业规划目标						
成长规划目标						
实践规划目标						

（二）低年级生涯发展与职业准备规划评估修正表

规划目标		实施时间	实施后的结果	评估发现的差距	差距产生的原因	修正措施
学业规划目标						
成长规划目标						
实践规划目标						

（三）高年级生涯发展与职业准备规划实施结果评估修正表

规划目标		实施时间	实施后的结果	评估发现的差距	差距产生的原因	修正措施
学业规划目标						
成长规划目标						
实践规划目标						

（四）即将入职大学生生涯发展与职业准备规划实施结果评估修正表

规划目标		实施时间	实施后的结果	评估发现的差距	差距产生的原因	修正措施
角色转变规划目标						
业务成长规划目标						
人脉建立规划目标						